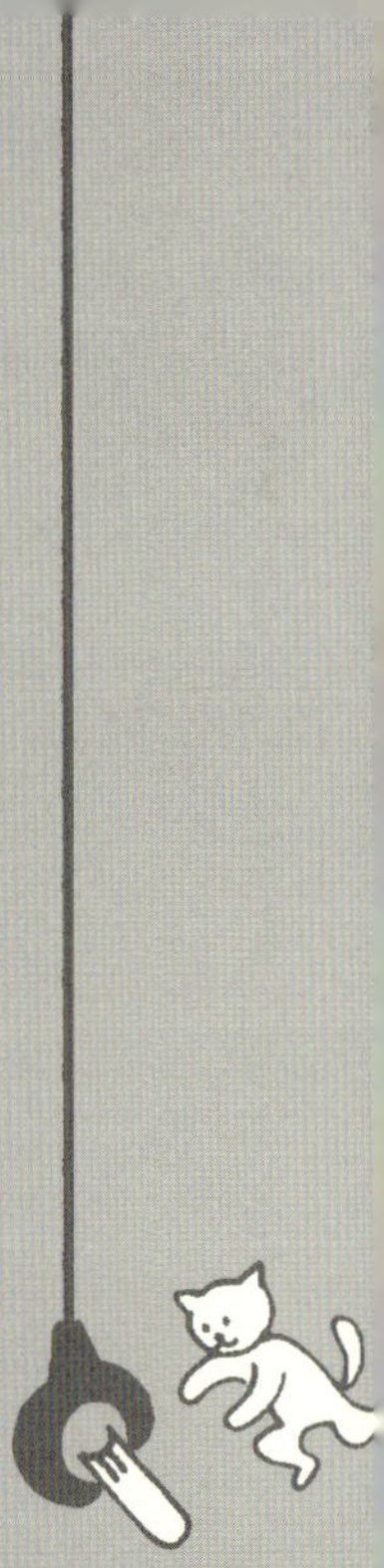

古本屋めぐりが楽しくなる

新・文學入門

古本屋めぐりが楽しくなる　新・文學入門　目次

文學漫談・その一

新・古本入門

［新規収録▼2007――2008年］

中入

出会えてうれしかった古本二〇冊

岡崎――「古本屋めぐりが楽しくなる新・文學入門」ということで、最初は古本に興味をおもちのみなさんを交えながら、**古本と古本屋めぐりの楽しみ**について話します。まずごあいさつを。

山本――はじめまして、京都から来ました山本善行といいます。岡崎の高校一年生のときの同級生です。当時はあまり古本の話はしなかったんですけど、卒業してからおたがい一緒に、例えば大阪の天牛書店とか天地書店、千林《せんばやし》商店街にある古本屋さん、京都の古本屋さんなど、いろいろなところを二人で競うようにして通っていました。

岡崎――ほんと、よく二人でまわったよね。千林商店街、というのは京阪沿線に古くからある安売りの商店街ですけど、そこに五、六軒の古本屋があって、そこへは実によく通った。

山本――よく、行ったなあ、ほんと。おたがい、京都市内に住んでて、別々に行動して、千林の古本屋でばったり顔を合わしたことも何回かあった。

岡崎――あった、あった（笑）。もう、行くところが限られていた。二人でもよく行きました。古本屋さんの近くまで行くと、おたがい、**いつのまにか走り出す**んですよね。二人で行くと。何でなんでしょうね。その癖があって、いま

千林商店街に隣接する今市商店街の山口書店（大阪市旭区今市二―二―二）

今市商店街・山口書店の店頭均一台はバイクの荷台

だに大阪の古本屋に行くと、一人でも走り出す。

山本——不思議やな。やっぱりちょっとでも先に見たいということでしょう。

岡崎——そうそう。古本屋や古本市へ行っても、ほかにだれがいても怖くないけど、山本がいると怖い、と。まあ、そういうライバル関係にあるんです。星飛雄馬と花形満みたいな。

山本——そんなええもんか（笑）。

岡崎——「Wヤング」と「やすきよ」でもいいけど。

山本——それでは東京のお客さんに分からんやろ。

千林商店街の楠書店（大阪市旭区森小路二―七―一六）

千林商店街の川端書店（大阪市旭区千林二―一―一九）

岡崎——最初になぜそんなに古本屋にこだわるのか、街に出れば大きな新刊書店もたくさんあるのに、なぜわざわざ小さな古本屋さんにそこまでこだわるのか、そのへんのところから、どうですか。

山本——たしかに古本屋さんの間口は狭く、小さな店が多いけど、そのなかは、ほんと、ひとつの宇宙になっているということです。そこに毎日のように飛び込んで本を探すのは、よい小説を読んだときの感動が、こころの底にあるからだと思う。

岡崎——そうなんですよ。

古本屋さんて、それ自体がひとつの小説

新刊書店で入手したい野呂邦暢『草のつるぎ・一滴の夏』（講談社文芸文庫、二〇〇二年）

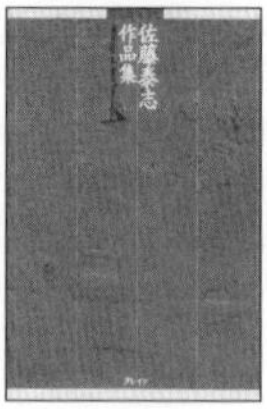

新刊書店で入手したい佐藤泰志『佐藤泰志作品集』（クレイン、二〇〇七年）

というか、作品という気がするんですね。だから本棚をずっと**目で追う行為が、本を読んでる**という感じ。

山本――まったくそうやな。一軒見ると、それはもう真剣に見ているから、本を一冊読んだような気になる。だからお腹が減る（笑）。

岡崎――千林では、必ず「風月《ふうげつ》」でお好み焼きを食べて……。あるんですよ、「風月」というおいしいお好み焼き屋が。いまでもある。

山本――そう、名前は「風の街」に変わったけど。やっぱり「豚モダン」。ぼくはいまでも千林へ行ったら食べます。そういうふうに、古本とお好み焼きがセットになっていた。実に大阪人らしい。

岡崎――その点、新刊書店は本の量が多いけれど、ここ数年に出版された本が中心ですから、時間の幅で言えば狭い。だから、膨大な時間枠をもつ**古本屋は宇宙**と言ってもいいか。古くは平安時代から、近くは本屋に並んだばかりの新刊も置いてある。いや、書店では売られていなかったものも売られている。チラシやパンフレット、絵はがき、個人の日記帳とか。新刊書店にはお世話になっているけど、それは古本屋もあって、のことでね。

山本――ああ読んでよかった、と思える一冊の本に出会って、さて同じ著者の他

古本屋で入手したい野呂邦暢『草のつるぎ』（文藝春秋、一九七四）

の作品を読もうと思っても、品切れ絶版になっている場合がけっこう多いな。そうなるとそこから先は、古本屋さんを探すしかない。出版の量が多くなったことも一因か。その九割ぐらいは、ぼくにとっては、どうでもいい本だというのもあるし。

岡崎――古本屋はセレクトするしね。これは売れる、売れないで。名作は古本屋で探せ、ということか。新刊書店側にもいろいろ事情があって仕方ないところもあるが、例えば、野呂《のろ》邦暢《くにのぶ》や佐藤泰志の小説を読みたくなったら、古本屋さんで探すことも考えないと。でも、やはりいい作品はどこかで読み継がれていく。

山本――最近は新刊書店のなかに古本もある、という店も出てきているから、両方上手に使っていきたいな。どちらも楽しい場所やし。

岡崎――いや、もちろんそうです。次に「古本に関する三大愚問」という話をしたい。これ必ず聞かれるんです。（――黒板に書く――）古本をたくさん買っている人間が、そうでない人から**必ず聞かれる三大愚問**がありましてね。それは、一が、家に何冊あるんですかと。二が、全部読むんですかと。これも聞かれるんですよ。それから三が、本の整理はどうされているんですか。余計なお世話ですよね。整理、処分のことですよね。これ取材を受けると大体聞かれます。先

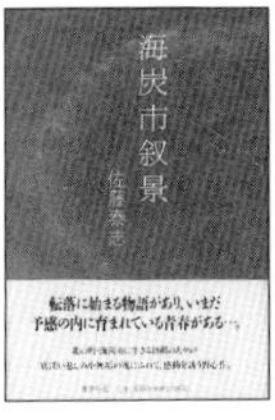

古本屋で入手したい佐藤泰志『海炭市叙景』（集英社、一九九一年）

日、某紙の取材を受けまして、ここでもやっぱり聞かれていますね。答えようがない質問なんで無視していいんですが、今日は敢えて答えようと。**まず何冊あるのか**と。

山本――これはたしかにむずかしい。

岡崎――むずかしいよね。

山本――ぼくもよく聞かれるんですけど。まず相手は正確な数字を求めていない、ざっとした数字でしょう。

岡崎――そうなんですよ。

山本――ざっと答えたらいいわけで、ほかの質問ならそうするけど、ぼくからしたら、これは本に関する質問だから。

岡崎――真剣になるんやな。

山本――雑誌も含めるのか。パンフレットもあるし、紙モノはどうする。内容見本や文庫解説、これも一冊一冊と数えるのか、などと考えると、答えがでてこない。

岡崎――普通の人が、本の数で想像できる数字はたぶん三〇〇冊とか五〇〇冊ぐらいだと思うんですね。コクヨの本棚ひとつで三〇〇冊ぐらいかな。もう少し多くしても、せいぜい千冊以内だと思うんですね。

山本――普通の家庭で、家に千冊あったら、相当、本の多い家と言っていいでしょう。

岡崎――ちかごろは、家に本棚のないところが多いと聞きます。だから、千冊以上になると、一万と言おうが、二〇万と言おうが、ね。白髪三千丈の世界であまり変わりがないのでは、と。

山本――ぼくは最近、毎月一〇〇冊から一五〇冊くらい本を買ってるんですが、それも正確には分からないけど……まあすごい数になる。岡崎は？

岡崎――ぼくは**大体二万冊**と答えているんですよ。根拠は何もないんですけどね。何となく区切りがいいのでね。少し広めの古本屋がだいたい二万冊持ってるのかな。

山本――ぼくはその半分くらいかな。一万冊。

岡崎――あるでしょう、それぐらいは。彼の家は居間に大きな本棚があって、そこから部屋半分ぐらいまで積んである本が床にはみだして、家族がお茶も飲めない。だから山本家には家族団欒がない。

山本――ほっとけ（笑）。岡崎も学生時代、**本を布団にして寝てた**やない

二万冊の量感はこのぐらい（岡崎宅）

か。

岡崎――どんな人間や。人が信用するやろ（笑）。

山本――それは整理が大変なんや。立派な書庫がある人も事情は同じだと思う。例えばせっかく新しい本箱を買ったとしても、知らぬ間にいっぱいになって、部屋にまた並ぶんですよね。

岡崎――山本の家は、ご飯食べているすぐ横に、ものすごい量の古本がある感じ。

山本――だからぼくがまず心掛けていることは、売るとき、処分するときにわざと妻子の前で大騒ぎするんですよ。これからお父さんは本を売るぞ、と家族に印象づける、アピールすると。

岡崎――いつも文句言われているけど、**売るときは売る**、と。

山本――それで買うときは、こっそりね。いつのまにか増えてる。だれが買ったんやろうという顔しとくんや。

岡崎――それはいい作戦。インプットは静かに、アウトプットは大袈裟に。

山本――大量に買ったときは、いったん車のトランクに納める。夜こっそり読みに行く。家族に見つからんようにな。

岡崎――まるでこそ泥やないか。

山本――するといつの間にか満杯になってしまって。もう車が動かない状態。だからうちの車は、最後には、本を入れることにしか使わなくなってしまったんですよね。

岡崎――車庫じゃなくて**車が書庫**。それで車が役に立たなくなって、彼は古本のために車を処分したという。

山本――違う違う。そんなわけないやろ。理由があって売りました。

岡崎――そうかな。トランクに本を詰め込みすぎて、底が抜けたと聞いてるけど。あと山本の娘さんは小さいときから遊び場に古本が置いてあるから、大正時代の雑誌なんかを読んで大きくなって、いつのまにか古書通に。小学校低学年で、上林暁を「カンバヤシアカツキ」ってちゃんと読めてたからな。いまどき、学校の先生でも読めない。

山本――いまは限度を越えたんですね、古本を嫌がっている。

岡崎――そう、よかったね。普通の道に戻ったわけだ。

山本――で、次の質問やけど、全部読むかというと、当然ですが**全部読まない**。

岡崎———そりゃ、読めないよな。平均して、一日に四冊、五冊と買うわけやから。もちろんちゃんと一冊丸々読み通す本もたくさんあるけど、短篇集なら、大体一つか二つ読んで、それだけで終わったりね。ただ、読むということの意味が、普通の人と違うんですよね。新刊書の場合は、買ってきて開いて最初から最後まで読む。それを「読む」と普通、言うわけやけど。ちょっとそれとは違うよね。どう違うかね、古本の場合は。

山本———まず買うときにね、古本の場合はちょっと悩むよね。開いてみて自分が買うべき本かそうじゃないか、それは値段を含めて、買う前に吟味しますよね。あとがきを読んだり、そうして買った本でも電車のなかで見たり、だから、全く読まないわけじゃない。それが**月に〇〇冊も見る**だけでも、ま、これは大分読んだことになると。

岡崎———うん、読んでる。それはそう思うんですよね。本って一冊丸ごと最初から最後まで読まなくちゃいけない、というようなもんでもないですよね。読むのももちろんいいんですけど。その読むということのなかには、古本の場合には、目次を見たり奥付を見たり、出版社を見たり背表紙を見たり、見返しをいかに使っているかとか……その時点でほぼ、古本を買った**古本代は回収して**

いると。だから網棚に載せて、降りるときに忘れてもいいと。それはあかんかな。

山本――それはあかんな(笑)。ぼくは手帳もそうだけど、いままで本をなくすことがあまりなかった。でもこないだ、初めて電車のなかに本を忘れて。

岡崎――何を忘れたんかいね。

山本――平野レミのお父さん、平野威馬雄の本。変わった人で仏文学者なんだけど、幽霊や円盤を研究していて、宇宙人の……いや、平野さんが宇宙人じゃなくて、あの横尾忠則が装幀した『ともだちという名の我楽多箱』(濤書房、一九七五年)、くやしかったなあ。

岡崎――遺失物係に問い合わせるのもひと苦労。「何を忘れましたか?」「本です」「どんな本です?」「いや、どんな本て、平野威馬雄の」「えっ、ヒラマウマオ?」「いや、ヒラノイマオっていって、円盤や宇宙人を研究してる……」と会話が続く。

山本――もうその時点でアウトやな。**忘れるんならやっぱり傘**か。

岡崎――そういう問題か。

山本――やっぱりショックで、何度も何度も遺失物センターに電話をかけて探し

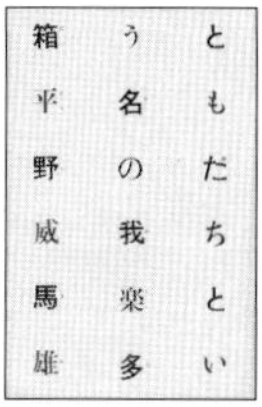

平野威馬雄『ともだちという名の我楽多箱』(濤書房、一九七五年)

てもらったけど、出てこなかった。

岡崎——それいくらで買ったの？

山本——買ったのはたぶん一〇〇円だけど、この場合、値段は関係ない。

岡崎——こら、失礼しました。

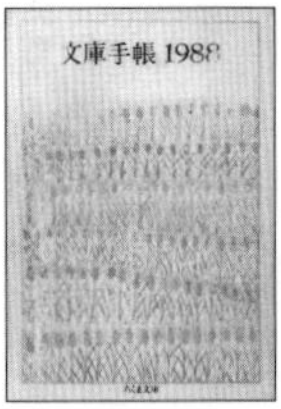

カバー付き『文庫手帳』（ちくま文庫、一九八八年版）

山本——途中まで読んできて、自伝的な文章が面白く、続きが読みたくて読みたくて。なくした本を買いもどすのはきついんや。それにこの本、普通に買おうと思ったら、二千円ぐらいするからな。ぼくは**ちくま『文庫手帳』**に買った本を書いているんやが（P.143、221参照）、この『ともだちという名の我楽多箱』を赤線で消して、「電車でなくす残念無念！」と書いておいた。

岡崎——五十近くの男が、本をなくして「残念無念」か。ところで、善行がちくま『文庫手帳』に何もかも書き込んでいるのは知ってる。何年使っているんや。

山本——これは出たときに買っているから、もう二〇年ぐらいになるか。たしか一九八八年に出たのが最初。この年のだけカバーが付いていた。

岡崎——そうか、カバー付いてたっけね。貴重な古本を買った記録、ぼくも付けているんですよ。作業としては買ったあと、**ノートに記入する**。これも少し「読む」に入ってるよね。

山本――それもね、どこで買ったのかというのも記念になるし。それと書名と。

岡崎――書くのは書名と著者名、あと買った値段と、どこで買ったかと。

山本――あと自分で貴重だと思う本は、何年にどこの出版社から出たのかと。

岡崎――その手帳は、後世、貴重なデータとなるな。山本が死んだら、山本の蔵書のなかで一番、値が付くかもしれない。

山本――人を手帳一冊で殺すなよ。

岡崎――やっぱり書くというのは必要や。買いっぱなしというのではなくてね。買いっぱなしだと、読まずにどこかに積んで、ざーと川下に流されてしまうんですよ。そこをちょっと書くことでせきとめるというかね。どうせ流れてしまうんだけど。その積み重ねというか、そうすることで頭にちょっと残る。何も書かないよりはね。

山本――まずは**買うことが大事**。買わないと何も始まらない。買えばいずれ読むという可能性があるわけだから。そこに、本のデータを書くことは、読むきっかけということにもなるからね。例えば、東京へ行く新幹線のなかで何を読むかというときに手帳を見て、書き込んである本のなかから、そのときの気持ちにぴったり合うようなものを選んだりする。

岡崎——新幹線や電車のなかで古本か。古いきたない本を読むというのは抵抗ない？

山本——ぼくは全く抵抗ないね。

岡崎——最近そういう人見ないやん。

山本——古本のブームやとかで、古本市にもわりと若い人が来てたりするけど、電車のなかで古本を読んでいる人はあまりいないよな。それは、東京でも関西でも一緒か。

岡崎——どうですかね、みなさん。電車のなかで、明らかにきたない古本を読んでいる人を見たりとかはしますか？

山本——そこをぼくは古本を読むんですよ。一度、古本を読んでいたら**席を譲られた**ことがあって。

岡崎——五十前で席を譲られた(笑)。

山本——おじいちゃんと思われたみたいで(笑)。

岡崎——席に座りたかったら古本を出す。いっそ、顔にシワを書いて、歯ぁ抜いて、おじいちゃんになったらどうや。

山本——なんで、そこまでせないかんねん。

岡崎――でも、それはいい手やね。席替わって欲しいときは。

山本――席を譲られたのは初めてやったからちょっとショックでね。

岡崎――ぼくは、まだないな。楽しみや、これから。杖でもつくか。

山本――けど、そう歳が変わらないような人に譲られて、なんでかなと。やっぱり**古本の威力**かな。

岡崎――何ででしょうね。ぼくなんかはあんまり電車のなかでは明らかな古本は読まない。古本屋で買ったセコハン本は読むけど。ちょっと恥ずかしいのかな。ただ東京の中央線というのはちょっと異常なところで。『稲垣足穂大全』（現代思潮社、一九六九～一九七〇年）、あのでっかい全集を読んでいる子がいたね。中央線っていうのは、古本環境として特別やな。

山本――それはちょっと見てみたいな。女の子？

岡崎――いや、若い男の子やった。

山本――残念やな。

『稲垣足穂大全』は菊判（152mm×227mm）上製・函入で一巻あたりの重量は約一キロ

岡崎――さあ、まあそれででですね、安く買うというのがわれわれの古本道における一枚看板なんです。安く買うというのは、いままであまり古本の話のなかには出てこなかったんですよね、実は。ま、一〇〇円均一の話をするとか。

山本善行『古本泣き笑い日記』（青弓社、二〇〇二年）

山本善行『関西赤貧古本道』（新潮新書、二〇〇四年）

山本――岡崎なんか、それで売り出した。「**均一小僧**」って名乗って。

岡崎――それでレコード出したわけやないから、売り出したって言うのも変やけど。

山本――「均一小僧」って、どんな歌や。

岡崎――灰田勝彦に「野球小僧」って歌があって、「野球小僧に会ったかい～」って歌だけど、その替え歌で「均一小僧」ってつくったのよ。嘘ですけど。

山本――なんや、嘘かい！

岡崎――まあ、安く買うということ、それを自慢するのは、ひとつは関西人ならではなんだよね。東京の人はこれ少ないんですよ。女性でもデパートで買物して、これ二〇万もしたのよ、って普通は自慢する。大阪のおばちゃんは、これはどこどこの商店街で二〇〇〇円で買ったということを自慢する、安く買ったと。やっぱりぼくらのなかにも流れているんでしょうね。この安く買うことが大事で。山本の『関西赤貧古本道』（新潮新書、二〇〇四年）には、名言がいっぱいありましてね。例えば「**お金は無い方がいい**」って。これ極端な名言なんですけど。ま、やっぱり、あったらいけないですかね、お金は。

山本――もちろんあったほうがいいんですけど（笑）。例えば千円の小遣いしかな

南陀楼綾繁『路上派遊書日記』（右文書院、二〇〇六年）

い場合でも、やはり数多く買いたいわけです。

岡崎――そうそう。数を買いたいんですよね。一冊、二冊では何か物足りない。千林をまわってる二十代は金もなかったし、千円以内で、いかに本を買うか、残りをコーヒー代に回すか、という攻防があったねえ。

山本――そのために工夫するということです。お金がいくらでもあったら、そういうことを考えずに買えるけど。ま、お金がある人はあまり古本を買わないと思う（笑）。けど、安く買うためにはいろいろ工夫して。その工夫が面白いというかね。人が気づかなかったことに気づいたりとか。同じ本をほかの店と比べて一〇〇円でも安く買ったり。

岡崎――ひとつのゲームだよね、安く買うというのは。

山本――人が探している本を、人より安く見つけるとか。

岡崎――そう、人が高く買ってる本を、こっちは**安く買うとうれしい**んですよね。この気持ちはみなさんも分かるでしょう。

山本――分かってもらえるはずです。

岡崎――ねえ、ところが年下の友人でフリー編集者の河上進くん、ペンネーム南陀楼綾繁くんなんかは、ブログなんか読んでると、あんまり値段を気にせず、

池谷伊佐夫『神保町の蟲』
(東京書籍、二〇〇四年)

けっこうバンバン買っているよな。えっ、その値段で買う? って人ごとながら心配になる。これが困るよな。

山本――あれは困る。**空気を乱す**というか。

岡崎――どんな空気ですか(笑)。

山本――いや、ちょっと気になる本があって、欲しいけど、もう少し寝かしておいたらもっと安くなるだろうというのをパーッと横から風のように買っていく。すると、横に突っ立って、いい歳して、いままで何してたんだろうかと。

岡崎――そういうところあるよね。せっかく、道路にロウセキで絵を描いていたのに、車が通って消されたような。

山本――子どもやろ、それやったら。しかし、古本屋さんにとっては、南陀楼くんのほうがいい客です。

岡崎――そうそう、こんな歳になってね。本当は、古書ファンのイラストレーター池谷《いけがや》伊佐夫さんなんかはそうですけど、一万円や四、五千円する、見るからにいい本を一冊買って喫茶店でお茶を飲みながらゆっくりゆっくり読む、という年齢なんですよ。だから池谷さんは、**本を絶対増やさない**。一冊買ったら一冊売る、という人です。すべて本棚に納める範囲で買う。床には絶対積まない。かっこいい。そういう人もいるんですよ。

山本――すごいよな。

岡崎――億万長者になったとしても、われわれはそれ、あり得ないよね。

山本――億万長者になること自体があり得ないけど。まあ、それでも一〇〇円の本を買うやろなあ。運転手つきのキャデラックに乗って、お付きの者に本を持たせて、それで**一〇〇円の本を買う**。

岡崎――いや、それは本当にいるのよ。秘書付きで古本を買いにくる社長さんが。

山本――嘘やろ(笑)。

岡崎――いや、ほんと。五反田の南部古書会館の古書展にいつも秘書付きでお出ましになる。ぼくも欲しいな、秘書。

山本――しかし、同じ買い物するのでも、古本を買うときは**ちょっと違うモード**になるというか。洋服を買うときとは違うよな。貨幣価値が変わるというか。

岡崎――山本は服はブランドものやもんな。今日もコム・デ・ギャルソンのジャケットに、セーターは無印良品か。

山本――無印良品は余計やろ。

岡崎――洋服でなくても、ほかのものに比べても、CDなんかは三千円くらいするしね。中古で買っても、古本ほど値引きはしない。二千円とか？

山本――映画も同じくらいする。二千円出せば、古本やったら、けっこういい本買える値段です。

岡崎――二千円くれたら、かなりいい本買う自信はあるなあ。目録やネットで一万円近く付いてる本でも、古本市なんかだと、二千円ぐらいで買えることあるしね。

山本――そうやな。帯がなかったり、状態がちょっとよくないと、そうなる。

岡崎――最近、全般に昔と比べて**古本が安くなっている**ということもあるよね。どう？

山本――そやね。安くなっていると思う。

岡崎――大体ぼくらが学生のとき、七〇年代のころとそんなに値段が変わってないんじゃないの。むしろ安くなってる。

山本――いまは一〇〇円とかで比較的新しい本が出ているけど。三〇年前はそんなことはなかった。新刊が安く落ちてくるのは、五年とか一〇年過ぎてから。

岡崎――新刊は、定価の一・五割引きか二割引きぐらいだったかな。一五〇〇円の本が一二〇〇円とか、一一五〇円とか。

山本――一一五〇円って、あったなあ。

岡崎――とにかく一五〇〇円定価が一〇〇〇円になることはまずなかった。大阪の天地書房で、出たばかりの本に一〇五〇円なんて値が付いてて、ものすごく安く感じたのを覚えている。

山本――そうやな。天地書房の見返しに、鉛筆で一〇五〇円って書いてあったの、思い出す。

岡崎――けっこうわれわれも**昔は高く買っていた。**

山本――いや、岡崎は当時から均一小僧やったで。

岡崎――ほっとけ（笑）。

山本――だから、定価の半額になるなんて、よっぽどのことで、すごく安くなるのはカバーなしとか、線引きとか、難があった。

岡崎――いまは、函なし、カバーなしは商品にならない。売れない、って言うね。一〇〇円コーナーでもあんまり見ない。こないだ、ある古書店主も言っていたんだけど、一〇〇円というのはもう**無料《タダ》と一緒だ**と。古本屋に言わせると。ただ、無料にはできないので一〇〇円付けていると。そういう感覚らしい。

山本――そうやって、不要な本を処分する気なんだろうけど。ぼくに言わせるとなんでこういう貴重な本を、ということがけっこうある。もちろん貴重な本や、目録に載っているような本は一〇〇円均一に出てこないけど。それ以外の本はたいてい一〇〇円で買える。

岡崎――昔は一〇〇円均一に、いまみたいにいい本は出てなかったよね。明らかに、均一本、という感じの、カバーの取れた本や、色の褪せた文庫本が多かった気がする。

山本――それはどうなんやろ。いまは、売れる本と売れない本が昔と違って、はっきりしてきている、ということかな。

岡崎――いま、**前提として本が売れない**からね。町の小さな本屋が、年間で五〇〇軒ずつつぶれていってる。われわれの記憶で言ったら、京都・河原町にあった駸々堂京宝店がつぶれるなんて、思いもしなかった。

山本――だから、古本屋に言わせたら、うちとしたらこれは一〇〇円で買ってもらってもいいと。もう処分する手前ですよね。それで一〇〇円で売れなかったら廃棄したりするんですよね。

岡崎――そう、古本屋さんって、**本を大量に廃棄する**んですよ、みなさん。だから、売りに行って、これは値が付かないからと返された本を、「じゃあ、処分してください」と簡単に言ってはいけない。処分するのに業者に金を払うんやから。

山本――古本屋の役目のひとつやな。そうやって、本当にこの世に残すべき本を選別しているんやな。

岡崎――だから、そういう意味では、本当の本屋は古本屋、ということになる。新刊書店は、現在流通している本のそのまた上澄みしか置いてないわけやから。もちろん、京都で言えば、三月書房、恵文社一乗寺店、ガケ書房といった、独自のセレクトをして、本好きの顧客の信頼を得ている店もたくさんあるけど。

山本――それでも、ちょっと昔の渋めの書き手や、そんなに知られていない純文学の作家の本なんか、新刊書店で探すのはほとんどお手上げ。講談社文芸文庫が最後の砦として、純文学を守っているけど、それでも品切れがずいぶん増えた。それもまた、古本屋のお世話にならないと。

岡崎――**古本屋でこそ流通する作家**というのがいて、古本屋好みというのかな、私小説作家や井伏鱒二、永井龍男、いま人気の小沼丹《おぬまたん》なんかもそうだけど、新刊では動かなくても、古本屋の棚で、シングルモルトが樽のなかで熟成するみたいに、大事に置かれて、いつのまにか売れていくという作家がいる。串田孫一なんかもそうかな。また、そういう作家がわれわれは好きなわけで。それでは、そろそろ、今日持って来てくれてる本、紹介してくれるかな。

山本――安い本、幸運にも安く買えた本を持ってきた。岡崎にも見せてないんやけど。

岡崎――楽しみや。（――山本が持ってきた本をざっと見て――）不思議なことに、ぼくらは大学のときからしょっちゅうつるみあってたんだけど、そのころは現代文学ばかり探していたんですよ。いまからお見せするような本は全く目に入っていなかったんですよね。きたない本、古い本は。ぼくが、一九九〇年に東京に出てきて、十数年間彼とはブランクがある。ブランクがあるのに不思議なことに、気がついたら**同じような本を買っている**と。これが不思議なんですよね。ではちょっと見せてもらいましょうか。

山本――これはね、まず幸田露伴。『立志立功』（東亜堂書房、一九一五年）。少年に向けた小説でね。SF小説みたい。いかにしたら飛行機を手捕りできるか、とかね。

幸田露伴『立志立功』（東亜堂書房、一九一五年）

幸田露伴『番茶會談』（小山書店、一九三六年）

岡崎――ほんとやね、面白いね。「悪漢監視法」とか、「笑話的交通機関の発明」とか「無益の発明」とか。露伴のユーモア小説やね。これは珍しいね。たしか、このなかの一部はのちに『番茶會談』（小山書店、一九三六年）として出たんやった。ぼくは函なしを持ってる。

山本――東亜堂書房版は、造本もすばらしい。

岡崎――大正四年、三版です。しっかりした造本やね。象が踏んでも壊れない。

山本――それは筆箱やろ。この本、版を重ねたんやが、造本装幀に関して言えば、増刷されたあとのほうの版はちょっと程度が落ちたみたい。大正八年の七版も持ってるが、紙やカバーの質は悪くなってる。内容に関して言えば、おそらくいま文庫で出してもそこそこ売れるよ。岩波文庫あたりが似合うかな。

岡崎――岩波文庫、いいねえ。『番茶會談』も岩波文庫によく似合う。ほう、天金やね、これ。

山本――天金というのは、本のページの天上に金が塗ってある。きれいやなあ。これをしておくと、当たり前やけど天が汚れにくい。現在はコストの問題があるんで、少なくなった。造本って、これ見て思ったんやけど、**ほとんど進歩していない**のとちゃうか。

岡崎――こんだけキチッとつくられているとね、何百年でも残るだろうという安心感がある。これ、なんで一〇〇円で売っていたんやろ。上部の傷みがあるからか。自殺した人が抱いてたとか。

山本――どこから出てくるんや、自殺者が。東京でも同じやと思うけど、例えば、美術専門店だと、専門以外の本はけっこう安く並べるよな。古い雑誌とかも安い。だから、**美術書は文芸書専門店で買おう**、ということになる。まあ、そうは言ってもむずかしいけどな。

岡崎――そういう店、多いんですよね。専門性の高いところは、自分の枠内でないので、それを安く出してしまおうと。もちろんこれが完本、美本、いい本ならばちゃんと値段付けるけれど。

山本――そう。

岡崎――ただ、この露伴にしても、八〇〇円、千円付けても売れないんですよ、たぶん。こういうのを欲しがる人は**きれいなものを欲しがる**から。そうなると、八〇〇円、千円付けるよりも一〇〇円で売ってしまえという感じだよね。

山本――そこで、ぼくらが颯爽と登場するということか。

岡崎——バックにベートーベンの「運命」を流してな。

山本——ぼくはホルストの「惑星」にしてくれるか。

岡崎——よし、分かった。これきれいだといくらぐらいするのかな。

山本——五千円付ける古本屋があっても驚かないな。

岡崎——うん、するよね。

山本——同じ店の均一台をひんぱんに見てると、まあほとんどそんなには変わらない。ほとんど昨日と品揃えは同じなんやけど、ちょっとした**変化を見逃さない**というのもひとつのポイントだと思う。例えば店のなかをのぞいて見ると、ちょっと店主が普段とは違う行動をしてたりね。例えばソワソワしていたり、普通は奥で厳しい顔をしているのにニコッとしたり。ちょっと雰囲気が違うのよね。それは何かいい本がどっさり入ってきたのとちゃうか、と勘ぐるんや。

岡崎——そこまで考えるか、古本ソムリエは。

山本——うん。ただその変化が店を閉じる前の変化のときもあるわけで、そのときはちょっと悲しいな。近くの古本屋でそういうことがあったな。

岡崎——店を閉めたの？

山本——そう。店を閉じた。その前にすごい変化があったから喜んで買っていたら、しばらくして、もう店がなくなっていたんや。まあ、それは特別な話で。ちょっとした変化を見逃さないで、ということや。**店主の表情まで見なきゃいけない**ということや。

岡崎――まるで刑事やね（笑）。そんなふうにして山本が買ったほかの本、ちょっと見せて。

山本――これもちょっと珍しいでしょ。一〇〇円の均一台で。森三千代『あけぼの街』（昭和書房、一九四一年）。森三千代は金子光晴の奥さん。一緒にヨーロッパにも行ってる。家でテレビでも見て、じっとしといて、なんて言えない女性や。

岡崎――これ何？　小説かな。

山本――そう小説。これもちょっとびっくりしたんだけど、昭和一六年、戦前の森三千代の小説というのは、あまり古本屋さんでもお目にかかれないから。

岡崎――いや、戦前でなくても、森三千代はなかなかない。装幀もいいやないか、これが一〇〇円か、すごいな。

山本――次は、田畑修一郎の『石ころ路』（人文書院、一九四〇年）。これは、古本屋さんの店頭のきたない箱のなかに、ポツンとあった。専門店なら五万円以上付けてる本。

森三千代『あけぼの街』（昭和書房、一九四一年）

田畑修一郎『石ころ路』（人文書院、一九四〇年）

岡崎――田畑は、井伏鱒二とか尾崎一雄とかのエッセイによく出てくる、同じ系列の作家ね。『石ころ路』は、短篇集。山本の将来を暗示しているようなタイトル。

山本――ほっとけ（笑）。これは京都の人文書院という出版社ということでね。やっぱり、**京都の出版社なら京都で見つけやすい**というのがある。文童社とか、臼井書房、第一藝文社、といった本は、値段と相談しての話やけど、見つけたら買うようにしてるんや。文化を守らんとな。

岡崎――何も山本が買わんでもほかの人が買うと思うが……まあええ、次の本は？

山本――これはね、秋の天王寺で。関西ではお寺さんで古本まつりがよく行なわれるんです。これも一〇〇円均一台にあった本。

岡崎――折口信夫の『死者の書』、青磁社版（一九四三年）。読むのは中公文庫でも読めるけどね。

山本――これなんか、背が見えないんですよね。**背が見えない**ものこそ、一応見てみようと。

岡崎――そこが大事やね。

山本――背が見えないほうが、ま、みんなに見られていないと……。

岡崎――古本市なんかたくさん人がいて、ものすごいスピードで見るから、こういうの見逃すんですよね。

山本――そう、見逃す。だから背なんかないほうがいいと。字が見えないほうがかえっていい。

岡崎――それでも善行はこの背から何かが見えたと。

山本――やっぱり何か匂うというか、何か怪しげなこの字の消え方というか……。こういう本を買う楽しみというのがあって、ぐるぐると一〇〇円均一のところを何回もまわって、**見落としがないかどうか**見るわけです。貴重な本というのは開けたら分かるので、それを最後まで見ないで、とにかく抱える。

岡崎――なるほど、とりあえずな。

山本――そう、まずは**抱えて最後の楽しみに**しておく。ま、外れもあるんやけど、終わってからの楽しみにする。

岡崎――一〇〇円の本はとりあえず確保すると。何か怪しい、自分に何か匂ってくるもんがあったら、買っておく。その金子國義が表紙をデザインした文庫は？

山本――これはBOOKOFFの一〇〇円棚にありました。

岡崎――これがBOOKOFFでね。あるところにはあるなあ。まあ、山本は京都・三条店を**一日に一回はチェック**して、店員に顔を覚えられて、カードもゴールドカードを持ってるというから。

山本――なんや、そのゴールドカードって。

岡崎――半額の本でも、一〇五円で買える。

山本――あったら、欲しいけどな。

岡崎――山本が買った小林信彦の小説『監禁』（角川文庫、一九七五年）ですけど、えーと、どう言えばいいのかな。小林信彦の初期の小説。これ高く付けているところだと一万くらいするよね。

山本――やっぱり金子國義のカバーが印象的。ほかにも同じ角川文庫から二冊出ているよね。『冬の神話』（一九七五年）、『虚栄の市』（一九七六年）。いまめったに出会えない。

岡崎――そう、昔はよく見たね。ごく普通に、ほかの小林信彦の文庫と一緒に見つけられたと思う。まあ、それでも普通、は言い過ぎか。

山本――それで、これはうまいこと買えたというのはね、小林信彦が並んでいる

小林信彦『監禁』（角川文庫、一九七五年）

小林信彦『冬の神話』（角川文庫、一九七五年）

小林信彦『虚栄の市』（角川文庫、一九七六年）

棚のところにはなかったんですよ。

岡崎――どこにあったの?

山本――題がね、『監禁』でしょ。

岡崎――はいはい。そういうことね。

山本――「監禁」やから、これね、ちょっとエッチなところに。

岡崎――なるほど。団鬼六なんかと一緒に並んでたわけか。しかし、そこまで見るわけね、一応(笑)。これ、ときどきあるんですよ。お目当てのところじゃなくて、**ほかの棚に並んでいる**ことがね。

山本――ま、一応、ライバルが多いんで。小林信彦のところだと、だれかほかの人に買われていたと思う。

岡崎――それはすぐ抜かれたやろなあ。背取りの人は、必ず小林信彦の棚はチェックするからね。結局、BOOKOFFなんかは素人が分類しているでしょ。われわれがいわゆる一般書をザーッと見て何もなければ、例えばビジネス書のところとか日本史のところとか、ノンフィクションや園芸とか、普段見ないところとかも一応見ると交じっていることがあるよね。確率は低いけれども。空振りは多いけど。

山本――野球でも打者は**素振りが大事**やから。

岡崎――あれは素振りやったんか（笑）。畳が擦り切れるぐらい、素振りしてるもんな。

山本――おれは王貞治か。

岡崎――まあ、そこまで見なければこの道は究められない、ということですかね。

山本――そうですよ、**人があまり見ないところ**でけっこういい本に出会えますね。

岡崎――「人のやれないことをやれ」と水前寺清子も歌ってる。次に山本が持ってる本の、その装幀は……。

中谷宇吉郎『極北の氷の下の町』（暮しの手帖社、一九六六年）

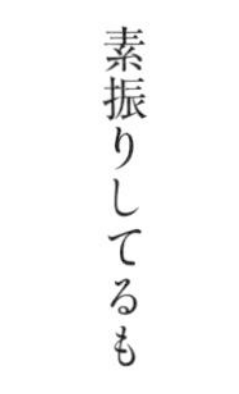

戸板康二『歌舞伎ダイジェスト』（暮しの手帖社、一九六五年）

矢野健太郎『お母さまのさんすう』（暮しの手帖社、一九六五年）

山本――花森安治。暮しの手帖社発行の、このシリーズは楽しいから持ってきたの。中谷宇吉郎『極北の氷の下の町』（一九六六年）、戸板康二『歌舞伎ダイジェスト』（一九六五年）、矢野健太郎『お母さまのさんすう』（一九六五年）。みんな花森の装幀。

岡崎――『暮しの手帖』（暮しの手帖社）の現在の編集長は松浦弥太郎さん。これもすごい話ですよね。『暮しの手帖』の編集長を、まだ四〇歳くらいの若さの、古本屋

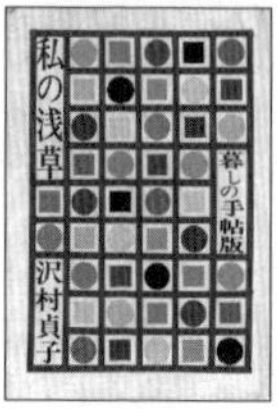

花森安治装幀、沢村貞子『私の浅草』（暮しの手帖社、一九七六年）

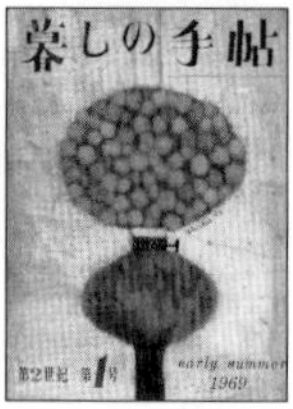

花森安治装幀、『暮しの手帖』第二世紀第一号（暮しの手帖社、一九六九年七月発行）

花森安治装幀、山本夏彦『茶の間の正義』（文藝春秋、一九六七年）

であり、文章もいっぱい書いている松浦さんがなさっているわけです。期待も大きいからプレッシャーも大きいと思うけど、がんばって欲しい。

山本――ぼくも期待してる。

岡崎――これはみんな花森安治の装幀ですね。これもみな一〇〇円ですよね。

山本――どうしてもそういうことになります（笑）。花森安治の装幀だというだけで買える。

岡崎――花森安治デザインの特徴は？

山本――ぼくは、色の使い方が好き。それと文字の配置、背の部分にもちょっとした工夫がある。遊びごころがあって、見ていて楽しくなる装幀や。コレクターではないけど、**花森装幀の本**はどんな本でも、古本屋さんで見たら欲しくなる。

岡崎――手仕事のよさがまだ残ってるころの装幀、という感じがするな。それが一〇〇円で買えるということが大事。一〇〇円で買うという行為に、**自分が絞っているピント**を少しだけ広げるということがあるよな。ピントが多少甘くても、とりあえず買うことができる。普通は千円、二千円の本だったら、買うにはいくつかクリアしなければならない条件があるんや。初版だとか、きれいだとか、稀少価値とか、文学史上の評価とか、この作家は重要だ、前から探してた読みたかった本、だとか。でも一〇〇円だと、ちょっとした興味だけでも、一応買っとこう、となるな。

山本——そやね。大袈裟に言えば、ま、なかに、ちょっと珍しいしおりが入っているから買うと。

岡崎——本当にそうですよ。なかに入っている出版目録が欲しいために、それだけ持っていくわけにはいかないから、本を買う。

山本——そういう楽しみがあるよね。そうなると**本は入れ物**。

岡崎——やっぱり千円、二千円の本をそれだけで買えないですよね。なかのしおりがいいだけだからと。

山本——例えば、千円で一万冊買ったら、一千万円やから。一万冊というのは、大げさな数字ではないけど、計算あってるかな。高額になると怪しくなるなあ。いま、**一〇〇円の本の魅力**の話がでたが、もっと安い本の話をしよう。東京ではない、関西特有のもの。というのは、古本まつりの最終日に開催されるイベント、その名は……

岡崎——えらい、もったいつけてるが、一〇〇円より安い世界があるんですよ。

山本——これは関西でも、どこでもやるわけではありません。決まってるんです。ぼくが知ってるのは、大阪の四天王寺さんで行なわれる古本まつりと、京都の知恩寺で行なわれる青空古本まつり。それも、最終日に行なわれる行事なんです。まずビニールの袋を一袋買うわけです。スーパーでもらう、大きなサイズ。これを五〇〇円で買う。

岡崎——ハハ、袋だけを五〇〇円。それだけだと高いなあ。

山本——いや、これに古本を詰め放題、最終日を飾るスペクタクルや。

岡崎——最近レジの袋も有料化という話がありますが。その先駆け。これ、東京の古本市ではないですよね、最後に袋詰めというのは。

山本——それでね、袋の詰め方というのもあるんですよ。何冊詰めるか。これは上手い人と下手な人では雲泥の差があるんや。大阪では、この袋詰めの下手な人を、「へたれ」と呼んでる。

岡崎——また、嘘ついたな。信じる人おったらどうするんや。昔から調子にのったら、何言い出すか分からんな。ところで、その袋、何冊くらい入るもんなの?

山本——よう聞いてくれた。本というのは角がとんがっているからね、なんでもかんでも入れると**袋が破れてしまう**。この前も、おじいちゃん、破れたから、もう一袋買ってた。

岡崎――エッ、破れたらあかんのか。

山本――当たり前や。破れてもええんやったら、ぼくやったら二〇〇冊ぐらい入れたる。

岡崎――それ厳しいよね。もう一袋買うのは。

山本――だから袋からはみ出たのは、ほとんど抱えて裏のほうに持っていって、自分が持ってきた袋に詰め替えると。そういう作戦とかね。ま、初めのころは家で練習するんや。

岡崎――面白いな。

山本――自分んちにある本で何冊入るか、スーパーの**レジ袋を使って練習**してみる。これがまた、楽しいんやなあ。このときは破れても、五〇〇円払わんでもええんや。

岡崎――それこそ当たり前やろ。だれが払うんや。まあええ、先に行こう。どうしたら角があたらないかと工夫するわけだ。何冊くらい入るの?

山本――ぼくも数えたことないけど。ちょっとね、こういうときに手帳が役に立つんや(――と、山本愛用の『文庫手帳』を取り出して――)。どんな本を何冊くらい買ったかと。まずね十月十日、四天王寺。聖徳太子のお寺。そこで開かれている古本市で買った本。

岡崎――そこで袋詰めがあるわけやな。

山本――そう。五〇〇円だからと言うても、いきなり袋は買ってはいけません。

岡崎――えっ？　そうなの。

山本――まずは五〇〇円の元が取れるかというのをぐるっとまわって確かめて。欲しい本がなければ買わない。でも、縄を張ってなかに入れないようにしてある場合がある。そのときは、カバンから**小さな望遠鏡**を出すんや。

岡崎――本当の話やろうな。そうか、袋だけ買ってもお母ちゃんに怒られるというわけか。スーパーならタダでもらえるものを、五〇〇円も出して。

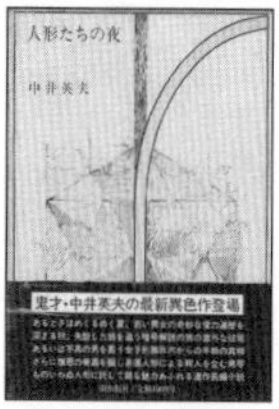

中井英夫『人形たちの夜』（潮出版社、一九七六年）

山本――そういうこと。何を買ったか、ちょっと見てみよか。まずは中井英夫『人形たちの夜』（潮出版社、一九七六年）。これ一冊五〇〇円でも安いやろ。

岡崎――そら安い。これ一冊入れるとあとは**気が楽やね**。容量はまだまだ余裕があるけど、値段としてはこれでもういっぱい。

山本――次は細野晴臣の本。

岡崎――いわずと知れた「はっぴいえんど」、ＹＭＯを経たミュージシャン。本も

細野晴臣『地平線の階段』（八曜社、一九七九年）

井上友一郎『しぐれ日記』（新潮社、一九五五年）

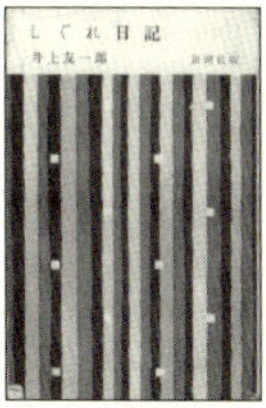

『ブッキッシュ』特集・木山捷平（第一巻第三号、ビレッジプレス、二〇〇二年）

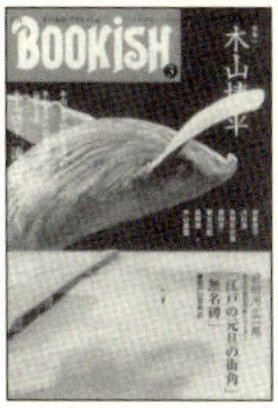

人気あるな。

山本――これは初期のころのエッセイ集『地平線の階段』（八曜社、一九七九年）。

岡崎――徳間文庫だかに入ったけどそれも絶版。サブカル専門店ではいい値が付いてる。

山本――そう、これも詰めたと。あとガルシア＝マルケス『予告された殺人の記録』（新潮社、一九八三年）。

岡崎――はいはい、新潮社の海外文学シリーズね。映画にもなりました。

山本――あと、埴谷雄高の『薄明のなかの思想』（筑摩書房、一九七八年）。そして井上友一郎『しぐれ日記』（一九五五年）は、新潮社の小説文庫。で、あと三好達治の詩集『春の岬』（創元選書、一九四八年）。それでね、ぱっと見たら『彷書月刊』（彷徨舎）が二二冊あったんですよ。岡崎も連載している、読書・古本愛好家の雑誌。いっぺんに二二冊いただきと。ここで**袋を買う決心**がついた。

岡崎――あら、まだ袋買ってないんか。もう袋はいっぱいかと思ってたけど。

山本――まだまだ。あとモラヴィア。イタリアの代表的な現代作家ね、『視る男』（早川書房、一九八六年）。あと『ブッキッシュ』の木山捷平特集（第一巻第三号、ビレッジプレス、二〇〇二年）。

岡崎――はいはい。ちょっと『彷書月刊』みたいな雑誌ね。

山本――あとNHKの市民大学講座のテキスト。

岡崎――あるある。

山本――これ一冊だけ持ってきた。荒俣宏の『博物学の世紀』(日本放送出版協会、一九八八年)。ぼくの見るところ、このシリーズはきっと、いい値が付くようになるな。

岡崎――これいいとこやな。たいてい単行本化されたりするけど、多少なかも変わるからね。写真など図版なんかは、**元のほうがよかったりする。**

山本――ところがこれ、テキストなので、番組が終わったら捨てられることが多い。

岡崎――そうそう、そういうことある。雑誌扱いやからね。

山本――これも何冊か買ったと。

岡崎――何冊ですかいったい。

山本――まだまだあるんや。あと、デザイン関係のね、大坪牧人『デザインの野性』(一季出版、一九九四年)。松尾邦之助も。

岡崎――フランスものね。

山本――『ドン・ファン』（外国文化社、一九四八年）。

岡崎――相当な重量ですよね。

山本――ぼくがうれしかったのはこれね。三笠書房が戦前に出してた冊子『アラベスク』。これうれしかったな。薄いからすきまに何冊でも入る。

岡崎――あ、PR誌みたいなものね。

山本――あとこれも一応持ってきたんだけど、『バイロン詩集』（三笠書房、一九六七年）ね。小型の。こんなんもわりと簡単に手に入るんですよね。あと文庫本やね、二、三冊。

岡崎――**文庫はすきま**やな。袋の空いたすきまに詰め込む。

山本――これだけ買ってもたった五〇〇円。一冊あたり、おそらく一〇円とかになるかな。でもさすがにこうなると袋が破れそうで（笑）。破れたら、せっかくの獲物が。

岡崎――**金魚すくい**や（笑）。

山本――ほんまに、もうぎりぎりやった。なんとか無事に持ち帰った。やっぱり家で練習したかいがあった。なんかこんな話してたら、いまからすぐ古本屋さんに行きたくなってきた。

松尾邦之助『ドン・ファン』（外国文化社、一九四八年）

『アラベスク』ロレンス特輯號（三笠書房、一九三六年九月号）

岡崎――すごい量やな、これは。家のなかが本だらけなのがよく分かる。

山本――こういうときは、こっそりと家に持って帰らないとね。

岡崎――ただいまー！　とは帰れないわな。みんな外で買った古本を、家のなかに持って帰るのに苦労しているんですよね。山本――昔住んでたマンションは、入口を入ったすぐ右にぼくの書斎、正面に廊下があって奥にリビングがありまして。古本の袋を提げて帰ってくると、玄関開けて、まず「ただいまー」と声を奥にかけて、次にぽーんと書斎のドアを足で開けて、古本をそこに放り込んで、何もなかったように手ぶらでしゃっしゃっと、リビングまで行って「ただいまー」と。そんなふうにして日々買い続けているんですけどね。

岡崎――マジシャンやな。からくりがあるわけか。

山本――そういう彼にはいくつか称号があるんですね。ひとつは「**赤貧**」。「赤貧男」。

山本――これはね、新潮新書から本が出るときに、編集者と題名はあとで決めようということになって。のちに『関西赤貧古本道』と決まるんやけど。

岡崎――最初から決まってたんじゃないの？

山本――しばらくすると、編集者からのメールなどに「赤貧古本」、なんて文字が

ガケ書房（京都市左京区北白川下別当町二三二）

見え始めてね。見破られたと思ったな。

岡崎――「赤貧」って、これ死語ですけどね。

山本――途中で一度、「極貧」に変わったときがあって（笑）、それは驚いた。ちょっと勘弁してくれと。

岡崎――「極貧」はむごいね、ちょっと。笑えない。保護の対象になる。

山本――そこまではちょっと、と編集者に言って許してもらった。

岡崎――「泣いた赤貧」という童話がありますけど。

山本――それは「泣いた赤鬼」。

岡崎――えー、それと「**古本ソムリエ**」というのもあるな。

山本――本を買いもするんですけど、売ってくれという話も。

岡崎――いま、京都の左京区白川通りに「ガケ書房」というユニークな新刊書店があって、そこに山本が古本を売るコーナーができてて、彼が選んだ古本が買えるんです。「ガケ書房」の宣伝、してあげて。

山本――えー、「**ガケ書房**」というのはね、山下賢二くんという若い店長がいて、店内でライヴやったり、ストリップショーしたり、亀を飼ったりと、自分の好きなことしてる書店なんです。今度は何をやってくれるのかと、みんな楽しみにしてる。

岡崎――河原町通りの「ジュンク堂」でも古本、置いたことあるんだって?

山本――ジュンク堂は、期間限定だけど。そういうイベント、いま流行ってるのか、このあいだも阪急百貨店で、頼まれて古本を売ったこともある。

岡崎――頼まれて本を売っているんですね。山本がこれは、という古本を選んで、素人さんに提供する。その味を教える。ということで「古本ソムリエ」。これはまだだれも使っていないですね。

山本――「古本ソムリエ」は、ガケ書房の山下くんが付けてくれた。

岡崎――もうひとつね、「**ゴッドハンド**」という称号。いろいろあるな。

山本――京都には、もうひとり、「ブッダハンド」がいます。

岡崎――「ブッダハンド」という、お坊さんで古本マニアの人がいますよね。ぼくらが参加している同人誌『ｓｕｍｕｓ』の同人でエッセイスト、扉野良人くんのことだけど。

山本――いつも古本屋さんで、ぶつかってね。二人で争っているわけです。

岡崎――京都市内を本職のお務めで袈裟を着てまわる。その途中、古本屋へ寄って、**袈裟を着たまま古本を買う**という。お店の人も、つい袈裟姿を見

扉野良人『ボマルツォのどんぐり』（晶文社、二〇〇八年）

て、扉野くんが本を渡しても「ご苦労さま」と、タダでくれるとか。

山本――いや、それはないいやろ。あったら困る。お布施やないんやから。しかし、あれはちょっとびっくりするな。四条大橋で見たら何でもないけど、古本屋で袈裟姿を見たらちょっとひるむ。だからぼくは扉野くんに対抗して、ユニフォームつくろうかと考えたこともある。

岡崎――われわれの間で、ユニフォームをつくって驚かそうという話よね。どんな格好だと驚くんだろう。昔、黒マントで古本を買いに来ている人がいたね。お坊さんに対抗して神父の格好をしようという案もあった。

山本――しまいに罰、あたるな。京都には、肩に大きな猫をのせて、まわっている人もいるけどな、これホント。

岡崎――**猫のせてる人**は、ぼくも早稲田の古本屋で見た。

山本――おんなじ人かな。

岡崎――いや、それはないでしょう。

山本――こっちはオウムのせて、対抗しようか。

岡崎――どこまでいくんや。山本の、「ゴッドハンド」という称号。これにはね、いくつか実例があるんです。古本を抜き出す力、手の力と言ってもいいし、「気」

みたいなのが彼にはあるんですね。いつぞや京都から彼が出てきて、東京で一緒に古本まわりをやったときに、「タテキン」こと神保町の「田村書店の店頭均一」に二人でいた、とまあ思ってください。ここで彼がひょいっと素早く抜き出した一冊。それはなんと開高健のサイン本。均一小僧の横で抜き出してね。あれはやられたなあ。

山本――ありがとう、ありがとう。

和田誠『白い嘘』（梧葉出版、二〇〇二年）

『作文』（國語文化學會、一九四八年七・八月号）

岡崎――まだあるぞ。高円寺の大石書店に行ったときに。これは表の均一台から、何を抜き出したんだっけ？

山本――和田誠の句集『白い嘘』（梧葉出版、二〇〇二年）やったな。三〇〇〇円。

岡崎――何で声が低くなるの？

山本――自分で言うのは（笑）。

岡崎――何をいまさら。なかに和田誠の自作の句が万年筆で書かれていて、ハンが押してあって。和田誠についてはもう一冊あったね。

山本――**和田誠が小学五年生で書いた作文**というのがあるんだけど。

岡崎――まだわれわれが知る和田誠じゃないときですね。『作文』（國語文化學會）、という薄っぺらい雑誌があって。

山本――うん、昭和二三年に出てて、これも一〇〇円均一。

岡崎――『作文』ってこれ、どこにひっかかったんですか?

山本――秋の知恩寺の古本まつりで、どうにも買うものがなくて困ったとき、普段は見ないところを見たんですよ。

岡崎――さっきの話にもありましたね。小林信彦の『監禁』をエッチなところから抜き出すと。

山本――そのときは、『作文』が三、四〇冊積み重ねてあって、一〇〇円均一で出ていたんだけど。

岡崎――『作文』か。子どもの作文が載ってるの。普通、手に取らないよね。

山本――うん見ない。けどそのときは何も買うものがなくて。何かにすがるように、まあ、ぼおっとしてたんやが、一冊一冊、目次を見ていった。

岡崎――こういう雑誌があるという存在は知っていた?

山本――知らない。古本まつりに行くと、知らない本に出会えるのがうれしいな。

岡崎――それがすごいんや。**神がかってる**。

『和田誠百貨店　A館　改訂版』（美術出版社、一九八八年）

山本——ただ、『和田誠百貨店』（美術出版社、一九七八年）の詳細な年譜に、小学生時代、先生（柳内達雄氏）から作文指導を受けていたと書いてあったことを覚えていたんや。

岡崎——それがちらっと頭にあって。

山本——けどまさかあるとは思わなかった。

岡崎——もちろんこれは未発表ですよね。

山本——だれも言ってくれへんから自分で言うけど、これは**歴史的大発見**や。詩の掲載ページにも、柳内達雄氏指導とある。

夏の顔

1
とんではねて　おどつてる
物ほしざおの　シヤツ

2

くもの巣も　いつしよに　のびてつた
ぶどうの　つる
（『作文』國語文化學會、一九四八年七・八月号より）

どうや、小学五年のときの詩やけど。

岡崎――すごいシンプルな線で、和田誠が**イラストで描きそうな詩**ですね。のちの和田イラストの片鱗が見える。

山本――パッと見たときはあの和田誠、とは思わなかったけど、作文指導ということがあったから。

岡崎――間違いないだろうと。

山本――間違っても一〇〇円だと。

岡崎――ここが大きい。これが二千円で間違えたらね。古本ソムリエの称号を剥奪される。

山本――そういうときはこれ一冊で納得して帰れると。

岡崎――結局、**最後の最後まで諦めない**、という姿勢ね。そこが普通の人と違う。

山本――普通の人と違うって、おれは何や（笑）。

岡崎――いや、ここは褒めてるのよ。何もないときでも、粘って、ちゃんと糸口を見つけてね。何かを引っ張りだしてくる。まさに「ゴッドハンド」。あとで、みなさん、握手コーナーの時間を設けますからね。握手して帰ってください。ご利益ありますよ。

山本――なんか、変な宗教やと思われへんやろな。

岡崎――いや、大丈夫。けど普通はそこまでは見ない。きたない雑誌が積み重なっているところまではね。

山本――まあ、たいてい何もないからね。

岡崎――たいてい何もない。九割は無駄。ひっくり返してもね。それよりもほかのところで、確実に見つかるものを探したほうがいい。

山本――ただね、お楽しみというのは**いっぱいもっていたほうがいい**よね。

岡崎――そうそう。ほんと、そう。

山本――だから興味もひとつだけやなしに、たくさんもって、それで古本市へ行くといい。例えば村上春樹の本だけを古本まつりに探しに行ってもね、これは楽しめないよね。

岡崎――どこにでもあるしね、村上春樹は。

山本――だから、自分が欲しい本がたくさんあったほうがいい。それには、やっぱり日頃から、いろんなことに興味をもって、目録見たり、人のエッセイ読んだりして、**関心の幅を広げていく**ことが、結局は楽しさにつながっていく。

岡崎――興味や好奇心はたくさんあったほうが幸せだよね。

山本――それで、やっぱりこの作家はダメだとは思わないで、ひょっとしていい作品もあるかもと。そういう気持ちが大事やな。

岡崎――**慈悲の心**ね。

山本――そうそう、そういう気持ちも養っていく。

岡崎――ほとんど宗教がかってきました。本当にね、彼の手はすごいんですよ。こうして幾多の名作をこの右手が抜き出してきたか。多くのライバルたちを尻目にね、へこまして。ぎゃふんと言わして。

山本――反対に、泣くことも多い。

岡崎――それは平気な顔をしたりせず、ちゃんと悔しがることやね。

山本——そやね。そういうことがないと、こう毎日、古本屋をまわれないよな。悔しさをエネルギーにしてバネにして、ということか。

岡崎——ハハハハ、スポ根やな。もう大変なんですよ、みなさん。古本にね、これだけ力を費やして。

山本——ちょっと本にも書いたけど、みんな嘘や、って言うけども。

岡崎——そんだけいい本が、ってこと？

山本——いや、日頃から家で古本を買う練習をするということ。例えばBOOK OFFで見つけた本を、すぐに取らなきゃあかんというこの速さを獲得するために、トレーニングしている。本棚に手を伸ばして**抜き出す練習**。

岡崎——練習するの？　ほんとかね。

山本——そういうこともあるのよ。

岡崎——イメージトレーニングね。

山本——例えばこのめがね。古本市で壊れたら大変じゃないですか。だから、前の日、めがね屋に行って、ちゃんとネジを締めてもらう。

岡崎——「きっちり締めてください」って、言うの？　めがね屋に。古本市に行くから締めてくださいと。

山本――いや、さすがにそこで古本は出さない。毎回やるわけではないけど、ちょっと不安になるようなときがあるんだよね。途中ではずれたら、遅れを取る、と。

岡崎――あー、心身共に完璧な状態で行かないとね。

山本――いまはそういうことも少なくなってきたけど。若いときは一週間くらい前から練習して。

岡崎――後世のために言っておくと、「ゴッドハンド」というのは、遺跡で埋蔵物を隠し持ってて発掘の捏造をした人のことだよね。だから山本も、実はすごくいい本を高く買っておいて、あらかじめ服に隠して、一〇〇円均一からそれを抜いたようにしている、捏造していたんじゃないかと、そういう噂まであったよね。

山本――アホなこと言うな、なんでそこまでせなあかんねん(笑)。

岡崎――えーと、あとは何かないかね。お風呂で古書目録というのもあったね。あちこちの古書店から送られてきた古書目録を風呂のなかで読むんですよね。いまは半身浴というのが流行っているけど、そんなきれいなものではない。

山本――半身浴じゃなくて**古本浴**。

岡崎――うまいねえ。いや、褒めてる場合じゃない(笑)。古本の買い方に、まあ普通は古本屋で買う。それから古本市のような場所。それからいまはネット。それと別に紙の古書目録というのがあるんですね。古書店が自分の店で独自に在庫の目録をつくって、顧客に郵送してくる。それを見て注文するというシステムですが、ぼくはあんまり買えない。でも山本は買う。

山本――やっぱり目録を見ていて、これは欲しいという本が出てくる。自分が調べていたりすると必要な本がね。例えば京都の、もう**消えてしまった小出版社**に興味があって、甲鳥書林とか第一藝文社、臼井書房、文童社とかね。

岡崎――これはね、同人誌『ｓｕｍｕｓ』で、知られざる小出版社の特集（第一二号、二〇〇四年五月発行）を組んだことがあります。書物好きが集まっていて、毎回、例えば、洲之内徹特集（第五号、二〇〇一年一月発行）や昭和三十年代の新書特集（第六号、二〇〇一年五月発行）などをやってきた。

山本――京都にあった出版社の本は、やっぱり京都や大阪の古本屋に出ることが多いんやが、目録に出る場合もあって、それを逃せば、なかなか手に入らないんでね。

岡崎――そういう本は**高くても買う**と。

山本――買いますね。

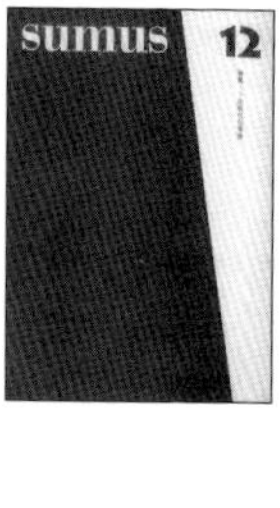

『ｓｕｍｕｓ』特集・小出版社の冒険（ｓｕｍｕｓ、第一二号、二〇〇四年五月発行）

『ｓｕｍｕｓ』特集・洲之内徹　気まぐれ美術館（ｓｕｍｕｓ、第五号、二〇〇一年一月発行）

『ｓｕｍｕｓ』特集・新書の昭和三十年代（ｓｕｍｕｓ、第六号、二〇〇一年五月発行）

岡崎――ここまでの話だと安い本しか買わないみたいだけど、山本はここぞというときは高くても買うと。明らかに一〇〇円均一で出ない本は買う。いま関心がある本、いま欲しいという本に関しても目録やネットで買うということですね。

高橋輝次『関西古本探検』(右文書院、二〇〇六年)

山本――例えば、神戸に「**海港詩人倶楽部**」という出版社があってね。大正の終わりごろから、昭和の初めにかけて、いい詩集を出していた。詩人の竹中郁《いく》なんかが出していた本は、ま、部数が少ない。一五〇部とか。

岡崎――そうね。フリー編集者の高橋輝次さんが創元社のホームページで連載している「古書往来」で書いてましたね。関西学院大学在学中に竹中郁が友人と始めた出版社。同人誌を出すためにつくったのかな。

山本――福原清という詩人と『羅針』(第一次、一九二四〜一九二六年)という同人誌をつくってた。それを出してたのが海港詩人倶楽部で、要するに、竹中郁の自宅が発行元。

岡崎――なるほど、それで部数が一五〇とか三〇〇とかになってしまう。竹中の処女詩集もそこから出た。

山本――『黄蜂と花粉』(一九二六年)な。そのほか、いまでは知られていない関西の詩人の詩集をたくさん出してる。当然ながら、ほとんどものがなくて、あっても高い。やっぱり、そういうのを手に入れるためにはね、ちゃんとお金を出さないと。それでも普通より相当安く買っているんですけどね。とにかく、**いまはなき出版社の魅力**ってあるよな。

岡崎――結局古本屋に行くと、いまは消えた出版社に多く出会うんですよ。へえ、こんな出版社があったのか、と。最初はどうしても現在でも有名な出版社に目がいくけどね。

山本――まあ、そういういまはなき出版社の本が目録にちょこっと出る。で、どうしても欲しいわけ。ところが目録に注文を出すと、注文が重なった場合、抽選のところもあるけど、先着順が多いんですよ。だから一刻を争う。

岡崎――風呂に入ってる時間も惜しいわけや。

山本――まあ、風呂で見つけるようじゃ遅いんやけど、たまにね、ぱっと風呂から立ち上がるようなものが見つかる。そんなとき、風呂のなかで大きな声を出してしまうことがある。

岡崎――「ユーリカ!」アルキメデスやね。けど教育上、子どもには悪いね。**風呂の中心で本と叫ぶ**(笑)。これ、いまみなさん笑ったけど、あとになると分からん。『世界の中心で、愛をさけぶ』というベストセラーのもじり、でね。

山本――でも、本当に叫んでしまうこともあった。しかし、それから子どもが、おんなじように本を風呂に持って入るようになったのは問題や。

岡崎――うちもそうなんです。娘が風呂に本を持ち込んで。怒られへんね、これは、親がそうだから。

山本――そうやね。風呂で読む楽しみがね。『彷書月刊』なんかも、悪いんやけど、**濡れんようにして**読んでる。

岡崎――そんなことない、読んで読んで。そのために、表紙にPP加工したという説もある。あと、ネットの使い方はどうですか。

山本――昼間はなかなか、な。たいてい、仕事が終わったあとにね。

岡崎――彼は昼間は塾を経営していて、塾の先生をやっている。

山本――家に帰るのが大体いつも夜中の一二時くらい。

岡崎――そしてビールを飲んでね。

山本――ちょっと酔っ払っているときに、ネットでいい本見つけると、クリックするだけで買えるので、すぐ買ってしまう。住所とかはあらかじめ登録しているからね。

岡崎――次の日に後悔とかしない？

山本――こんな本買ったのか、と思ったことはあるな。まあ、買いそうな本ではあるわな。酔っててもね。

岡崎――ただネットは、買う買わないは別にして、検索とか調べるにはものすごく便利だね。

山本――海月《くらげ》書林の市川慎子《のりこ》さんが出している古本と雑貨の冊子『いろは』（第四号、二〇〇六年三月発行）で紹介されていたけど、中林洋子《なみこ》。

『いろは』（いろは編集部、第四号、二〇〇六年三月発行）

岡崎――海月書林さんはＮＨＫの「ゆるナビ」にも出てたね。そこでもデザイナーの中林洋子さんが紹介されていた。ぼくも同時期に注目してたの。昭和四〇年代の中央公論社から出た全集、「日本の文学」「世界の文学」「チェーホフ全集」、これみんな**中林洋子さんの装幀**。ファッションデザイナーでもあって、ご自身がファッションエッセイ集なども出している。『貴女のためのアイディア』（中央公論社、一九六〇年）な。これ、きれいな本。

山本――例えば、その中林洋子さん自身の本などは、ときどき検索するけど、なかなか見つからない。

岡崎――話は尽きませんが、そろそろ時間がきたようですね。残り一〇分、ゴッドハンドの握手会もあります。ここでゴッドハンドの手を握って、古本市に行っ

村上春樹『雨天炎天』（新潮社、一九九〇年）

村上春樹・村上龍『ウォーク・ドント・ラン』（講談社、一九八一年）

村上春樹・川本三郎『映画をめぐる冒険』（講談社、一九八五年）

てもらうと。それでは最後、質問コーナーへ。この際、**古本まみれの赤貧男**に聞いてみたいことがあったらぜひ。

質問——先ほど、古本を売る機会も増えてきたという話がありましたが、いま**どのような本がよく売れる**のでしょうか。

岡崎——いい質問やね。

山本——おー、むずかしいね。ま、何が売れるかはなかなかむずかしい。例えば店によって、場所によって、お客さんによって違うから。

岡崎——分からんね。

山本——例えば私が古本を置かせてもらっているガケ書房というのは、近くに美術大学があるので、デザイン関係とか図録、美術書がやはりよく売れますね。

岡崎——そう、古本屋には土地柄が反映する。いま、写真集、美術書、デザイン関係など、**ヴィジュアルの本が強い**ですね、全般に。ガケ書房に限らなくて、絶対売れるというのはあるかな？ 村上春樹が強いとかね。

山本——彼は強いね。彼のでいまは手に入らないものとか。例えば、新潮社から出た函入りの『雨天炎天』（一九九〇年）とか、村上龍との対談集『ウォーク・ドント・ラン』（講談社、一九八一年）とか。川本三郎さんと組んだ映画エッセイ集『映画をめぐる冒険』（講談社、一九八五年）なんかも高く付けても、出すとすぐ売れる。文庫になった作品でも、やっぱり単行本が欲しいということで、若い人が『ノルウェイの森』単行本（講談社、一九八七年）、あの赤と緑の、を買うとか。とにかく村上春樹は強い。それと講談社英語文庫に入った作品。これは出したら絶対すぐ売れるよ。

岡崎――**講談社英語文庫の村上春樹**はもう出てない？

山本――出てない。今日も一冊持ってきている。この『１９７３年のピンボール』の英語版（Kodansha English Library, 一九八五年）、見たことあるやろ。

岡崎――なるほど、なるほど。これはＢＯＯＫＯＦＦでも出てますね。

山本――出てる出てる。でもね、最近見ないと思ったら、この前ヤフーオークションでは一万円以上の値段で取引されてた。

岡崎――ほんと？　これ、あるある。今日からね、みなさん心掛けてください。村上春樹の英語文庫。では、帰り仕度をして、山本と握手をしてからお帰りを。今日はここで終わります。ありがとうございました。

山本――どうもありがとうございました。

村上春樹『１９７３年のピンボール』の英語版（Kodansha English Library, 一九八五年）

中入　出会えてうれしかった古本二〇冊［順不同］

岡崎武志―――［選］

◉生方敏郎《うぶかたとしろう》「現代ユウモア全集」第5巻『東京初上り』（現代ユウモア全集刊行会、一九二八年）

昭和初年の「円本ブーム」の産物。「現代ユウモア全集」の一冊。これが、私の古書店通い、自分の生年以前に出た本を蒐集するきっかけをつくった本。

◉弘田三枝子『ミコのカロリーBook』（集団形星、一九七〇年）

タレントのダイエット本の嚆矢。ベストセラー本が数十年後に稀少本になる、ということを教えてくれた。私の古書歴のメルクマールとなる一冊。

◉壱岐はる子『エロ・エロ東京娘百景』（誠文堂、一九三〇年）

これは六千円で買っている。一冊の古書価としては、私が買った一番高い本かもしれない。しかし、なにしろ稀覯書だし、なにしろタイトルがタイトルだし、これはどうしても必要、と買った。後悔はない。

◉北尾鐐之助《りょうのすけ》「近畿景観 第3編」『近代大阪』（創元社、一九三二年）

最初、著者について何も知らずに覆刻版の『近代大阪』（創元社、一九八九年）を買った。驚いた。モダン大阪研究の第一級の書だ。どうしても元本が欲しくて、買ったのがこれ。函なしだが、六〇〇円は安すぎる。

◉**和田誠『ポスターランド』**（講談社、一九七六年）
和田誠ファンとしては、どうしても、どうしても、どうしても欲しい本で、しかしなかなか見つからず、たまにあっても手を引っ込める値段だった。これは納得いく価格で買ったもの。心のなかでバンザイをした。

◉**東村登**（原やすお＝絵）**「おもしろ漫画文庫」『とんち曽呂利』**（集英社、一九五四年）
子どものころ、繰り返し読み、細部まで頭に入っていた本。その後、手放して数十年。古本屋で出会って「あっ!」と声を上げた。なかを開けて、記憶そのままなのにオドロキ、子どもに戻った。これぞ古本の力なり。

◉**「庄野潤三全集」**（全一〇巻、講談社、一九七三〜一九七四年）
貧乏を二乗して、しんにょうをつけたような二部学生時代。個人全集は高嶺の花だった。ずっと全集パンフレットを見て我慢していたが、これは命に代えても欲しいと思った。二万円を払って古本屋で買った。文字通り枕元に置いて寝た。次の朝、起きたらちゃんとあったので、頬ずりをした。私の原点だ。

◉**藤澤桓夫《たけお》『秋草問答』**（夕刊新大阪）
これは新聞連載小説を、個人が切り抜いて綴じ、私家本として簡易製本したもの（単行本では『星は見てゐた』東方社、一九五六年に収録）。つまり天下に一冊。せっかくの労作も、所有者が死ねばただのゴミ。それを売る古書界。それを買う私。たいしたもんだ。

◉**ヘンリ・ジェイムズ「世界文学全集」第2集第12巻『アメリカ人』**（河出書房新社、一九六三年）
いつでもどこにでも転がっている。一〇〇円でも売れない。沿線の小駅のように黙殺される「世界文学全集」の端本。私もずっと目に入らなかった。ところが雑誌『Pen』二〇〇四年一二月一日号の特集「美しいブックデザイン」で、この原弘《はらひろむ》装幀本が、一ページカラーで取り上げられていた。美しい。すぐさま、古本屋へ駆けつけて、一冊買った。目からウロコ、とはこのことだ。

◉徳川夢声『地球もせまいな』(朋文堂旅窓新書、一九五四年)

「昭和三〇年(前後)新書」、という鉱脈を掘り当てるきっかけとなった一冊。いまの新書ブームとは違う、活字を楽しむ大人の教養(雑学とユーモア+お色気)を新書が担っていた。その発見は私を勇気づけた。

山本善行――[選]

◉久保田彦保詩集『駿馬』(近代詩社、一九二六年)

大阪古書会館の棚の前で本を手に取り、奥付を見たり、あとがきを読んだり、本文を確認したりしたけれど、久保田彦保がいったいだれなのか思い出せなかった。買っておいてよかった。椋鳩十、若いころの詩集だった。

◉木山捷平『抑制の日』(赤塚書房、一九三九年)

初版でなかったおかげで安く買うことができた。再版されたことを知らなかったのでそのことでも驚いた。いま、木山捷平本で探しているのは、『河骨』(昭森社、一九四一年)。

◉洲之内徹『棗の木の下』(現代書房、一九六六年)

洲之内徹の本領は、美術エッセイすなわち「きまぐれ美術館」シリーズにあると思うが、小説集はいらない、ということではない。ファンというのはそういうものだろう。

◉大江健三郎『夜よゆるやかに歩め』(中央公論社、一九五九年)。

ピンクを基調にした、佐野繁次郎装幀本。手書き文字も佐野独特だ。『婦人公論』に連載された小説だけれど、再版されず、文庫にもならず、著作集にも入っていない。入手困難本。

◉香月泰男『シベリヤ画集』（新潮社、一九七一年）

ここに描かれている香月泰男の絵は、暗くて重い。でも見ていると、気持ちは不思議にも沈まず反対に生き生きしてくるようだ。余計なものが身体から剥がれていくようだ。

◉里見弴『かね』（丹頂書房、一九四八年）

丹頂書房という出版社に興味をもっている。戦後の出版悪条件のなかでも、なかなかいい本造りをしている。こつこつ集めているが、数が多くなると、見えてくるものがあるだろう。そう思いたい。

◉井上多喜三郎追悼集『骨』（骨発行所、一九六六年）

雑誌は薄いこともあり（背に書名がないものもある）、古本屋さんの棚に並ばないので、見つけにくい。『骨』は京都発信の詩雑誌。こういうマイナー雑誌は出会ったときに買っておかないといけない。

◉オスカア・ワイルド『オスカア・ワイルドの傑作』（榮文館書店、一九一四年）

堀口熊二訳。新訳がはやりだが、虫食いのあとが見られるような、総ルビの古い翻訳もまた魅力がある。そしてこの作品集はおとぎ話が集めてあるので古い日本語がよくあうように思う。

◉改訂新版『全国古本屋地図』（日本古書通信社、一九八八年）

残念ながらなくなってしまった古書店の姿が活字の上でよみがえる。眺め見ていくと当時のこともあれこれ思い出すのは、年取った証拠だろう。でもそれが楽しい。

◉松岡荒村『荒村遺稿』（出版社名記載なし、一九〇五年）

均一台で出会った。荒村は、足尾銅山鉱毒事件での田中正造に共感した社会主義詩人。二五歳という若さで亡くなった。この本は発禁になった。復刻も出ているが（増補版、不二出版、一九八二年）、まさか均一台で出会えるとは思わなかった。

文學漫談・その二

絶版文庫による文學入門・上

●――一九八八年　文庫で読めない文庫

●――一九九五年のペーパーバック談義

中入

古本屋で探したい文庫リスト

山本――われわれが本格的に文学と出会ったのは文庫ということで、まずは、いまでは古本屋でしか入手できない絶版文庫の話から。ここに再録するのは、**一九八八年と一九九五年**に発表した対談。とくに前者は、われわれがやった最初の対談で、もう二〇年前か。なんか、懐かしいな。

岡崎――懐かしいけど、おんなじようなことやってるなあ、という気持ちもある。

山本――三二歳か。三島由紀夫が『金閣寺』（新潮社、一九五六年）書きあげたころやな。

岡崎――そう言われると、情けない。三島由紀夫と比べたら、いまごろ全集を出して、もう腹を切ってないとあかん。

山本――まあ、われわれは、絶版文庫でええやないか。しかし、やっぱり時代は出てるなあ。サンリオ文庫のことなんか、いまでは、そんなことあったなあ、という感じ。

岡崎――その後、新潮文庫やちくま文庫で再刊されたから、値段も落ち着いてきた。しかし、このころ二人、やっぱりまだ若いというか、生き生きしてるよ。

山本――**どん欲な知識欲**があったんや。何か面白いことないかと、ネタを探してた。書き手にしても、われわれと同世代のものが、やっぱり気になってたな。

岡崎――坪内祐三さんの名前は、わりと二人とも早くから意識してた。対談でも喋っているけど、同じ年代に、すごい奴が現われたなあ、って。

山本――武藤康史さんなんかもそう。書誌学的なアプローチから、文学的流行に惑わされず、ちゃんと自分の眼をもって、射程に入った作家だけを論じていた。これは、すごいと思ったなあ。

岡崎――長らく文学についての著作がなくて、二〇〇八年になって、やっとこれまでの文学論、文学エッセイを集成した『文学鶴亀』（国書刊行会、二〇〇八年）が出た。

山本――これは待ちに待った出版。彼の読書の道筋がよく分かって、共感するところもたくさんあった。ずっと注目してたので、特別うれしい。

岡崎――まだこのころは、文芸雑誌を含め、雑誌もあれこれ読んでいたなあ。『マリ・クレール』（中央公論社）みたいな女性ファッション雑誌の読書特集なんかもチェックしてた。それも古本で見つけようとしてた。高校で講師をしていたとき、学校へ行く途中、ちょうどその地域の紙ゴミの日で、『マリ・クレール』

武藤康史『文学鶴亀』（国書刊行会、二〇〇八年）

が何冊か捨ててあったのを拾って、興奮したことがある。それを最初に授業で生徒に見せて、「これはすごい雑誌なんや。お姉ちゃんが読んでたら、**そのお姉ちゃんはすごいぞ**」と言ったのを思い出した。

山本——どんな教師や。安原顯はいろいろ言われてるけど、『マリ・クレール』での仕事は見事やった。イキのいい書き手をどんどん使っていた。読書欲・知識欲がくすぐられたもんや。

岡崎——『マリ・クレール』の副産物とも言うべき、安原顯プロデュースの『読書の快楽』正・新（角川文庫、一九八五・一九八九年）、『映画の快楽』（角川文庫、一九九〇年）などのシリーズは、執筆者がそのまま『マリ・クレール』の書き手で、この手の編集本としては、**ばつぐんの出来**やったな。いまでもこれは読み返す。

山本——しかし、あれからもう二〇年近くたってるから、そろそろいまの時代に合った『読書の快楽』が欲しいな。

岡崎——いまつくったら、もっと女性の書き手がたくさん加わる。斉藤美奈子、豊﨑由美、川上弘美、角田光代、青柳いづみこ、鴻巣友季子、岸本佐知子とかな。

山本——それはいいな。ぼくとしては、岩波文庫についてくわしく語れなかったのが心残りで。

岡崎――宿題、として残された感じ。

山本――うん、**小林秀雄訳のランボオ**『地獄の季節』（一九三八年）一冊が、どれだけ読書人、それから後の文学者や詩人に影響を与えたか、計り知れん。

岡崎――そうやな。宗左近という詩人も朝日新聞社編『忘れられない本』（朝日新聞社、一九七九年）で、旧制高校に入ってすぐこれを買って「ほぼ一ヵ月、再読し三読した。感嘆した」と書いている。

山本――われわれの、この対談本で取り上げた本も、そんなふうに読んでくれる人がいたらうれしい。

一九八八年　文庫で読めない文庫

（『ＢＲＡＣＫＥＴ』第五号、ぶらけっと社、一九八八年所収）［　］内は二〇〇八年時点での注です。

岡崎——えー、これから絶版文庫の話を二人でしていくわけやけど、その前に東京の話から始めようと思うんや。ぼくは年に一、二度東京へ行く習慣があって［八八年当時京都在住、九〇年東京に移住］、ほとんどまあ古本を買うために行くようなところがある。それで今回［八月］行って特に気づいた点から話してゆこうと思うんや。

山本——うん、それはいいな。

岡崎——それはサンリオ文庫のハナシや。

山本——ついに出た、という感じやな。

岡崎——サンリオ文庫については、角川文庫の『活字中毒養成ギプス』（一九八八年）のなかの対談で、高橋源一郎と浅田彰が盛んに取り上げてるけど、この対談、実は以前に雑誌『マリ・クレール』（中央公論社、一九八七年九月号所収）に載ったもんなんやな。

山本――それがサンリオが去年（一九八七年）廃刊になってしまったからカッコ付きで補足してあるな。ぼくも廃刊が決まってから、あわてて何冊か本屋に買いに走ったよ［P.145～146参照］。

岡崎――いま考えると、それをもっと早くにしとくべきやったよ。東京の古本屋業界ではいまや「サンリオ文庫」は一時のNTT株みたいなもんよ。完全に別あつかいで、腰抜かすような値段付けとるよ。例えばまず、古書市で文庫をひとところに集めて並べてるようなところでも、サンリオは一冊も見当たらない。全部チェックして除《の》けてあるんやな。それから某古本屋［いまはなき、池袋「高野書店」］では、ひとつの本棚にサンリオ文庫を何百冊か全部パラフィン紙かけて並べてある。

山本――まるで徳川時代の「お犬さま」やな。

岡崎――さて、その値段がものすごい！

山本――ちょっと待て、心の準備しとくから。

岡崎――安いほうで一五〇〇円。高いのになると五千円近い値段付けてるのザラにあったよ［現在では、ピーター・ディキンスン『生ける屍』（一九八一年）など、一万円を超すサンリオ文庫もある］。

サンリオ文庫——急げ！　サンリオ

山本——それはすごい。その五千円近いというのはどんな本？

岡崎——いくつかあったけど、例えばトマス・ピンチョンので……。

山本——『競売ナンバー49の叫び』（サンリオ文庫、一九八五年／筑摩書房、一九九二年）や！　よかった、おれ持ってるよ。それ、実は最初、寺山修司が訳す予定やったみたいやな。

岡崎——えっ、ほんま！

山本——うん、それで期待しとったんやけど、寺山が亡くなったんで、代わりに志村正雄が訳したようやな。まぁ志村さんのも名訳やという評判やけど。

岡崎——あと、ル＝グインやカルペンティエール、P・K・ディックなんてところもいい値が付いてたよ。

山本——そう考えると、サンリオはラテン・アメリカや、アメリカのイキのいい現代文学をがんばってよく出してたな。つくづく惜しいと思うよ。訳がひどいものがあるという欠点はあったけど……。

岡崎——読んでて肩がこったり、目にしみてくるような訳な。

山本――ぼくの印象で言えば、ル゠グインのエッセイ集（『夜の言葉』サンリオSF文庫、一九八五年／岩波書店同時代ライブラリー、一九九二年／岩波現代文庫、二〇〇六年）は貴重やし、バーセルミ『アマチュアたち』（サンリオSF文庫、一九八二年／彩流社、一九九八年）、『口に出せない習慣、奇妙な行為』（サンリオSF文庫、一九八一年／彩流社、一九七九年／彩流社、一九九四年）、『罪深き愉しみ』（サンリオSF文庫、一九七九年／ちくま文庫、一九九一年）、『ベンドシニスター』（サンリオSF文庫、一九八六年／みすず書房、二〇〇一年）、アントニイ・バージェス『アバ、アバ』（サンリオSF文庫、一九八〇年）、『1985年』（サンリオ文庫、一九八四年）、『どこまで行けばお茶の時間』（サンリオSF文庫、一九八一年）、『ビアドのローマの女たち』（サンリオSF文庫、一九八〇年）、ジョン・バース『フローティング・オペラ』（サンリオ文庫、一九八七年）なんてあたりのもの、もし古本屋で見つけたらぜひ買っておかれるといいと思う。

岡崎――国書刊行会あたりがフォローしてゆくジャンルとは言え、高いもんなぁ、あそこの本は。

山本――そらそうや。安い、ということが文庫の大きなメリットかつ命やからな。しかし廃刊や絶版になると、その東京でのサンリオのような騒ぎになるんや。

岡崎――ただ関西に住んでる強みは、関西の古本屋でまだそれをやってるとこが少ないということやな。サンリオ文庫もまだまだ大阪、京都でもポツポツ見つかるよな。ぼくは東京から帰ってきて四冊ほど見つけた。もちろん定価の半額、もしくはそれ以下で。

山本――結局なんでサンリオが廃刊になったか、ということやけど、出す品物がマニアックすぎてあまり売れなかった、ということに尽きるやろな。まぁもともと無謀な企画やという声はあったけど。

岡崎――サンリオの出版部の前身って「山梨シルクセンター」って会社なんやろ。それが「キティちゃん」でボロもうけしたもんで、そのあがりで、わざとラテン・アメリカやらSFのニューウェーブのもの出したんやな。いわばお布施や。

山本――なんか無常観が漂ってるなぁ。

絶版文庫リストは名著リストなり

山本――まず、なんで絶版文庫を取り上げたのか、ということになると思うんやけど……。

岡崎——いきなりむずかしいけど、まず最近、新刊本屋で文庫の棚を見渡したときに、「あれっ?」と思った経験がある人おると思うんや。自分の記憶のなかではあるはずのものが実際にはなくなってるケース多いんよな。文庫そのもの自体は「第三次文庫戦争」とか言って、たしかに出版点数が多いけど、実のところ内容はうそ寒いような状況なんや。

山本——まぁ出版点数多い分、キャパシティの問題から、必然的にあおりを喰って消えてゆくものがでてくるわけや。

岡崎——その消えてゆくもののほうが実は問題で……。

山本——そうそう、これから挙げる絶版リスト〔P.144～168参照〕を見てもらったら分かるけど、名著選と勘違いするほど、いい本が絶版になってるんやな。これは本当にみなさんビックリされると思う。

岡崎——今回のリストを作成するにあたって基本的な資料としたのは各出版社の文庫解説目録で、最古のものは『新潮社昭和三十二年版』というのがあって……。

山本——よく見つけたな。三二年言うたらおれたちが生まれたころや。それ自体が絶版文庫として値打ちあるな。

岡崎——ありがとう、ありがとう。それからなるべく最新の目録を用意して、毎年消えていった文庫をいちいちチェックしていったというわけや。

山本――絶版文庫のことを調べるには解説目録は不可欠のものやけど、最新のものは手に入っても何年か前のものは手に入らないと思う。そのときは自分の手持ちの古い文庫の巻末の目録を参考にするといいな。

岡崎――それから最初にいろいろ断っておかなあかんことがいくつかあって、それは文庫とひとくちに言っても何十種類もあって、それを全部カバーすることは不可能だということと、絶版文庫というと必ず名前の挙がる岩波文庫は、今回見送らざるをえなかったということやな。

山本――うん、岩波は『岩波文庫総目録一九二七―一九八七』（一九八七年）という便利なものが出たけど、絶版がものすごい量やし、古本屋もいまだに「岩波信仰」があって岩波文庫に関してはチェックが厳しく、一冊何千円という値段を当然のように付けて手がでないし、ちょっと例外という感じやな。最近は「六〇年記念」とかで次々昔のものが復刊されてるようやけど、例えば吉田健一の名訳、スティヴンソンの随筆集『旅は驢馬をつれて』（一九五一年）なんか、いったん復刊されて、またすぐに消えてしまった。だからうかつに絶版と言えない。

岡崎――一応「品切れ」という言い方をしてるのかな。復刊もするから。岩波文庫は文庫というより、日本の出版物のなかでも特別で、戦時中、それから戦後も「金」みたいなあつかいをされていた。古本屋でも、岩波文庫を持っていかないと、売ってくれない、という話を読んだことがある。

山本――物々交換か、すごいな。

岡崎――そう。これは出久根達郎さんの『朝茶と一冊』（リブリオ出版、一九九六年／文春文庫、二〇〇〇年）で知った話やけど、上野千鶴子・赤松啓介・大月隆寛『猥談』（現代書館、一九九五年）という本のなかで、赤松が言うには、戦時中「岩波文庫を二十冊ぐらい見せると、もう喜んで女性が『抱きついてくれた』というのである」とある。岩波文庫で女性が釣れた時代があった（笑）。

山本――いま、岩波文庫二〇冊、女性に見せても、何の反応もないやろ。

岡崎――ないな。まぁそんなわけで岩波に関しては、また別の機会に一本釣りで新たにまとめることをお約束して……。

山本――今回は涙をのんで見送ると……。

岡崎――そういうわけやね。

山本――あと春陽堂文庫、青木文庫、新日本文庫などはわれわれの興味の対象からははずれるし、ミステリは雑誌『BOOKMAN』[第6号特集「おお探偵小説大全集」、トパーズプレス、一九八三年九月発行／一九八九年八月発行の第25号では「BM式必携文庫目録」が特集された]がやったし、まぁわれわれの好みが強く出たものになってることも断っておかなあかん。

岡崎――で、今回対象にした文庫を挙げておくと、まずあの、絶版の宝庫とも言うべき……。

岡崎・山本――(同時に)角川！(笑)。

山本――それと新潮、講談社あたりに的を絞って、文春、旺文社[P.165～168参照]。サンリオといったところも少し拾っておいた。集英社、中公はまだ絶版がほとんど出ていない、優良文庫やな。

岡崎――文庫自体の特集ということでは、従来から『朝日ジャーナル臨時増刊』『本の雑誌』『マリ・クレール』『ダ・カーポ』『BOOKMAN』などがやってきてるけど、「絶版文庫」だけに絞ったのはこの『BRACKET』が初めてやと思う。

角川文庫――先代源義の亡霊よ怒れ！

岡崎――角川文庫の絶版について言い出したら、ゆうに全部埋めつくしてしまうぐらい、言いたいことあるな。

山本――今回の大きな原動力になってるな、角川への恨みつらみは。まずどうやろう、例の映画に手を出した昭和五〇年代の横溝正史、森村誠一あたりが異常繁殖した時期ぐらいからと違うか？　絶版が大幅に増え始めたの。

岡崎――それは言えるやろな、方針がはっきりしたという感じやな。つまり売れへんものはなくしてゆくという……。

山本――先代の源義さんは墓の下で嘆いてるやろな、いまの角川文庫が新刊の平台に平積みされてるのを見たら。

岡崎――社員のなかでも先代から仕えてる番頭みたいなのがおって、ふりまわされてるんちゃうかな。発行部数見て、成績悪い文庫はどんどん消されてゆく。

山本――それを横で番頭が見てて、「若《わか》！　それはなりません、野呂邦暢といって若いながらなかなかの書き手で、先代もよく褒めておりました」と言うのを無視して絶版にする。

岡崎——目に浮かぶな、その光景。その調子で安岡章太郎も小川国夫も消されてしまった。番頭が「これだけはどうか、残してやってください。そうでないと爺《じい》は死んでも死にきれません」と泣きつくと……

山本——「それじゃ死ね!」と言う。

岡崎——リアルやなあ。まぁ、というわけで角川の場合、現在出ている角川文庫と昭和四〇年代ぐらいまでに出版されてた角川文庫は、別のモノと考えたほうが早いな。

山本——河出が昔、いまとは別の形の文庫出してたみたいにな［P.166～167参照］。それにならって、昭和五〇年あたりを境に、前期後期と分けて考えていこうか。どう、このリスト見て［P.146～151参照］。何か言えるかな?

岡崎——まずわれわれが持ってる角川の絶版文庫、関西圏の古本屋を荒らしまわって集めたものやけど、なぜか昭和三〇年前後のものが圧倒的に多いな。これは実に不思議やな。

山本——それに、その時期の角川文庫は特に紙の質がいい。例えば昭和五〇年代に出た角川文庫がすでに変色しているのに、この三〇年前後のものは、まるで昨日出版されたもののようにきれいや。

岡崎——われわれのあいだでは「角川文庫奇跡の昭和三〇年」と呼んでおりますが。

山本――ちょっとジャズのレコードの、例えばブルーノート一九五〇年代後半の奇跡の充実期に符合するな。それにしてもすごい品揃えやな、このころの角川文庫は。

岡崎――なんというか、この時期の文庫って気概のようなものがあったと思うな。学生の教養って、文庫によって支えられてるようなところあるやろ。

山本――われわれの一世代前の人は、岩波文庫の星ひとつ分［かつて岩波文庫は約一〇〇ページを黒星★ひとつとして、定価が決められていた］読むまで寝ない、とかな。そんなふうにしてがむしゃらに読破していく愉しみは、やっぱり文庫ならではのものって感じするな。

岡崎――岩波に限らず、角川にしろ新潮にしろ、自分たちが出してる文庫が日本の文化の基盤をつくってるという自負が感じとれるな。ちょっと大袈裟やけど。

山本――いや、そういうとこあると思うな。知的スタンダードとしての文庫、ということは言えると思う。われわれも実際そうして未知の作家のものを手軽に読んで、読書の幅を広げてきたわけやからな。

岡崎――そう考えると近頃の文庫は……。

山本――おいおい、それ「近頃の若者はだらしがない」という年寄りの口調と同じやで。

岡崎――まぁ角川と新潮は、特に日本の近代小説においてはリスト的に重なる部分が多いので、なるべく角川の特色が出てるところを拾っていこうと思うんやけど。

山本——田山花袋が一二冊出てるな。中勘助の四冊というのも当時の特色がでてるよ。

岡崎——中勘助なんか岩波の『銀の匙』のブームで角川でもあわてて『母の死』(一九八八年)を復刊したようやけど、ほかのものもついでに復刊して欲しいね。

山本——ぼく個人としては評論、随筆のキラ星のごとき名品をなんとかしてもらいたい。例えば、正宗白鳥『作家論1・2』(角川文庫、一九五四年/新編、岩波文庫、二〇〇二年復刊)、『自然主義文学盛衰史』(角川文庫、一九五四年/講談社文芸文庫、二〇〇二年復刊)、『読書雑記』(角川文庫、一九五四年)、古谷綱武『宮沢賢治』(角川文庫、一九五一年)、中村光夫『二十世紀の小説』(角川文庫、一九五二年)、山本健吉『私小説作家論』(角川文庫、一九五二年/講談社文芸文庫、一九九八年復刊)。このへんは文庫ででも残しておいてもらわないと、若い人がまず目に触れる機会はないと思う。全集がある、といっても研究者や特殊な人以外は手に取るのはためらわれるし、だいたいやな……。

人生論よさようなら

岡崎――まあおさえて、おさえて。あと〈前期〉からいくつか拾っておきたいんやけど、目立つのが山岳関係の随筆で、たくさん出てるのな。深田久弥なんて有名だけど、あと漱石の弟子の安倍能成『山中雑記』(角川文庫、一九五四年)に、田部重治が五冊、尾崎喜八が三冊等、ずいぶん多い。これなんでやろ?

山本――それはちょっと理由分からへんな。しかし、「登山」のことを活字で味わうというのは、それだけその時代に精神的余裕があったということかな。

岡崎――「精神的」ということで言えば、長与善郎(六冊)、倉田百三(一〇冊)、亀井勝一郎(一一冊)なんかも読まれなくなった作家やけど、そのことと関係あるのかな。つまり読書に求めるものが、昔のほうがより求道的というか、宗教的というか、人生論的というか……。

山本――人生論なんて本当に読まれなくなった部類のものやな。

岡崎――あと角川でどうしても言っておかなあかんのは「韻文」の分野なんや。

山本――詩集、歌集、句集な。

岡崎——これはリストを挙げておくから、ぜひ度肝をぬかれていただきたい［P.151～152参照］。

山本——旅行に行くときなんか、どうしてもそのあたりのもの、ぜひ一冊はカバンのなかにもぐりこませておきたいもんな。

岡崎——そうなんや、全詩集、全句集なんて普通は弁当箱ほどの大きさもあるからな、とても持ち歩くわけにはいかん。それをしかるべき人もしくは本人がある程度チョイスしたアンソロジーが、文庫で手軽に読めるのはありがたいもんな。

山本——それでは次にここ一〇年ぐらいの動きについて見ていこうか。

岡崎——ここでも言いたいことは山ほどあるけど、まぁこの部分はリストが如実に語っているということで、外国文学に軽く触れておこうか［P.152～155参照］。

山本——角川の外国文学は現代に絞ったという感じを受けるな。サリンジャー、モラヴィアなんてとこ、まとめて出したの、当時としては珍しかった。

岡崎——おれ、変な話やけど高校時代、サリンジャーは好きで読んでたけど、ほかのアメリカの作家あまり知らんからさ、アップダイクってサリンジャーの変名だと勝手に思いこんどったんや。

山本――またなんでや。

岡崎――角川のサリンジャー作品集に『大工らよ、屋根の梁を高く上げよ』(一九七二年)ってあるやろ。

山本――ふんふん、あるな。……ん！　あっ、分かった。「大工」「上げよ」でアップ、ダイクって言うつもりか？

岡崎――つじつま合うやろ？

山本――どこが合うねん。「アップ」はええけど、「ダイク」は日本語やないか(笑)。

岡崎――当時はそこまで頭がまわらんかったんや。ただ鈴木武樹が全訳してるんやけど、これがいまいちなんやな。

山本――サリンジャーというと野崎孝の訳がすぐ思い浮かぶけど、鈴木武樹ってあれやろ、TVの『クイズ・ダービー』で篠沢教授の前任者やったな。

岡崎――他の訳と比較してもいかにも硬くて、まわりくどい感じするな。例えば『若者たち』(角川文庫、一九七一年)に入ってる「エディーに会いな」の人名が、ヘレン、ボビーをへ・リン、バ・ビってなっとるのな。文章見ても、「紙巻をひと箱、オーバーのポケットから取り出し、それを元に戻し、それから立ちあがってオーバーのポケットから取り出し、それを元に戻し、それから立ち上がってオーバーを脱いだ。そして、その重いものをヘリンのベッドの上にほうりだして、光線の群落を四散させた」って調子なんや。「それ」「それから」のくり返しがうるさい。荒地出版社の作品集（『サリンジャー選集』第2、一九六八年所収）ではどうなってる？

山本――えーと、これは渥美昭夫訳やけど同じとこ読むと、「外套のポケットからタバコの袋をとりだした。それからもう一度もとへしまおうと、その外套をぬいでヘレンのベッドの上にどさっと投げ出した。ベッドの上にかたまっていた日だまりがさっと散った」――たしかにこのほうが情景が鮮明に浮かぶな。

岡崎――ただし、角川文庫版は各巻末に付いている付録の解説（『若者たち』は六六ページにわたる武田勝彦の筆）、参考文献、年譜が重宝する。この部分だけで「買い」やな。

『ビッグウェンズデー』は『赤ひげ』だ。

山本――あと映画の原作、またはノベライズものを角川はたくさん出してるな。それらは当然映画の上映期間が過ぎたら消えてゆく。しかし単なる映画の添えものとして淘汰されるには惜しいものもあるわけや。メーヴィン・ジョーンズ『ジョンとメリー』（角川文庫、一九七〇年）、ナセニェル・ウェスト『いなごの日』（角川文庫、一九七〇年）、エバン・ハンター『去年の夏』（角川文庫、一九七〇年）あたりは小説そのものとしても、記憶に残されるべきものやと思うけどな。

岡崎――『ジョンとメリー』は、ディック・フランシスやロバート・B・パーカーでおなじみ菊池光訳。しかも翻訳権独占、とあるから、たぶんこの角川文庫版でないと読めないはず。『去年の夏』のエバン・ハンターって「八七分署シリーズ」の作者エド・マクベインの変名や。

山本――翻訳権独占、ということでは、リチャード・フッカー『マッシュ』（角川文庫、一九七〇年）もそうやな。これは、カバーもよかった。

岡崎――あとデニス・アーバーグとジョン・ミリアスの『ビッグウェンズデー』（角川文庫、一九七九年）は、映画もすばらしかったけど、小説のほうもいい線いってると思ったな。片岡義男の訳もいいし。話違うけど、おれ、『ビッグウェンズデー』って、黒澤明の『赤ひげ』やと思ったんや。あのなかで若者の教師的立場にいるヒゲ面のベアって男は、「赤ひげ」的にあつかわれとるのな。ジョン・ミリアスの黒澤好《ず》きは、有名やし。

新潮文庫——自然主義の崩壊

岡崎——お次は新潮文庫ということになるけど、こちらは文芸出版の老舗ということもあって、角川ほどの転向はなくて、最新の解説目録を見ても割合まだスタンダードが保たれてる。

山本——各ジャンル、時代のバランスが一番安定してるんやないかな。つまり近代文学から現代文学まで一応見渡せるのはいまや新潮文庫だけやないかな。

岡崎——岩波は存命の作家は取り上げないというような暗黙のラインを引いているようやし。

山本——野間宏［一九九一年没］なんかは入ってるけどな。

岡崎——うん、しかし「死んで一人前」というようなところは残ってる感じやな。

山本——それからこれはぜひひとこと言っておきたいんやけど、文庫のしおりのヒモを残してるのは、新参の福武文庫［一九八六年発刊、一九九八年廃刊］を除くと新潮だけや、ということ。

岡崎——でましたな、「造本の山本」。

山本――製本の工程がすべて機械化されてる現状のなかで、唯一手作業の部分がこのしおりのヒモの接着、はさみこみなんや。つまりコストがそれだけ新潮文庫はかかってるっちゅうこっちゃ。

岡崎――その割にページあたりの単価が他の文庫と比べても安いな。

山本――ここんとこ、新潮の担当者が読んだら感激して泣くで。

岡崎――よくぞ言ってくれた、ちゅうことで何か送ってけえへんかな。

山本――というより、これだけ褒めといたら、あと思う存分悪口言える。

岡崎――よし！　悪口始めよか。

山本――なんか、おすぎとピーコみたいになってきたな（笑）。

岡崎――いや、おれは目指してるよ。文庫界のおすぎとピーコ。

山本――しかし角川の黄金の昭和三〇年前後のものと比べると、新潮の同時期のものは見つかりにくいな、古本屋で［P.155〜160参照］。

岡崎――あったとしても、まっ黒に変色してて、ちょっと二《に》の足ふむな。

山本――まぁそのことに目をつぶって言うと、まず幸田露伴、島崎藤村、永井荷風のあたりが昭和三〇年代には大量に出てたのに、現在淋しい状況にある。

岡崎――他にも岩野泡鳴、徳田秋声、正宗白鳥がほぼ全滅で、自然主義崩壊って感じやけど、特に山本がいま言った三人が目立つな。

山本――藤村は文学史年表でゴシック体になるような代表的長編はいまでも読めるけど、短編とエッセイはほぼ全部アウト。エッセイ集は岩波文庫から『藤村文明論集』（一九八八年）として一冊だけ出たけど、ほんの一部やし、『エトランゼエ』（一九五五年）なんかは新潮で残しておいてもらいたかった。

岡崎――結局一人の作家像をつかむのに、一部の小説だけやと、何かその作家が痩せた状態になると思うんやな。特に藤村みたいな振幅の大きい作家については、いろんな角度から眺める必要があると思うし、もうちょっとなんとかしてもらいたいな。

山本――しかし藤村の短編集なんかはまだ古本屋でちょくちょく見かけるよ。『短篇小説集第3 食後――紅い窓・女』（新潮文庫、一九五六年）とか、あの臙脂《えんじ》色のカバーは目につくし。

岡崎――あと新潮の場合、一人一冊という形で短編作家のアンソロジーが出てたんやな。ちょっと挙げてみて。

山本――えー『中勘助集』（新潮文庫、一九五一年）、『葛西善蔵集』（新潮文庫、一九五一年）、『北

条民雄集』（新潮文庫、一九五一年）、『梶井基次郎集』（新潮文庫、一九五〇年）、『嘉村礒多集』（新潮文庫、一九五〇年）と出てる。これは角川のところでも言ったけど、旅行へ行くときなんかは電車のなかや旅館の一室で、一人の作家の短編を、信頼できる人の選で文庫で読むというのは贅沢な楽しみやと思えへんか？

岡崎――ぼくは思うけど、若い奴は思えへんやろな、そんなこと。

山本――また「若い奴」か？　どうしたんや岡崎、急に老け込んで。

岡崎――まあいろいろあってな……なんでやねん（笑）。その個人選集のことやけど、編集解説がなかなかええな。

山本――小堀杏奴が中勘助、山本健吉が葛西と嘉村、中村光夫が北条民雄、淀野隆三が梶井。

岡崎――そういうの、どうやろ？　仕事とはいえ楽しいんちゃうかな。一人の作家の作品のなかでどれを選ぶかっちゅうこと。

山川方夫なんてもう読めないんだぜ！

山本――うん、ぼくらでもそんな仕事引き受けたら、損得抜きでがんばるやろな。

岡崎――あと日本の作家で、新潮文庫から作品が全滅してる作家の名前を挙げときます。豊島与志雄、水上瀧太郎、吉田紘二郎、島木健作、大佛《おさらぎ》次郎、阿部知二、上林暁、獅子文六、久保栄、火野葦平、高見順、織田作之助、北原武夫、田中英光、林房雄、中山義秀、小山清、梅崎春生、山川方夫《まさお》といったところ。この顔ぶれはだいたい角川文庫から消えた顔ぶれと重なってるな。ということは歴史的必然性っちゅうやつかな。

山本――高見順、梅崎春生、山川方夫なんてところは三十以降の人［一九八八年当時］やと「エッ、本当！」という感触ちゃうかな。

岡崎――当然まだ元気でがんばってると思ってた先輩が、訊いてみるとポックリいっちゃってた、という感じかな。

山本――うまいなぁ（笑）。あと川端康成のものがほとんど消えずに残ってるのに、同時代の文学的ライバルやった横光利一が見る影もないな。

岡崎――横光では『寝園』（新潮文庫、一九五六年）が印象に残ってるけど、絶版文庫の浮き沈みで文学史が読めるような気がするな。

山本――あと大幅減ということでは室生犀星がひどい。六冊あったうち、現存は『杏っ子』(新潮文庫、一九六二年)のみで、『室生犀星詩集』(新潮社、一九五一年)も『幼年時代・あにいもうと』(新潮文庫、一九五五年)も『女ひと』(新潮文庫、一九五八年)も読めないなんて［二〇〇八年現在では、『杏っ子』二〇〇一年刊、『室生犀星詩集』二〇〇五年刊が読める］、仮にも犀星の全集出した版元のすることかね。

岡崎――『女ひと』なんか読んでて笑ってしまうけどな。「女にモテぬ男はロクな奴じゃない」とか、徹底した女性賛美なんやからな。

山本――「自分がもし女だったら、顔を見せるだけでも見料を取っていいと考える」なんてところも面白かったな。あと言っとかなあかんのが評論、随筆。

岡崎――言《ゆ》うたれ、言《ゆ》うたれ。

山本――三好達治『諷詠十二月』(新潮文庫、一九五二年)、『卓上の花』(新潮文庫、一九五五年)なんて読むと、三好がいかに懐《ふところ》の広い文人であったか分かるな。一応前者が講談社学術文庫に収められた(一九八三年)けど、新潮では両者共に絶版。

岡崎――ぼく両方とも持っとります。

山本――中村光夫『谷崎潤一郎論』（新潮文庫、一九五六年）、『風俗小説論』（新潮文庫、一九五八年）、本多秋五『「白樺派」の文学』（新潮文庫、一九六〇年）、平野謙『芸術と実生活』（新潮文庫、一九六四年／岩波現代文庫、二〇〇一年復刊）、『島崎藤村』（新潮文庫、一九六〇年）、中村真一郎『王朝の文学』（新潮文庫、一九五八年）、伊藤整『小説の方法』（新潮文庫、一九五七年／岩波文庫、二〇〇六年復刊）、山本健吉『芭蕉』上・下（新潮文庫、一九五九年）、『古典と現代文学』（新潮文庫、一九六〇年／講談社文芸文庫、一九九三年復刊）、和田芳恵『樋口一葉伝』（新潮文庫、一九六〇年）、このあたり全滅や。しかもこれでほんの一部ときてる。

岡崎――山本がいま挙げたもの、ぼくなんかが大学時代、ちょっとしたレポートを書くのにずいぶんお世話になったものばかりや。日本近代文学研究必携のものやもんな。

山本――いまの大学生は図書館へ行くしかないやろな。しかし、いま挙げたのはまだ古本屋で見るクチやから、急げば間に合う。ぼく個人で挙げときたいのは吉田精一の『随筆入門』（新潮文庫、一九六五年／親本は河出書房新社、一九六一年）なんや［P.228参照］。その題名からすると、なんか新書判でよくあるハウツーものみたいやけど、決してそんな類いのものじゃない。日本の個性的な名文家の一番イキのいい文章が選りすぐってあって、正宗白鳥、中野重治、斎藤茂吉、室生犀星なんか強く印象に残ってるな。

岡崎――中野重治は「山猫その他」やったな。あれなんか一種の散文詩やな。力強くて美しい。これはオフレコやけどこの本、吉田精一のなかで一番いい仕事違うかな。

ブルータス、お前ホモか？

岡崎――畑正憲は北海道で牧場やってるわけやけど、そこで働いてる若者が全然本を読まんらしい。それで畑は彼らのために角川と新潮の各文庫を一揃え全部購入した。その費用がちょうど新車一台買うぐらいやった、まぁ安い、というわけよ。

山本――うん、ある意味で安くていい買い物やろな。半永久的に使えて、共有できて、読み手次第で付加価値が付く。

岡崎――しかし、それは一〇年以上前の話なんや。いまの出版事情のなかでどうやろ。現在の角川と新潮全部揃えて、外国文学だけに限っても……。

山本――うーん、困ったな、これは……。別におれが困ることないけど（笑）、言いたいこと分かるよ。新潮という出版社はもともと外国文学の翻訳においても「啓蒙」という言葉が適用できるぐらい功績があったところやからな。それが、グレアム・グリーンが、バルザックが、モームが削られて無惨な姿になってる。そこは意地でも残しておいて欲しかったな［P.158〜160参照］。

岡崎――角川についてはある程度覚悟してたけど、まさか新潮までがここまで絶版に侵食されてるとは思わんかったな。

山本――ブルータス、お前もか！。

岡崎――ブルータス、お前ホモか？　というのもありますが（笑）。ま、それはともかく、こうして外国文学で消えていったものを眺めてると、日本の翻訳文学受容史の変遷というか、流行の移り変わりがよく分かるな。

山本――昨今はＳＦ、ミステリ全盛ということか。その分野では次々に新しく文庫化されてるけど、当然そのぶん古典的な、ある程度名作の評価を得てきたものが消えていくことになるな。

岡崎――そのなかではアメリカ文学が割合にまだがんばってるんちゃうかな。

山本――そうやな、まあそれでもアップダイク、ソール・ベロー、マラマッド、ボールドウィンなんてところは最近のリストを見る限りは消えていってるわな。

岡崎――いま挙げた作家はみんな、ユダヤ系、もしくは黒人作家やな。

山本――かつてはここいらの作家、花形やったよ。ぼくらが卒論書いてるころ、まわりはみんなユダヤ系、黒人作家ばっかりやったもんな。サリンジャーもそうやし。

岡崎――その代わりに台頭してきたのが、S・キング、C・カッスラー、B・フリーマントル、J・アーチャーといった力技の作家やな。

山本――あと村上春樹や高橋源一郎の活躍のおかげで、レイモンド・カーヴァーなんかも文庫で読めるようになったけど、しかしそれはよその文庫（中公文庫）で、新潮ではこの方面の作家は期待できんな。

岡崎――新潮はいまや力技一本槍よ。

山本――それと最後に外国文学でぜひ付け加えておきたいのは、シェイクスピアひとつとっても、旺文社の大山俊一・敏子、講談社の木下順二、角川の三神勲といろんな人の訳が文庫で読めた、ということは言っときたいな。訳の良し悪しは別にして、いろんな人の訳でひとつの作品を読み比べる面白さが昔の文庫にはあった、ということっちゃ。

講談社文庫——若輩にして古老

岡崎——講談社文庫は割合新しく生まれた文庫やな。「講談社文庫刊行の辞」という野間省一の文章の日付が一九七一年七月になってるから、ざっと一七年前。

山本——その割に絶版が多いな。だから逆に言うたら、まだ手に入りやすい絶版文庫やな、入門者向き（笑）。紙もいいしな。時間経《た》っても変色しないのがありがたい。

岡崎——たしかこれ、出始めのころはカバーなかったんやな。星新一の『ノックの音が』（講談社文庫、一九七二年）なんか、グリーンの地の表紙に、カラーの帯がかかってたの憶えてるわ。で、どうやろ、講談社文庫には先行する角川や新潮にないユニークな特色があると思うんやけど［P.160～164参照］。

山本——まず美術関係の本が目につくな。たとえば『私のセザンヌ』（講談社文庫、一九七六年）。これはセザンヌの代表作をたくさんカラーで入れて、丸谷才一、河盛好蔵、田村隆一なんかが書き下ろしのエッセイを寄せている。

岡崎——池上忠治の評伝も付いてて便利やな。この人、美術公論社から印象派の評論集（『フランス美術断章』、一九八〇年）なんか出してる人だよ。

山本――陰里鉄郎解説『夏目漱石・美術批評』（講談社文庫、一九八〇年）とか青木繁『画家の後裔』（講談社文庫、一九七九年）なんかも、単行本になれば、美術書やからベラボウな定価になるやろうと思う。

岡崎――『画家の後裔』は福田蘭童、石橋エータローが編著になってるけど、実はこの二人、青木の各々、実子、実孫にあたるんや。福田は、志賀直哉や井伏鱒二の随筆に出てくる一種の趣味人で、石橋は御存じ「クレイジー・キャッツ」の一員。

山本――すごい家系やな。講談社文庫の美術ものは現在盛んになってる文庫のヴィジュアル化、新潮や文春がやってるやつの先がけとして評価できるな。紙もアート紙を使って印刷もきれいやしな。

岡崎――紙のことこだわるなぁ。

山本――「紙の山本」って呼んでくれ。

岡崎――それから新しい文庫ということもあって解説の人選がなかなか面白いな。従来の漱石なら荒正人、鷗外なら長谷川泉といった固定化した権威者との組み合わせではなく、割合若手の作家、批評家を起用しているのが目につくけど、どうかな?

山本――ぼくが印象に残ってるのは、武田泰淳『わが子キリスト』（講談社文庫、一九七一年）、大岡昇平『野火』(講談社文庫、一九七二年)の両方を解説している柄谷行人のもの。作品論としても読める、力のこもった立派な解説だと思ったな。

岡崎――おそらく彼が『群像』の評論部門で新人賞とって[一九六九年、「〈意識〉と〈自然〉漱石試論」で受賞]まもなくの仕事ちゃうかな。文庫の解説の注文受けるってゆうの、かけだしの評論家にとって独特なニュアンスあると思うな。何か一人前として認められたというような。

山本――そのほか中村光夫のものなんかは、彼の評論集自体がまずあまり読めないから、井上靖『月の光』(講談社文庫、一九七一年)の解説なんか貴重やな。

岡崎――そういう意味では、解説の部分読むためだけでも、絶版文庫を探す値打ちがあると言えるな。

山本――その点でいくと、梶井基次郎の『檸檬・Kの昇天』(講談社文庫、一九七二年)の本文のほうは他の文庫でも読めるわけやけど、解説が高橋英夫というところはほかで読めない。

岡崎――そうやな。高橋英夫なんかは梶井の資質をよく理解してる人やから、うまい取り合わせやな。だいたい文庫の解説不要論なんかがあるけれど、そうかたく考える必要ないと思うな。

山本――解説を読むの楽しみ、というのも文庫の大きな特色やと思うよ。

岡崎――あと伊藤左千夫『野菊の墓・隣の嫁・春の潮』（講談社文庫、一九七一年）の上田三四二なんか、どちらも短歌、小説の両面の実作者で、大病患った共通の体験もあって、非常に取り合わせとしては面白いと思う。

下訳を蓮實重彦が！

岡崎――講談社文庫も数は少ないながら外国文学を出してて、これまた絶版が多い［P.163～164参照］。作品自体とりたてて目新しいものはないようやけど、さっきの解説者の人選と同じく翻訳者の人選について何か言えないかな。

山本――また中村光夫の登場になるけど、中村光夫訳フロオベェル『ボヴァリイ夫人』（講談社文庫、一九七三年）なんか面白いな。新潮文庫（一九六五年）は生島遼一、岩波文庫（一九三九年）は伊吹武彦が訳していて、それぞれ定評あるんやけど、とにかく中村光夫の翻訳ということ自体が珍しい。カミュの『異邦人』なんかも訳してるけどな。

岡崎――それと、その下訳をあの蓮實重彦がやっているというのが面白いね。

山本――それからコナン・ドイル。『シャーロック・ホームズ』ものは七冊出てたけど（『シャーロック・ホームズの冒険』一九七三年、『シャーロック・ホームズの回想』一九七三年、『シャーロック・ホームズの帰還』一九七五年、『シャーロック・ホームズの最後の挨拶』一九七六年、『緋色の研究』一九七七年、『四つの署名』一九七九年、『バスカビル家の犬』一九八〇年）これをすべて詩人の鮎川信夫がやっている。それでこの訳が、こなれてて読みやすくていい訳なんや。

岡崎――現代詩人の翻訳は、特にミステリ関係はたしかにみんな巧いな。岩田宏（小笠原豊樹）、田村隆一、北村太郎（松村文雄）のものが評判いい。

山本――付け加えておくと、鮎川信夫訳の「ホームズもの」は八六年に講談社から電話帳みたいなゴツい本で出版されたけど（『シャーロック・ホームズ大全』）。

岡崎――あれ、けっこう売れたらしいよ。

山本――うん、しかし読みにくいし、ここんとこはぜひ文庫で揃えてもらいたいね。まだ古本屋でけっこう目にするし。あと、中村真一郎訳のジッド『狭き門』（一九七一年）、『田園交響楽』（一九七二年）なんかも講談社文庫の絶版探してでないと読めないものや。

岡崎――小池滋訳のディケンズ『オリヴァー・トゥイスト』（講談社文庫、一九七一年）なんかどうやろ。小池滋って、『英国鉄道物語』(晶文社、一九七九年)をはじめ、英国関連のものをいくつか出してるけど、このディケンズの翻訳なんか、彼の初期の仕事ちゃうか？

山本——小池滋はディケンズがもともと専門やもん。晶文社からも『ディケンズとともに』(一九八三年)なんか出してるよ。それから木下順二訳のシェイクスピア、これも全滅や。『ハムレット』(講談社文庫、一九七一年)と『オセロー』(講談社文庫、一九七二年)のふたつだけやけど、絶版にする理由分からんな。もちろん木下順二訳シェイクスピア、ということでは全訳の全集(1〜8、講談社、一九八八〜一九八九年)が出てるけど、ちょっと全集というのは手が出しにくいしな。

岡崎——講談社文庫の外国文学の絶版ということでは、ほかにアンソロジーがたくさん出てたのが目につくな。例えば丸谷才一・常盤新平編の『世界スパイ小説傑作選』(1〜3、1のみ丸谷才一単独編集、講談社文庫、一九七八〜一九七九年)なんか、英米文学の読み巧者で、かつ曲者の二人がどんな作品を選んでるかという、そのリストを眺めてるだけでニンマリさせられるな。

山本——英米の純文学の短編じゃなく、「スパイ小説」という、ちょっといかがわしい、しかも洒落っ気のあるジャンルの選出というのが面白いな。あとSFで、アシモフ編『世界ＳＦ大賞傑作選』(1〜2、4〜8、講談社文庫、一九七八〜一九七九年)というのも、ヒューゴー賞受賞作を中心に、しかもアシモフが編集しているということで、すごく充実した選集になってるな。

岡崎——アシモフって、ロボットの……やな？

山本——アシモフはロボットと違う、人間や。

岡崎——そら、分かってるよ。ロボットの三原則という……まぁええわ(笑)。

山本——ほかには福島正実編『海外ＳＦ傑作選』(『千億の世界』一九七五年、『時と次元の彼方から』一九七五年、『人間を超えるもの』一九七五年、『破滅の日』一九七五年、『未来ショック』一九七五年、『不思議な国のラプソディ』一九七六年、『クレージー・ユーモア』一九七六年、『華麗なる幻想』一九七七年)、伊藤典夫編の『ファンタジーへの誘い』(一九七七年)なんかもＳＦファンには古本屋漁って発見して欲しいものやな。

一九九五年のペーパーバック談義

（『ARE』第四号、AREPRESS、一九九五年一二月二五日号所収）

岡崎――文庫特集の対談としては、山本とは二回目になるな。

山本――この『ARE』のメンバーが多く参加してた『BRACKET』という雑誌が前にあって、そこで角川、新潮をはじめいくつかの文庫の絶版リストを載せて、それについて二人で対談した。あれは好評やった。

岡崎――ちょっとしたもんやったな。自分たちで言うのもなんやけど。まず読売新聞の文化欄で取り上げられたし、いつも『BRACKET』を置いてもらってた大阪の古本屋でも、あの号だけは最初の一〇冊が完売して、またすぐに一〇冊、追加で置きにいったぐらいや。わざわざ他人が金出して買うというの、これは同人誌では珍しいこっちゃで。

山本――岡崎が自分で買いに行ってたという噂もあったけど（笑）。しかし、あのあといろんな雑誌で絶版文庫についての特集があったり、井狩春男さんの『文庫中毒』（ブロンズ新社、てると、つい買いたくなる。ちくま学芸文庫でも、あのカバーと帯の感じ、バランスがたまらん。本屋の棚の前で、いつまでも眺めてることあるよ(笑)。

岡崎――眺めてるだけかい!

山本――中身で言うたら、ちくま文庫のうまいところはオリジナルの文庫のほかに、他社の文庫で絶版になったのを再生して出してることとな。それまでの文庫でも、多少のトレードやカムバックはあったけど、ちくま文庫ほど意識的、戦略的にそれをやったとこはなかった。代表的なのは廃刊になったサンリオSF文庫のいくつかを再生したこと。例えば、ガルシア=マルケスの『エレンディラ』(サンリオ文庫、一九八三年/ちくま文庫、一九八八年)。サンリオが廃刊になって、すぐ古書値が高騰したもののひとつやけど、千円以上出して買った人はご苦労さんというとこやな。

岡崎――サンリオの古書値高騰については、『BRACKET』の対談でさんざんやりました。アーヴィングの『ガープの世界』なんかも高かったけど、新潮文庫にトレードされた(サンリオ文庫、一九八五~一九八六年/新潮文庫、一九八八年)。ちくま文庫には、ウラジミール・ナボコフの『ナボコフの一ダース』なんかが拾われた(サンリオ文庫、一九七九年/ちくま文庫、一九九一年)。そのほか、小林信彦のオヨヨシリーズは角川で絶版になったものがちくまに移った（『合言葉はオヨヨ』角川文庫、一九七四年／ちくま文庫、一九九四年、『オヨヨ島の冒険』角川文庫、一九七四年／ちくま文庫、一九九二年、『怪人オヨヨ大統領』角川文庫、一九七四年／ちくま文庫、一九九三年、『秘密指令オヨヨ』角川文庫、一九七四年／ちくま文庫、一九九四年、『オヨヨ城の秘密』角川文庫、一九七五年／ちくま文庫、一九九三年）。

山本――旺文社文庫から加東大介の『南の島に雪が降る』（旺文社文庫、一九八三年／ちくま文庫、一九九五年／光文社知恵の森文庫、二〇〇四年）、徳間文庫から竹中労の『鞍馬天狗のおじさんは』（徳間文庫、一九八五年／ちくま文庫、一九九二年）、講談社文庫から殿山泰司の『三文役者あなあきい伝　part1・2』（講談社文庫、一九八〇年／ちくま文庫、一九九五年）などの名著もちゃんと拾ってるのには感心するな。

岡崎――絶版で所有してたぼくらは、人が持ってないことに優越感があるからちょっとしゃくやけど……。

山本――ええやないか。みんなにも読ましたったら。ちくま文庫の特徴は、小説より評論、エッセイのジャンルに強いこと。PR誌『ちくま』一九九五年一一月号で評論家の坪内祐三さんが「極私的ちくま文庫ベスト一〇」として文章を書いてるけど［その後、『シブい本』文藝春秋、一九九七年に収録］、ここで坪内さんは「ちくま文庫には〈雑文〉が似合っている」

と言ってる。この坪内という研究者、あとでも触れるけどこの分野で赤丸上昇中や。ぼくらとほぼ同年代。これからいい仕事しそうやな［その後の活躍はご存じの通り］。

岡崎――『彷書月刊』でも名前見たな。武藤康史と並んで、常に注目していかなあかん人や［武藤康史は『文学鶴亀』二〇〇八年、国書刊行会で、ついにその全貌を明らかにした］。あと、ちくま文庫で言えば、筑摩の編集者の松田哲夫のカラーが強いことかな。赤瀬川原平、南伸坊、藤森照信、杉浦日向子、荒俣宏とか路上観察学会のメンバーがリストに上がってる。マンガを差別せず、同じ土俵にのせたのも松田色やな。水木しげる、安西水丸、滝田ゆう、杉浦日向子、やまだ紫、糸井重里と湯村輝彦の『完本情熱のペンギンごはん』（ちくま文庫、一九九三年）なんちゅうとこは、『ガロ』系列のマンガで、これは松田哲夫が学生時代に『ガロ』の編集部でアルバイトしていた経験が活かされてる。筑摩に入社したのも、筑摩が漫画全集をつくるとき、編集を手伝ったのが縁らしい。これは本人に直接聞いた。あと、旺文社文庫の絶版・安藤鶴夫シリーズの一部（『巷談 本牧亭』旺文社文庫、一九七五年／ちくま文庫、一九九二年、『落語国紳士録』旺文社文庫、一九七七年／ちくま文庫、一九九一年）ほか、落語関係のものを入れてくれてることも落語フリークのぼくとしてはうれしい。ちくま文庫目録の著者名索引を見ると、「カ」行の欄に海音寺潮五郎、開高健、梶井基次郎なんかと並んで、桂枝雀（『らくごDE枝雀』一九九三年、『桂枝雀のらくご案内』一九九六年、『桂枝雀爆笑コレクション』1〜5、二〇〇五〜二〇〇六年）、桂文楽（『古典落語 文楽集』一九八九年、『あばらかべっそん』一九九二年）、桂三木助（『古典落語 正蔵・三木助集』一九九〇年）の名前が出てくる（笑）。これ見てるだけでしびれるな。

山本――外国文学もすごいぞ。プルーストの『失われた時を求めて』全一〇巻（ちくま文庫、一九九二〜一九九三年）を出した。これは文学的事件と言ってええぞ。長年新潮文庫で絶版（全七巻、一九五八〜一九五九年）になってたから、これを読むためにみんな古本屋で、失われた『失われた時を求めて』を求めて……。

岡崎――ややこしいな（笑）。しかし、たしかにちょっとしたブームにもなったたな。『マリ・クレール』あたりを読んでる女性が、青山あたりの喫茶店で煙草吸いながら読んでるのを見たけど、「お前、ほんまに分かって読んどんのか」と……。

山本――言うたんか？

岡崎――いや、きれいやからちょっとつきおうてくれへんかなぁと。

山本――なんや、それ（笑）。九二年一一月一四日付けの朝日新聞に載った「読むぞプルースト」という記事によると、九月に発行された第一巻が、この時点で三刷三万五千部が売れて「近く増刷」とある。あの読まれざる名作と言われた『失われた時を求めて』を読もうという人間が、日本に三万人以上いるというのがすごいことやと思う。

岡崎――丸谷才一がエッセイで書いてるけど、福永武彦が「実はまだ全部は読んでない」と告白してるぐらいやから、読まれざる名作の筆頭みたいな存在やったけど、やっぱり文庫の強さかな。

山本――新潮文庫が絶版になってからは、全集ぐらいでしか読めなかったという事情もある。また、これだけ大部な長編やからこそ、持ち運びできる文庫で読むメリットがあるんや……とこれは、同じ記事で発言してる清水徹の意見。同感やな。それに今度、岩波がずっと絶版にしてて古書値が高騰してるギボンの『ローマ帝国衰亡史』、これがちくま学芸文庫で全一〇巻の完訳が出る（一九九五～一九九六年）。ちくま文庫で『シェイクスピア全集』（全一五巻、一九九六～二〇〇七年）も出る。どんどん出してくれ。

岡崎――パチンコ屋か（笑）。

山本――あとはディケンズがすごい。『ピクウィック・クラブ』上中下（ちくま文庫、一九九〇年）、『リトル・ドリット』1～4（ちくま文庫、一九九一年）、『マーティン・チャズルウィット』上中下（ちくま文庫、一九九三年）あたりは、文庫でしか読めないのとちゃうか？

岡崎——『クリスマス・ブックス』（ちくま文庫、一九九一年）に入ってる「クリスマス・キャロル」なんかは、他の文庫でもいくらでも読めるけど。小池滋の訳がすごい。

山本——あの落語の口調で訳したやつな。

岡崎——そうそう。出だしが「エー、あい変わらずバカバカしいお噂で」とくる。ディケンズもあの世でびっくりしてるやろ。

山本——ちくま文庫のモーム・コレクション（『アシェンデン』一九九四年、『コスモポリタンズ』一九九四年、『アー・キン』一九九五年、『カジュアリーナ・トリー』一九九五年、『かみそりの刃』一九九五年、『魔術師』一九九五年、『中国の屏風』一九九六年）も新潮文庫がモームをほとんど絶版にしてるから、これはうれしい。新潮文庫のモームは全集をそのまま文庫にしてたから内容がすごかった。いま古本屋で揃いで二万円ぐらいついてるかな。ちくまの和田誠のカバーデザインもいい。

岡崎——ちくま文庫は創刊してそれほどたってないのに、もう品切れがかなり出てる。もともとクズがないチョイスがされてる文庫だけに、品切れのラインナップはすごいぞ。古本屋でもまだちくまの品切れはそれほどチェックされてへんから、ノーマークで普通の値段で拾える。

山本――サンリオから移ったリリアン・ヘルマン『眠れない時代』（サンリオ文庫、一九八五年／ちくま文庫、一九八九年）なんかは二度も姿を消したことになる。『ザ・ベスト・オブ・バラード』（サンリオSF文庫、一九八五年／ちくま文庫、一九八八年）もそう。一度消されると、絶版・品切れ癖がついてしまうのか。その法則で行くとさっき挙げた『エレンディラ』や『ナボコフの一ダース』も危ない。筑摩も雑誌『頓知』［一九九五年一〇月号創刊、一九九六年七月号で休刊］なんか出さんと、文庫のほうをしっかりやってほしい。『頓知』が失敗したら怖いで……。そのつけがまわってきて、中野重治の新全集が出えへんことにでもなったらいややもんな。

岡崎――一度消えると二度目も消えるという法則は、小林信彦の『地獄の読書録』もそうなんや。以前、集英社文庫（一九八四年）に入ってて絶版になったのが、ちくま文庫（一九八九年）で復活してまた品切れの憂き目にあった。書評集というのは、やっぱり文庫では弱いかも知れん。種村季弘の『書物漫遊記』（一九八六年）なんか、ちくま文庫の種村シリーズで唯一品切れになってる［その後、復刊。現在入手可能］。面白いんやけどなぁ…。これは、二、三の古本屋で定価より高く付けてるところを見た。これから値上がり必至のアイテムやね。河出文庫のほうにも入ってないから、河出が拾うかも知れん。これ、知恵貸してまんねんで、よう聞きなはれ。

山本――それ、だれに言うてんねん（笑）。

岡崎――いや、河出文庫が出してる種村シリーズにぜひ加えたらと、忠告してるんや。

山本――ぼくが品切れリストから推薦するとしたら、まず中野重治『本とつきあう法』（ちくま文庫、一九八七年）……そう言うたら、これも書評や本の紹介、読書エッセイやな。この分野、たしかに文庫ではあかんな。あと、『ARE』の創刊号（一九九四年一〇月一日号）でぼくが書いた戸井田道三の『忘れの構造』（ちくま文庫、一九八七年）、中村光夫の『老いの微笑』（ちくま文庫、一九八九年）、P・カミの『エッフェル塔の潜水夫』（ちくま文庫、一九九〇年）、E・リアの『ナンセンスの絵本』（ちくま文庫、一九八八年／完訳版、岩波文庫、二〇〇三年）……これは訳がジョイスの『フィネガンズ・ウエイク』（1〜4、河出書房新社、一九九一〜一九九三年／河出文庫、二〇〇四年）の全訳で名を上げた柳瀬尚紀。

岡崎――ぼくとしては、永島慎二『フーテン』（ちくま文庫、一九八八年）、安西水丸『東京エレジー』（ちくま文庫、一九八九年）、『春はやて』（ちくま文庫、一九八七年）といったマンガ。現代詩のラインで井坂洋子『ことばはホウキ星』（ちくま文庫、一九九〇年）、石原吉郎『望郷と海』（ちくま文庫、一九九〇年／ちくま学芸文庫、一九九七年）。菊地信義『装幀談義』（ちくま文庫、一九九文庫、一九八七年）あたりは、もし古本屋で見つけたら買っておいたほうがいいと思う。

〇年）、高田宏『言葉の影法師』（ちくま文庫、一九九〇年）、杉本秀太郎『新編洛中生息』（ちくま

文学の息の根を止めるわけにはいかない「講談社文芸文庫」

岡崎――ちくま文庫以外で衝撃を受けた文庫というと「講談社文芸文庫」ということになるわな。平成元年に創刊されて、もう出版点数は三〇〇点を超えてると思う。たしか、いまだ品切れは出してない。これも新刊案内が楽しみな文庫やな。ぼくで五〇冊は持ってる。菊地信義の装幀もきれいやから、本棚に揃うとうれしいな。

山本――品切れは出さない方針みたいやな。しかし、始めのころはちょっとぼくのなかでは評価低かった。というのも大江健三郎の『万延元年のフットボール』（講談社文庫、一九七一年／講談社文芸文庫、一九八八年）、『叫び声』（講談社文庫、一九七一年／講談社文芸文庫、一九九〇年）、『みずから我が涙をぬぐいたまう日』（講談社文庫、一九七四年／講談社文芸文庫、一九九一年）とか、江藤淳の『成熟と喪失』（講談社文芸文庫、一九七八年／講談社文芸文庫、一九九三年）、大庭みな子『三匹の蟹』（講談社文庫、一九七二年／講談社文芸文庫、一九九二年）、清岡卓行『アカ

シヤの大連』（講談社文庫、一九七三年／講談社文芸文庫、一九八八年）、倉橋由美子『スミヤキストQの冒険』（講談社文庫、一九七二年／講談社文芸文庫、一九八八年）、佐多稲子『私の東京地図』（講談社文庫、一九七二年／講談社文芸文庫、一九八九年）など、講談社文庫で絶版になったのを、外見を変えて、値段を倍から三倍ぐらいに高くして出してるという印象がちょっとあったんや。

岡崎――庄野潤三の『夕べの雲』（講談社文庫、一九七一年／講談社文芸文庫、一九八八年）、『絵合せ』（講談社文庫、一九七七年／講談社文芸文庫、一九八九年）もそう。中村光夫の『二葉亭四迷伝』（講談社文庫、一九七六年／講談社文芸文庫、一九九三年）とか……。たしかにそうやったな。もともと講談社文庫自体は値段が安かったからな。その比較で言っても、文芸文庫はやっぱり値段は高いなぁ。

山本――高いと言わざるをえんやろ。いまの出版状況で、これだけの顔触れを揃えようと思たら、この値段設定は仕方ないと重々分かってても、一冊千円前後というのはきつい。下手したら、親本が古本屋で三〇〇円とか五〇〇円とかで買えることがあるからな。しかし、他の文庫も上がってきてるから、良しとせなあかんかもしれん。

岡崎――古本屋で文芸文庫を見つけるのはむずかしいけど、半額としても手が出ないことあるもんな。しかし、朝日新聞の九三年一二月一七日付けの記事で、講談社文芸文庫の編集長、橋中雄二さんが語ってる。この記事によると創刊以来の赤字続きで、「今年は新シリーズの準備もあって二億円になりそうだ」とある。二億円やで！

山本——う〜ん、そう聞くと弱いけどな。もちろん、講談社文芸文庫ができたことには感謝してるんや。このところ純文学の旗色悪いやろ。本が売れんようになったとか、強力な新人が出てこんとか、いい話題がない。文庫でも純文学系の作家のものはどんどん絶版になるしな。もう堤防が切れかけてるんや。そこへ文芸文庫やろ。これが唯一誰も顧みいひん場所で、土嚢を築いてる感じやろ。ぼくらみたいな純・純文学ファンにはできたら土運びでも手伝いたいくらいのもんや。これつぶしたら、もう後がないで。

岡崎——褒めるなぁ（笑）。

山本——ただ……、難点を言えば、カバーの折り返しが長すぎる。開いて読むとき、よう引っ掛かったり折れたりするやろ。あれ、邪魔や。

岡崎——純文学の未来がどうこう言うときながら、えらい細かいなぁ。『ダ・カーポ』（九三年七月七日号）の「文庫特集」によると、文芸文庫のベストセラー作家は柄谷行人で、いろいろ出てるけど平均一万五千部くらい売れてるらしい。……ほか坂口安吾、森茉莉、吉田健一あたりが売れ線として続くという話や。ちなみに他社の普通の文庫の平均部数が七万部というから、売れてるというてもたいしたことはない。

山本――それはそれとして、ぼくは文芸文庫の顔は井伏鱒二やと思てる。エッセイを中心に井伏の点数が多いというだけやなく、外村繁、尾崎一雄、上林暁、木山捷平ら私小説系作家を取り上げてる。これはほかの文庫の流れとは逆行してるやろ。その中心に井伏という存在があると思う。他の作家のでも寺田透の『わが井伏鱒二・わが横浜』（講談社文芸文庫、一九九五年）とか、木山捷平でも『井伏鱒二・弥次郎兵衛・ななかまど』（講談社文芸文庫、一九九五年）というのが出て、井伏を堅い岩盤にして、そのうえに文芸文庫を立ててる気がする。

岡崎――言わば中央線作家優遇の文庫やな。たしかに、このところの木山捷平の再評価なんかは文芸文庫が仕掛けたものやな。

山本――いや、木山捷平に関しては、その前に文庫版の「ちくま日本文学全集」に入ったのが大きかった（「ちくま日本文学全集」40、一九九二年）。これまでの流れからすると、鷗外から寺山まで五〇人のセレクトに木山捷平は入ってこない。また、その内容もよかったな。「軽石」「下駄の腰掛」「うけとり」とか、木山捷平のエッセンスをうまくすくいあげた選択になってる。解説の東海林さだおというのも、従来の全集の解説者としては常識破り。

岡崎――二人で木山捷平について喋りだしたら止まらんけどな（笑）。東海林さだおの解説については、荒川洋治さんが編集協力した『小説新潮』の別冊『文庫で読めない昭和名作短編小説1946―1980』（一九八八年五月臨時増刊号）のなかで、短編小説ベスト3のアンケートがあって、そこで東海林さだおが木山捷平の「下駄の腰掛」を選んでる。またそのコメントも印象的やったんや。ここやと思う。たぶん、ちくま文庫の編集部はこれを読んで決めたはずや。

山本――まるでミステリの犯人捜しやな（笑）。

岡崎――そのほか、ほかの文庫ではいまや読めない作家も、文芸文庫で読むことができる点が大きいな。例えば、志賀直哉の弟子やった網野菊『一期一会・さくらの花』（講談社文芸文庫、一九九三年）、『ゆれる葦』（講談社文芸文庫、一九九四年）。白洲正子もつい最近まで新潮文庫に数点入ってたのに、いまやこの文庫だけ［現在は新潮文庫、講談社文芸文庫ともに一〇冊以上ラインナップが揃っている］。小沼丹とか、おれ好きやけどちゃんと文芸文庫は拾ってる（『懐中時計』一九九一年、『小さな手袋』一九九四年、『埴輪の馬』一九九九年、『椋鳥日記』二〇〇〇年）。久世光彦も小沼丹のファン。耕治人（『一条の光・天井から降る哀しい音』一九九一年）もそう。平野謙も新潮文庫からは消えてるから（『芸術と実生活』一九六四年、『島崎藤村』一九六〇年）、この文芸文庫の『さまざまな青春』（講談社文芸文庫、一九九一年）だけ。同じく「近代文学」の仲間の本多秋五（『古い記憶の井戸』講談社文芸文庫、一九九二年）、藤枝静男（『悲しいだけ・欣求浄土』講談社文芸文庫、一九八八年ほか）、佐々木基一（『同時代作家の風貌』講談社文芸文庫、一九九一年、『私のチェーホフ』講談社文芸文庫、一九九三年）もそう。荒正人がないけどな。埴谷雄高はもともと文庫になること拒絶してる［その後、講談社文芸文庫に、『死霊』1～3、二〇〇三年、『埴谷雄高思想論集』二〇〇四年、『埴谷雄高政治論集』二〇〇四年、『埴谷雄高文学論集』二〇〇四年が入った］。しかし、文庫に入ってるというだけで、その作家が読まれる可能性が非常に高くなる。これは文庫の大きな利点。入ってなければまず絶望的やからな。

山本――これからは、文芸文庫を何冊持ってるかで、その人の日本現代文学の理解度を計る尺度になるかも知れんな。あと、巻末の資料な。解説と作家案内、それに年譜と著書目録。これ便利や。これを読みたくて買ったのもある。年譜については、前の講談社文庫にも付いてたけど、そういやいまはなくなってるな。ぼくが重宝してるのは著書目録。単行本、翻訳、全集、文庫など本の形態で分類してるやろ。これが使える。ここ見てるだけで楽しめる。例えば、吉田健一の翻訳の仕事はこうしてまとまってみると圧巻やな。チェスタトン『木曜の男』（創元推理文庫、一九六〇年）なんて、これ見てあわてて創元推理文庫買いにいったよ。

岡崎――ぼくも新潮文庫のデフォオ『ロビンソン漂流記』（一九五一年）が、吉田健一の訳ということを確認して、最近やっと読んだんや。こんなに面白いもんやとは思わんかった。これは文芸文庫のおかげ。

山本――吉田健一には力入れてるの分かるな。あと、花田清輝とか長谷川四郎とか福原麟太郎とか、もっと評価されて読まれていい作家に肩入れしてるのはうれしいな。横光利一の『夜の靴』（講談社文芸文庫、一九九五年）も驚いたけどな。

岡崎――横光の戦前のものはけっこう読んでたけど、戦後、尾羽打ち枯らしてから、あんな底光りするような作品書いてたとはな。

山本――してやったり文芸文庫という感じ。ほかでは石川淳、永井龍男も多いな。いわゆる文士と言われるような文学者が文芸文庫のなかでは生きてる。

岡崎――このラインでいくと、川崎長太郎や結城信一、八木義徳あたりが入閣してもええんちゃうかな［その後、講談社文芸文庫に、川崎長太郎の『抹香町・路傍』一九九七年、『鳳仙花』一九九八年、『もぐら随筆』二〇〇六年が、結城信一の『セザンヌの山・空の細道』二〇〇二年が、八木義徳の『私のソーニャ・風祭』二〇〇〇年が入った」。

山本――小山清もひとつなんとか……「その後、講談社文芸文庫に『日日の麺麭・風貌』二〇〇五年が入った」。

岡崎――なんか、党の役員になった気分やな（笑）。

山本――野呂邦暢の短編集とエッセイ集「その後、講談社文芸文庫に作品集『草のつるぎ・一滴の夏』二〇〇二年が入った」。野呂は今年、単行本で一冊の作品集が出たけど（『野呂邦暢作品集』文藝春秋、一九九五年）、文庫は角川（『壁の絵』一九七七年、『海辺の広い庭』一九七八年）、集英社（『鳥たちの河口』一九七八年、『一滴の夏』一九八〇年、コバルトシリーズ『文彦のたたかい』一九七八年、同『水瓶座の少女』一九七九年）、文春（『草のつるぎ』一九七八年、『諫早菖蒲日記』一九八五年、『落城記』一九八四年）すべて品切れや。古本屋についても書いた、いいエッセイとかもあるんや（「古本の話その他」、『私の本の読み方・探し方』ダイヤモンド社、一九八〇年所収）。中村光夫、平野謙、福田恆存、伊藤整のそれぞれ作家論集も欲しい。

岡崎――あ、そんなこと言うんやったらぼくも……言い合いしてどうすんねん。中村光夫の作家論集は、かつて講談社から出てたから（『中村光夫作家論集』第1～第4、講談社、一九六八年）可能性あるやろ。どうせ出すんなら未収録の文章も入れて完全版にして欲しい。はよ出さな、ちくま文庫が全集を出すぞ［残念ながら講談社文芸文庫、ちくま文庫もまだ実現していない］。

山本――ほんまかいな。実は平野謙も福田恆存も伊藤整も、ちゃんと作家論集が昔、ある文庫で出てたんや。……と言うたら分かるやろ。

岡崎――角川でんな（平野謙『現代の作家』一九五七年、福田恆存『作家論』第1～第3、一九五二～一九五四年、伊藤整『作家論』第1～第2、一九六四年）。

山本――「でんな」って……。一応、本の話してるんから、そのもっちゃりした言い方はやめられんか。おまえは林家小染か（笑）。

岡崎――おっ、懐かしいな。このギャグ分かるの関西人だけです。

山本――文芸文庫が最近、力入れだした翻訳ものにもひとこと。『BRACKET』でやった特集のときも思ったけど、角川でも新潮でも、かつては翻訳の詩集がたくさん出てた。外国の詩を翻訳で読むということ自体が、もう流行らんのかもしれんけど、文庫と訳詩集は似合うということをこの際言っておきたい。その点でも文芸文庫はがんばってる。青柳瑞穂訳のロオトレアモン『マルドロオルの歌』（講談社文芸文庫、一九九四年）が出てるし、驚いたのは、齋藤磯雄訳編の『近代フランス詩集』（一九九五年）。よくこんなもの出すなぁと感心させられる。齋藤磯雄と言えば、リラダンの訳者として有名やけど、凝りに凝った翻訳をする人やな。しかし、文語訳がほとんどやし、若い読者にはなかなかむずかしいとも思うけど、音読するとなんとも言えん荘重な響きを感じるな。これぞ文学という香りがする。

岡崎――解説を読んで初めて知ったけど、齋藤は幕末の志士の清河八郎の末裔にあたるらしい。おれは清河八郎と言うたら、昔の映画（篠田正浩監督『暗殺』一九六四年）で若き日の丹波哲郎が扮したイメージがあって、どうもなぁ。齋藤磯雄と結びつかんのや。

山本――あと、鈴木信太郎訳のルイス『ビリチスの歌』（講談社文芸文庫、一九九四年）とか、路線ははっきりしてるな。当然、吉田健一の訳業も無視でけへんやろ。シェイクスピアのソネットの恋愛詩は出してもらおう。

岡崎――小沢書店から出てる吉田健一の訳詩集『葡萄酒の色』（一九七八年）に収まってるやつな。あれは、あくまで吉田健一の語法で、まったく別乾坤のシェイクスピアの世界をかたちづくってる。すばらしいものやな。堀口大學、三好達治あたりの訳詩集も読みたい。きっと出してくれるやろ［その後、講談社文芸文庫に、堀口大學『月下の一群』一九九六年が入った］。

ついに品切れが出始めた。古書値高騰必至！「中公文庫」

岡崎――さて、最後に中公文庫についてやろうか。一九八八年の対談では、中公文庫については ほとんど触れなかったけど、「中公文庫は品切れを出さない優良文庫」という認識はあった。だが、その後品切れがあったようで、九一年からときどき品切れ復刊フェアをやってた。ただ、毎年の解説目録には欠本はなくて、年々もれなく掲載されていた（われわれは昨年の目録と今年のものを比べて、書名が消えていたら「品切れ」と判断している）。ところが、九四年の目録あたりから、とうとう姿を消す書目が現われだした。

山本――ぼくは岡崎が吉田健一の……また吉田健一になるけど、『書架記』（中公文庫、一九八二年）がいくら本屋で探しても見つかれへんと騒いでたんで、あれほど本屋へ行く男が（笑）よう見つけんということは、これは中公文庫に何かあったなと思ったわけや。まだあのときは目録にちゃんと『書架記』は掲載されてたからな［二〇〇八年現在も品切れ中］。ここでも書評集含め、本に関するエッセイは足が早いことがわかる。河盛好蔵の『回想の本棚』（中公文庫、一九八二年）もそやしな。ええ本やで、これなんか。

岡崎――危ないと思って買いに走った本とかある？

山本――そやな、まず日夏耿之介の『風雪の中の対話』(中公文庫、一九九二年)。架空の対話による文化時評やな。日付や場所まで設定した凝ったもんや。九二年に出たばっかりやけど、これは早晩消えるやろ思うてな〔二〇〇八年現在も品切れ中〕。

岡崎――ぼくも買った(笑)。

山本――ほかでは、白川静の『孔子伝』(中公文庫、一九九一・二〇〇三年)、阿部良雄『群衆の中の芸術家』(中公文庫、一九九一年/ちくま学芸文庫、一九九九年)。阿部良雄は『冬の宿』の阿部知二の息子や。それと木村毅『大衆文学十六講』(中公文庫、一九九三年)。毅は「つよし」ではなくて「き」と読むらしい。ぼくはあのまま中公文庫は行くと思ってたから、同じ木村毅の『私の文学回顧録』(青蛙房、一九七九年)も『小説研究十六講』(新潮社、一九二五年/恒文社、一九八〇年)も期待できる、つまり中公から文庫化される、出てもおかしくないと思ってたんや。いまはそんなこと期待できない。

岡崎――中公文庫が路線変更を始めたのが、九四年九月やったな。刊行日と出版点数が変わり、翻訳もののほか一部を除いて統一されていた背の肌色も、他の文庫と並んで作家別に色分けされることになった。当初、内容的にもこれまでの路線を捨てないということやったけど、この一年ぐらいを見るとちょっと苦しい。月何冊かは中公文庫らしいものもあるけど、だいたい売れ線のラインナップや。

山本——文芸雑誌の『海』が廃刊（一九八四年）になったあたりから、中央公論自体にどうも文芸離れの兆候があったと思うな。『中央公論文芸特集』も九五年に廃刊。むしろ女性誌『マリ・クレール』が安原顕の編集で、『海』の精神を一部引き継いだ観があったけれども、安原が離れてそれもパワーを失った。単行本自体が、書き下ろしを除いて、文芸もので単行本が吸い上げる貯水池が涸れてしもうてる。当然、文庫もきびしくなるわな。かわりに力を入れだしたのがマンガや。マンガが悪いとは言わんけど、それは他の出版社にまかせときゃえええんや。仮にも天下の中央公論やで。いまや、中公文庫もマンガに侵食されつつある。

岡崎——その昔、『中央公論』が文芸の檜舞台やったころ、編集長の滝田樗陰が乗った人力車が自分の家の前で止まるのを、みんな心待ちにしてたという話があったけどな。

山本——それはちょっと古すぎへんか。中公文庫については雑誌『ノーサイド』（文藝春秋、一九九一〜一九九六年）が特集した「黄金の読書」（一九九四年一二月号）のなかで、さっきも話した赤丸急上昇の坪内祐三が「小さな社会人大学 中公文庫の一〇〇冊」というタイトルでみごとなオマージュを捧げてる［その後、『シブい本』文藝春秋、一九九七年に収録］。これ読んで「やられたなぁ」と思ったけど、ぼくらのこの企画はこれを読む前にあったことを言っときたい。

岡崎——この号の『ノーサイド』はみんな持ってるな。ぼくも山本も即買ったし、『ARE』の代表で画家の林哲夫さんに聞いたら、林さんも持ってた。うまいことつくってるな。読書家ホイホイや、みんなひっかかりよる。このなかで坪内さんは、中公文庫の特異性を「聞いたこともない著者の見たこともない著書が次々とラインナップに加えられて行く」として、それら「教科書では教えてくれないもう一つの日本近代史」を次々と読破していったと書いてる。そして「今私が明治大正文化史研究家を自称できるのも、すべては、中公文庫のおかげである」と言い切ってる。

山本——お世話になった中公文庫を「ありがとう文庫」と呼んでるのは面白いな。しかし、中公文庫の読者の年齢層は極端にはねあがる。集英社文庫の年齢層の三倍ぐらいかな。古本屋でもあまり数を見ない文庫やな。廃刊になった雑誌『BOOKMAN』(トパーズプレス、一九八二〜一九九一年)の「BM式必携文庫目録」特集(一九八九年八月発行・第25号)では、中公文庫について「初めは講談社文庫の発刊に刺激された形で参入し、自社単行本の防衛策という色彩が濃く感じられたが、次第に岩波・新潮・角川の間隙をぬってノンフィクションに独自の路線を開拓しはじめ、中公文庫ファンとも呼ぶべき新しい読者層の獲得に成功する」と解説してる。そのうえでノンフィクションの分野を四つに分けてるから、これもついでに紹介しとく。「近世日本文化史もの」「西欧の人物伝記」「山、紀行文、探検記」「その他の随筆」の四つ。どれも他社の文庫の弱点になってるようなジャンルをうまく開拓してるな。この一〇年ぐらいで、たぶんこれまでの「旧中公文庫」はほぼこれから出版される新刊と入れ替わるやろ。そうなったら、サンリオSF文庫以来の古書値高騰ブームになるかもしれんぞ。

岡崎——そう聞くと、なんかムズムズするなぁ（笑）。中公文庫はシリーズものもすごいぞ。まず、一番ぼくがお世話になってるのが田中純一郎の『日本映画発達史』全五巻（中公文庫、一九七五〜一九七六年）。日本映画の創成期から昭和五〇年までの、主要な日本映画を網羅した映画史で、日本映画について何か喋ったり書いたりしてる人で、このシリーズにお世話になったことのない人は一人もおらんはずや。徳川夢声の『夢声戦争日記』全七巻（中公文庫、一九七七年）も文庫で出るということが考えられない代物［その後、中公文庫BIBLIOからダイジェスト版の『夢声戦争日記抄』二〇〇一年も出た］。古川ロッパの日記は晶文社から広辞苑ぐらいの大きさで、一冊一万円以上の定価がついて出たんや（『古川ロッパ昭和日記』

全四巻、晶文社、一九八七〜一九八九年／新装版二〇〇七年）。夢声は七冊全部買って二四九〇円。安いもんや。これは品切れやけど、まだ中公文庫の品切れに気づいていない古本屋では、普通の値段が付いてる。『川上澄生全集』もきれいなアート紙に印刷されて出てる（中公文庫、一九八二〜一九八三年）。全一四巻で一冊六〇〇円均一。これも買いやな。

山本——品切れのなかでは青山二郎の『眼の引越』（中公文庫、一九八二・二〇〇六年）を推す。この一部は講談社文芸文庫の『眼の哲学・利休伝ノート』（一九九四年）に収録されてるけどな。同じ中公文庫には宇野千代の『青山二郎の話』（一九八三・二〇〇四年）があるし、文芸文庫には他に『鎌倉文士骨董奇譚』（一九九二年）がある。これで新潮文庫に白洲正子の『いまなぜ青山二郎なのか』が入ったら〔一九九九年に入った〕、だいたい青山の全貌が文庫でつかめる。これから何度となく青山に関してはブームとは言わんでも、話題になると思う。放っておけるようなタマやないんや。

岡崎——これは余談やけど、実は中公文庫に青山二郎が入ったのは、岩浪洋三のおかげという話があるんや。

山本——岩浪洋三ゆうたら、あのジャズ評論家の？

岡崎——うん。『眼の引越』が出たのが、一九八二年の一一月やけど、その当時中公文庫の編集部にいた女性がジャズのファンで、ジャズのライブハウスで岩浪と顔を合わすようになった。あるとき、岩浪が自分の愛読書の『眼の引越』（創元社、一九五二年）を文庫化するよう強くすすめた。それが編集会議で通ったと言うんや。この話は『リテレール』別冊7『私の好きな文庫ベスト5』（メタローグ、一九九四年）に載ってた。

山本――そのほか、品切れからの推薦本は、荒畑寒村の『平民社時代』（中公文庫、一九七七年）、河野多恵子『谷崎文学と肯定の欲望』（中公文庫、一九八〇年）、塩谷賛『幸田露伴』全四巻（中公文庫、一九七七年）、伊馬春部『櫻桃の記』（中公文庫、一九八一年）……これは太宰に関するエッセイ集。中村真一郎『頼山陽とその時代』全三巻（中公文庫、一九七六～一九七七年）、池田健太郎『プーシキン伝』全二巻（中公文庫、一九八〇年）、水上勉『宇野浩二伝』全二巻（中公文庫、一九七九年）、正宗白鳥『今年の秋』（中公文庫、一九八〇年）と充実した伝記・回想分野から挙げとく。まだまだ挙げたらきりないけど、このへんはこれから先、古本屋でもそうは出てこないと思う。見つけたときが勝負やな。

岡崎――ぼくの品切れからの推薦本は、まず飯田龍太の随筆集『思い浮ぶこと』（中公文庫、一九八一年）。飯田龍太は俳人で、蛇笏の息子。身辺雑記から俳句論、交遊録を収めたものやけど、どれも名文。特に表題になった随筆は木下夕爾について書いたものやけど、本当にいい。これ、おれが教育実習やったときにちょうどあたった作品でな（笑）。教えながら自分で陶然となったよ。庄野潤三の『ガンビア滞在記』（中公文庫、一九七五年）、『早春』（中公文庫、一九八六年）の品切れには、ぼくの専門だけに義憤を感じる。中村光夫の『戦争まで』（中公文庫、一九八二年）、『今はむかし』（中公文庫、一九八一年）、『憂しと見し世』（中公文庫、一九八二年）の文学回想記三部作の消滅に関してはかつて阪神がバースを解雇したようなものやとだけ言うとく（笑）。分からんのは金井美恵子が全滅してること。小説で『岸辺のない海』（中公文庫、一九七六年）、エッセイ評論集の『添寝の悪夢 午睡の夢』（中公文庫、一九七九年）、『書くことのはじまりにむかって』（中公文庫、一九八一年）が品切れやけど、日本文芸社から短編全集（『金井美恵子全短篇』1〜3、一九九二年）が出たり、『恋愛太平記』（1〜2、集英社、一九九五年）が評判になったり、いま乗ってるとこやのにな。

山本——そら売れへんのやろ。というより、金井の読者層は中公文庫の棚へ行かへん。知らんと思うよ。中公文庫に入ってることを。同じ意味で、中里恒子の『時雨の記』（文春文庫、一九八一・一九九八年）が日本版『マディソン郡の橋』や言われて、それ読んだ女性が中里恒子を再発見するという現象もあるのに、中公文庫の『鎖』（中公文庫、一九七八年）、『仮寝の宿』（中公文庫、一九七九年）が消えてる。新潮文庫なら売れるかも知れんな。

岡崎――あとは三遊亭圓生が圓朝の人情噺をやった口演筆記『双蝶々』（中公文庫、一九八〇年）、『雪の瀬川』（中公文庫、一九八〇年）、『真景累ヶ淵』（中公文庫、一九八一年）の全三冊。野村無名庵『落語通談』（中公文庫、一九八二年）と『本朝話人伝』（中公文庫BIBLIO、二〇〇五年）は親本を入手することはむずかしいから、落語ファンは絶対見逃したらあかん。

山本――落語と違うけど、富士正晴の『大河内傳次郎』（中公文庫、一九八一年）や岡本文弥の『芸流し人生流し』（中公文庫、一九七八年）、沢田研二『我が名は、ジュリー』（中公文庫、一九八六年）、も芸の世界をあつかったものやな。

岡崎――ぼくがいま中公文庫で探してるのが、角田喜久雄の『黒岳の魔人』（中公文庫、一九八三・二〇〇七年）。

山本――なんや、それ（笑）。いや、角田喜久雄は知ってるけど、それがどうしたんや。

岡崎――今年の夏、古本屋で見つけて、なんの気なしにそれを開いてみたんや。まあ、内容は『少年倶楽部』に載るような、少年向けの時代小説なんやけど、各ページに挿絵（山口将吉郎）が付いててな、本文も挿絵も紫やったか緑やったかカラーインクで印刷されてんねん。珍しいなぁ思うて値段見たら八〇〇円付いてた。あぁ、これ品切れやなと気づいたけど、まあもっと安く手に入ると思うて買わんかった。それが、その後新刊屋にも、どこ探してもない。それであわてて、もと見つけた古本屋へ行った。

山本――そしたら、もうなかったんやろ。

岡崎――分かるか。

山本――分かるわ。それで何回痛い目に会うてるか分からんやろ。

岡崎――角田喜久雄と山口将吉郎のコンビでは、中公文庫にもう一冊『神変白雲城』（中公文庫、一九九三年）というのがあって、これはなんとか手に入れた。これにも相当数の挿絵が入ってるけど、『黒岳の魔人』のすごさには及ばんのや［この対談がきっかけになったのか、『黒岳の魔人』二〇〇七年改版版の巻末エッセイは岡崎武志が執筆した］。

山本――岡崎が変なこと言いだしたから、ぼくも安心して言うけど……。

岡崎――なんや。

山本――中公文庫は紙質悪いやろ。変色する度合いが早い。すぐ茶色くなる。だから、意外に年数はもたんかも知れん。

岡崎――何を言うかと思うたら、いっつも山本が言うてることやんか。

山本――いや、ここからや（笑）。なかを開いたとき、周囲からジワジワ茶色くなっていってるのが多いやろ。でも、その感じはそれほど悪くないんや。貫禄がつくっちゅう感じやな。オモロいのはだんだん変色していって、それがなんでか分からんけど、茶色の侵食が本文のところでピタッと止まる。まわりがうっすら茶色くて、本文の活字のところが白い。それで本文が浮き上がって見える効果がある。言わば、変色部分が額縁のようになってやな……。

岡崎——変なこと言うなぁ（笑）。そんなこと言うても、だれにも通用せんで。それより、中公文庫は返品が多いんやろな。返品された本はカバーを替えて、汚れやすい小口を機械のヤスリにかけて、また注文のあった書店にまわすんやけど、それは小口の横にヤスリをかけたあとが入ってるから分かる。中公文庫は再使用率が高いらしくて、小口に線が入ってるのが多い。普通の客はほとんど気づいていないようやけどな。ヤスリをかけたらひとまわり小さくなるから、カバーの折り返しに隙ができる。そやから、いっぺんカバーをはずして、少し折り返しを後退させてもういっぺん折る作業が必要や。

山本——何言うてんねん。そのほうがよっぽど変やないか（笑）。まだまだ、言い足りんことといっぱいあるけど、一応こんなところで。

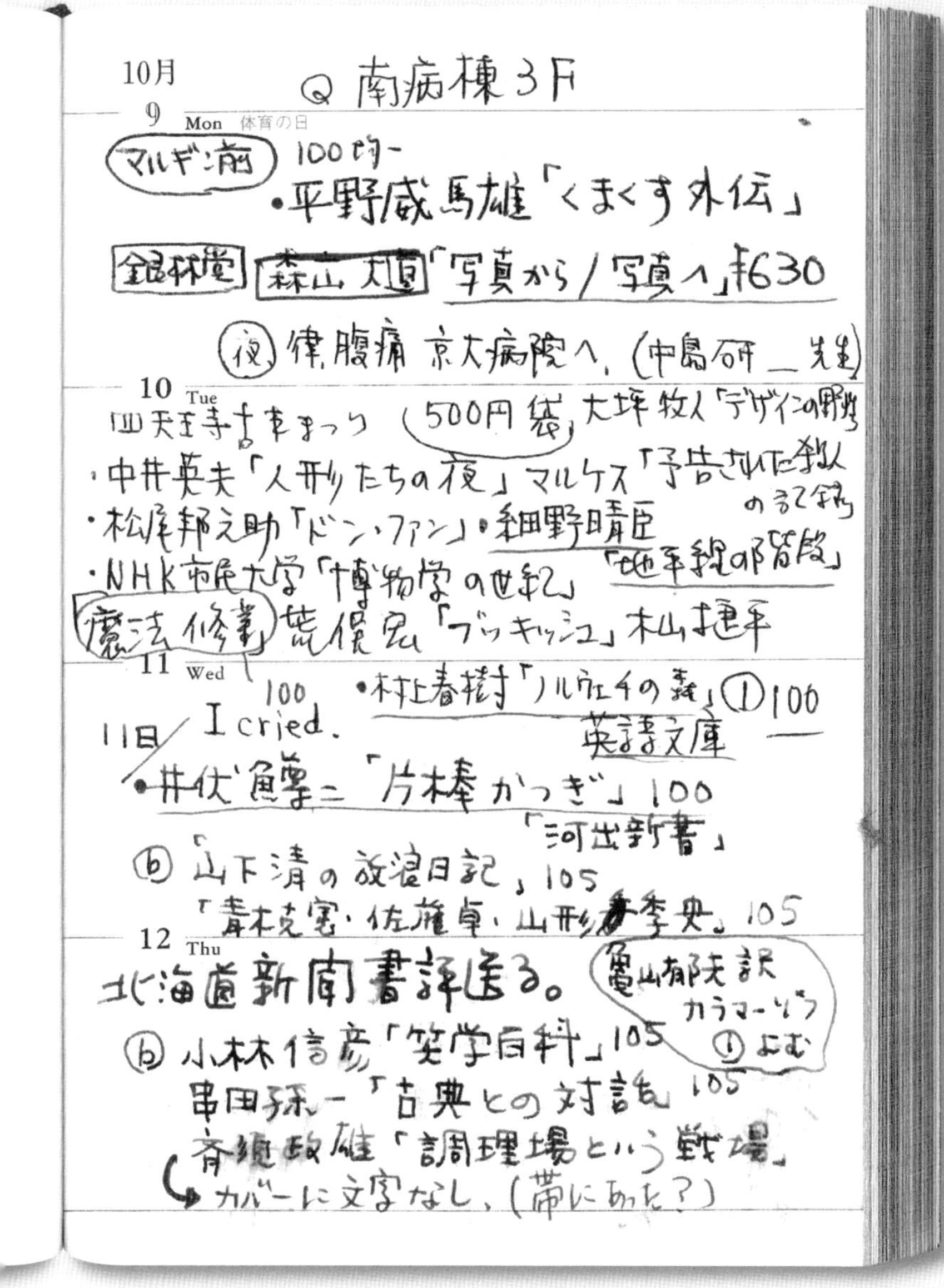
10月
南病棟3F
9 Mon 体育の日
平野威馬雄「くまくす外伝」
森山大道「写真から／写真へ」¥630
腹痛 京大病院へ。
10 Tue
四天王寺古本まつり 500円袋
中井英夫「人形たちの夜」 マルケス「予告された殺人の記録」
松尾邦之助「ドン・ファン」 細野晴臣「地平線の階段」
NHK市民大学「博物学の世紀」
魔法修業 荒俣宏「ブッキッシュ」 木山捷平
11 Wed
I cried.
村上春樹「ノルウェイの森」① 100
井伏鱒二「片棒かつぎ」100 「河出新書」
「山下清の放浪日記」105
12 Thu
北海道新聞書評送る。
亀山郁夫訳 カラマーゾフ ①よむ
小林信彦「笑学百科」105
串田孫一「古典との対話」105
斉須政雄「調理場という戦場」
カバーに文字なし。(帯にあった？)

◉山本善行の『文庫手帳』より

中入 古本屋で探したい文庫リスト

『BRACKET』第五号、ぶらけっと社、一九八八年所収のものに書誌データを追加。特記以外は著者名の五十音順

◉古本屋で探したい文庫マイ・ベスト10（順不同）

岡崎武志──［選］

三好達治『卓上の花』（新潮文庫、一九五五）
高浜虚子『俳句はかく解しかく味ふ』（角川文庫、一九五三）
福原麟太郎『英文学六講』（角川文庫、一九五四）
北原白秋『明治大正詩史概観』（角川文庫、一九五三）
古谷綱武『宮沢賢治』（角川文庫、一九五一）
正宗白鳥『読書雑記』（角川文庫、一九五四）
志賀直哉『祖父・いたづら』（角川文庫、一九五九）
井伏鱒二『釣師・釣場』（新潮文庫、一九六四）
アラン（小林秀雄訳）『精神と情熱に関する八十一章』（角川文庫、一九五八・一九七一）
新潮文庫『昭和三十二年版新潮文庫解説目録』

山本善行──［選］

ブラッドレー『シェイクスピアの悲劇』上下（岩波文庫、一九五九）

中村光夫『二十世紀の小説』（角川文庫、一九五二）
正宗白鳥『自然主義文学盛衰史』（角川文庫、一九五四）
ヘンリー・ジェームス『女相続人』（角川文庫、一九五〇）
ウィリアム・モリス『民衆の芸術』（岩波文庫、一九五三）
エレンブルグ『雪どけ』1・2（角川文庫、一九五七）
ヴィリエ・ド・リラダン『未来のイヴ』上下（岩波文庫、一九五〇）
広津和郎『同時代の作家たち』（新潮文庫、一九五二）
ジュリアン・グリーン『閉された庭』上下（角川文庫、一九五五）
ドナルド・バーセルミ『口に出せない習慣・奇妙な行為』（サンリオSF文庫、一九七九）

◉古本屋で探したい文庫――❶　サンリオ文庫（選）

ジョン・アーヴィング『ガープの世界』上下（一九八五～一九八六）／**カート・ヴォネガット**『ヴォネガット、大いに語る』（一九八四）／**アレッホ・カルペンティエール**『この世の王国』（一九八五）／**トマス・チャスティン**『死の統計』（一九八五）／**ウラジミール・ナボコフ**『ベンドシニスター』（一九八六）／**ジョン・バース**『フローティング・オペラ』（一九八七）／**トマス・ピンチョン**『競売ナンバー49の叫び』（一九八五）／**リリアン・ヘルマン**『眠れない時代』（一九八五）／**ガルシア＝マルケス**『エレンディラ』（一九八三）／**ドリス・レッシング**『生存者の回想』（一九八四）

◉古本屋で探したい文庫――❷　サンリオSF文庫（選）

コリン・ウィルスン『SFと神秘主義』（一九八五）、『迷宮の神』（一九八〇）、『ラスプーチン』（一九八一）／**デイヴィッド・ウィングローブ**『最新版SFガイドマップ入門・歴史編』（一九八五）／**H・G・ウェルズ**『ザ・ベスト・オブ・H・G・ウェルズ』（一九八一）／**キングズリイ・エイミス**『去勢』（一九八三）／**ブライアン・W・オールディス**『マラキア・タペストリ』（一九八六）／**アレッホ・カルペンティエール**『バロック協奏曲』（一九七九）／**ジョン・コリア**『ジョン・コリア奇談集』1・2（一九八三・一九八四）／**マドレーヌ・シャプサル**『嫉妬』（一九八四）／**アルフ**

レッド・ジャリ『馬的思考』(一九七九)／ミシェル・ジュリ『熱い太陽、深海魚』(一九八一)／ジョン・スラデック『スラデック言語遊戯短編集』(一九八五)／ピーター・ディキンスン『生ける屍』(一九八一)／フィリップ・K・ディック『あなたを合成します』(一九八五)、『ヴァリス』(一九八二)、『銀河の壺直し』(一九八三)、『暗闇のスキャナー』(一九八〇)、『最後から二番目の真実』(一九八四)、『ザ・ベスト・オブ・P・K・ディック』1～4(一九八三～一九八五)、『死の迷宮』(一九七九)、聖なる侵入(一九八二)、『ティモシー・アーチャーの転生』(一九八四)、『テレポートされざる者』(一九八五)、『時は乱れて』(一九七八)、『流れよ我が涙、と警官は言った』(一九八一)／ウラジミール・ナボコフ『ナボコフの一ダース』(一九七九)／アントニイ・バージェス『アバ・アバ』(一九八〇)、『どこまで行けばお茶の時間』(一九八一)、『ビアドのローマの女たち』(一九八〇)、／ドナルド・バーセルミ『アマチュアたち』(一九八二)、『口に出せない習慣、奇妙な行為』(一九七九)、『罪深き愉しみ』(一九八一)／J・G・バラード『ザ・ベスト・オブ・J・G・バラード』1(一九八五)、『夢幻会社』(一九八一)／フレドリック・ブラウン『フレドリック・ブラウン傑作集』(一九八二)／アーシュラ・K・ル=グイン『幻影の都市』(一九八一)、『コンパス・ローズ』(一九八三)、『天のろくろ』(一九七九)、『辺境の惑星』(一九八三)、『マラフレナ』上下(一九八三)、『夜の言葉』(一九八五)、『ロカノンの世界』(一九八〇)

◉古本屋で探したい文庫――❸　角川文庫　古典(選)

『一言芳談』(一九七〇)／『犬つくば集』(一九六五)／『江戸切絵図集』(一九六八)／『江戸名所図会』1～6(一九六六～一九六八)／『教行信証』1～4(一九六二～一九六四)／『信長公記』(一九六九)／『新抄明治天皇御集　昭憲皇太后御集』(一九六八)／『醒睡笑』上下(一九六四)／『芭蕉俳文集』(一九五八)／『平賀元義歌集』(一九五九)／『松浦宮物語』(一九七〇)／『都名所図会』上下(一九六八)／『良寛歌集』(一九五九)／『蓮如上人御一代記聞書』(一九五九)

◉古本屋で探したい文庫――❹ 角川文庫 国内(選)

相倉久人『モダン・ジャズ鑑賞』(一九八一)/**阿部次郎**『生ひたちの記』(一九五二)、『学生と語る』(一九五四)/**阿部知二**『朝霧』(一九五七)、『幸福』(一九五〇)、『風雪』(一九五二)、『北京』(一九五五)、『街』上下(一九五一〜一九五二)/**安倍能成**『山中雑記』(一九五四)/**飯田蛇笏**『現代俳句の批判と鑑賞』正・続(一九五四)/**生島遼一**『日本の小説』(一九五三)/**池田満寿夫**『思考する魚』1・2(一九七八〜一九七九)、『私の調書』(一九七七)/**石川啄木**『雲は天才である』(一九五三・一九六九)、『鳥影』(一九五七)/**石田波郷**『句集清瀬村』(一九五六)/**板垣直子**『婦人作家評伝』(一九五六)/**井上政次**『大和古寺』(一九五二・一九六七)/**岩野泡鳴**『耽溺』(一九五四)/**宇井無愁**『笑辞典 落語の根多』(一九七六)/**上田敏**『海潮音・牧羊神』(一九五二)、『現代の芸術』(一九五二)/**内田巌**『絵画読本』(一九五五)/**内田百閒**『漱石山房の記』(一九五四)、『百閒随筆』1・2(一九五六)/**内村鑑三**『所感十年』(一九五一)/**永六輔**『旅=父と子』(一九七五)、『街=父と子』(一九七五)/**潁原退蔵**『俳句評釈』上下(一九五二〜一九五三)、『芭蕉読本』(一九五五)/**小川国夫**『アポロンの島』(一九七一)、『漂泊視界』(一九七八)、『生のさ中に』(一九七二)、『一房の葡萄』(一九七五)、『悠蔵が残したこと』(一九七三)、『リラの頃、カサブランカへ』(一九七六)/**尾崎喜八**『碧い遠方』(一九五一)、『雲と草原』(一九五三)、『山の絵本』(一九五一)/**長田弘**『サラダの日々』(一九八一)、『ねこに未来はない』(一九七五)、『箱舟時代』(一九七五)/**小山内薫**『戯曲作法』(一九五五)/**大佛次郎**『阿片戦争』(一九五四)、『帰郷』(一九五二)、『幻灯』(一九五三)、『乞食大将』(一九五二)、『旅路』上下(一九五四)、『雪崩』(一九五三)、『霧笛』(一九五二)、『宗方姉妹』(一九五二)/**織田作之助**『青春の逆説』(一九六二)、『世相・競馬』(一九五六)、『船場の娘』(一九五五)、『土曜夫人』(一九五六)、『夫婦善哉』(一九五四)、『わが町』(一九五五)/**開高健**『片隅の迷路』(一九七二)、『岸辺の祭り』(一九七一)、『日本三文オペラ』(一九六一)、『ロビンソンの末裔』(一九六四)/**賀川豊彦**『死線を越えて』上下(一九五三・一九六一)/**梶井基次郎**『若き詩人の手紙』(一九五五・一九七〇)/**兼常清佐**『與謝野晶子』(一九五三)/**亀井勝一郎**『愛と苦悩の手紙』太宰治著・亀井編（一九六二）、『愛の無常について』（一九六六）、『現代作家論』（一九五四）、『青春論』（一九六二）、『智識人の肖像』（一九五五）、『人間教育』（一九五二・一九七〇）、『美貌の皇后』（一九六六）、『大和古寺風物誌』（一九六四）、『恋愛論』（一九五八・一九六八）、『我が精神の遍歴』（一九五四・一九六九）、『私の美術遍歴』（一九六七）／**唐十郎**『唐版滝の白糸』（一九七五）、『吸血姫』（一九七五）、『少女仮面』（一九七三）、『少女と右翼』（一九七五）、『盲導犬』（一九七四）／**岸田國士**『泉』（一九五一）、『落葉日記』（一九五一）、『善魔』（一九五七）、『双面神』（一九五三）、『日本人とは』（一九五二）、『鞭を鳴らす女』（一九五二）、『由利旗江』（一九五八）／**岸田劉生**『美の本體』（一九五五）／**北川冬彦**『詩の話』（一九五六）／**北原白秋**『明治大正詩史概観』（一九五三）／**金田一京助**『北の人』（一九五二）、『定本石川啄木』（一九五一）／**国木田独歩**『運命』（一九五六）／**久保栄**『五稜郭血書』（一九五二）、『吉野の盗賊・こはれた瓶』（一九五三）／**久保田万太郎**『浅草ばなし』（一九五五）、『浅草風土記』（一九五七）、『久保田万太郎戯曲集』（一九五三）、『市井人・うしろかげ』（一九五三）／**倉田百三**『愛と認識との出発』（一九五〇・一九六八）、『出家とその弟子』（一九五一・一九六八）、『俊寛・布施太子の入山』（一九五二）、『親鸞』（一九五二）、『静思』（一九五二）、『青春をいかに生きるか』（一九五三・一九六七）、『青春の息の痕』（一九五一・一九六九）、『絶対的生活』（一九五二）、『絶対の恋愛』（一九五七・一九六八）、『超克』（一九五二）／**厨川白村**『近代の恋愛観』（一九五〇）、『近代文学十講』（一九五二）／**桑田忠親**『新版 千利休』（一九五五）／**小泉信三**『マルクス死後五十年』（一九五一）／**幸田露伴**『愛』（一九五三）、『雪たたき』（一九五一）、『露伴翁座談』正続（一九五一）／**河野多惠子**『男友達』（一九七二）、『思いがけない旅』（一九七五）、『夢の城』（一九七六）／**小杉放庵**『唐詩及唐詩人』上下（一九五三）／**小林信彦**『監禁』（一九七五）、『虚栄の市』（一九七六）、『つむじ曲がりの世界地図』（一九七九）、『パパは神様じゃない』（一九七五）、『冬の神話』（一九七五）／**小宮豊隆**『漱石襍記』（一九五五）、『漱石・寅彦・三重吉』（一九五八）、『巴里滞在記』（一九五六）／**坂口安吾**『安吾巷談』（一九七三）、『安吾史譚』（一九七三）、『安吾新日本地理』（一九七四）、『外套と青空』（一九七一）、『ジロリの女』（一九七一）、『散る日本』（一九七三）、『道鏡・狂人遺書』（一九七〇）、『復員殺人事件』（一九七七）、『ふるさとに寄する讃歌』（一九七一）、『明治開花安吾捕物帖』（一九七三）、『夜長姫と耳男』（一九七二）、『私の探偵小説』（一九七八）／**志賀直哉**『朝の試写会』（一九五六）、『祖父・いたづら』（一九五九）／**神西清**『恢復期』（一九五六）、『藤村詩選』編（一九五六）／**鈴木三重吉**『桑の實』（一九五四・一九六九）、『千鳥』（一九五四）、『綴方読本』（一九五三）／**瀬沼茂樹**『島崎藤村』（一九五七）／**高田保**『ブラリひょうたん』1〜3（一九五五〜一九五六）、『俳句読本』（一九五五）／**高浜虚子**『虹・椿子物語』（一九五四）、『俳句はかく解しかく味ふ』（一九五三）／**高見順**『朝の波紋』（一九五六）、『如何なる星の下に』（一九五五・一九六九）、『今ひとたびの』（一九五六・一九六九）、『故旧忘れ得べき』（一九五一）、『胸より胸に』（一九五五・一九六九）／**立原道造**『鮎の歌』（一九五六）／**辰野隆**『忘れ得ぬ人々』正続（一九五〇）／**田部重治**『青葉の旅・落葉の旅』（一九五二）、『心の行方を追うて』（一九五一）、『人生の旅』（一九五五）、『峠と高原』（一九五〇）、『山と渓谷』1・2（一九五一）／**田山花袋**『一兵卒』（一九五七）、『一兵卒の銃殺』（一九五七）、『田舎教師』（一九五五・一九六八）、『縁』（一九五六）、『近代の小説』（一九五三）、『重右衛門の最後』（一九五七）、『生』（一九五六）、『妻』（一九五六）、『東京の三十年』（一九五五）、『野の花・春潮』（一九六二）、『百夜』（一九六一）、『蒲団・幼きもの』（一九五五）／**土屋文明**『新編　短歌入門』（一九五五・一九七〇）／**津村秀夫**『映画と批評』1〜3（一九五一〜一九五三）／**寺山修司**『青森県のせむし男』（一九七六）、『馬敗れて草原あり』（一九七九・一九九二）、『競馬への望郷』（一九七九・一九九二）、『さかさま映画論——地球をしばらく止めてくれ　ぼくはゆっくり映画を観たい』（一九八一）、『毛皮のマリー』（一九七六・一九九三）、『対論四角いジャングル』（一九七五）、『寺山修司青春歌集』（一九七二・二〇〇五）／**豊田正子**『定本綴方教室』（一九五二）、『粘土のお面』（一九五一）／**中勘助**『街路樹』（一九五五）、『しづかな流』（一九五五）、『沼のほとり』（一九五五）、『菩提樹の蔭・提婆達多』（一九五二）／**中河与一**『愛恋無限』上下（一九五四）、『香妃・氷る舞踏場』（一九五一）、『失楽の庭』（一九五四）、『天の夕顔』（一九六三・一九七〇）、『悲劇の季節』（一九五四）、『鬮たき花』（一九五三）／**中野重治**『汽車の罐焚き』（一九五六）、『空想家とシナリオ』（一九五四）／**中村光夫**『二十世紀の小説』（一九五二）／**長与善郎**『乾隆と香妃』（一九五六)、『項羽と劉邦』(一九五四)、『青銅の基督』(一九五三)、『その夜 前編』(一九五四)、『竹沢先生と云ふ人』前後(一九五三〜一九五四)、『野性の誘惑』(一九五一)／**野田宇太郎**『九州文学散歩』(一九五五)、『新東京文学散歩』正・続(一九五二〜一九五三・一九六一)／**野村あらえびす**『楽聖物語』(一九五八)／**野呂邦暢**『海辺の広い庭』(一九七八)、『壁の絵』(一九七七)／**萩原朔太郎**『虚妄の正義』(一九五二)、『絶望の逃走』(一九五〇)、『恋愛名歌集』(一九五〇・一九五四)／**服部之総**『黒船前後』(一九五三)／**服部竜太郎**『モーツァルトの生涯』(一九五一)／**原田光子**『真実なる女性 クララ・シューマンの生涯』上下(一九五六)／**日夏耿之介**『明治大正の詩人』(一九五三)、『明治大正の小説家』(一九五一)／**火野葦平**『幻燈部屋』上下(一九五四)／**広津和郎**『泉へのみち』上下(一九五五)、『ひさとその女友達』(一九五四)、『風雨強かるべし』上下(一九五三)、／**深田久弥**『津軽の野づら』(一九五四)／**福田恆存**『作家論集』1〜3(一九五二〜一九五三)／**福田清人**『花ある処女地』(一九五六)、『若草』(一九五三・一九七〇)／**福原麟太郎**『英文学六講』(一九五四)／**藤村作**『国文学史総説』(一九五一・新訂版一九五六)／**藤本義一**『映像ロマンの旗手たち』上下(一九七八)／**古谷綱武**『宮沢賢治』(一九五一)／**正宗白鳥**『作家論』1・2(一九五四)、『自然主義文学盛衰史』(一九五四)、『読書雑記』(一九五四)／**丸山健二**『明日への楽園』(一九七七)、『穴と海』(一九七六)、『アフリカの光』(一九七八)、『雨のドラゴン』(一九七九)、『薔薇のざわめき』(一九七六)／**三井光弥**『ドイツ文学十二講』前後(一九五二〜一九五三)／**水上瀧太郎**『大阪』(一九五四)、『大阪の宿』(一九五四)、『倫敦の宿』(一九五五)／**三宅周太郎**『文楽の研究』正・続(一九五四)／**村山知義**『戯曲夜明け前』(一九五〇)、『死んだ海』(一九五二)／**森銑三**『おらんだ正月』(一九五三)／**森内俊雄**『幼き者は驢馬に乗って』(一九八〇)、『使者』(一九七八)、『翔ぶ影』(一九七八)／**諸井三郎**『音楽論ノート』(一九五五)／**安岡章太郎**『アメリカそれから』(一九七五)、『海辺の光景』(一九七九)、『ガラスの靴』(一九七四)、『サルが木から下りるとき』(一九七四)、『自叙伝旅行』(一九七七)、『ソビエト感情旅行』(一九七五)、『遁走』(一九七六)、『なまけものの思想』(一九七三)、『不精の悪魔』(一九七三)、『へそまがりの思想』(一九七三)、『幕が下りてから』(一九七六)、『もぐらの手袋』(一九七七)、『やせがまんの思想』(一九七三)、『良友・悪友』(一九七八)／**大和資雄**『英米文学史』(一九五一・一九六五)／**山本健吉**『私小説作家論』(一九五二)、『小説に描かれた婦人像』(一九五七)／**夢野久作**『犬神博士』(一九七四)、『押絵の奇蹟』(一九七四)、『骸骨の黒穂』(一九八〇)、『狂人は笑う』(一九七七)、『空を飛ぶパラソル』(一九七九)、『人間腸詰』(一九七八)、『瓶詰の地獄』(一九七七)／**横尾忠則**『一米七〇糎のブルース』(一九七九)／**吉田紘二郎**『小鳥の来る日』(一九五四)、『人世遍路』(一九五一)、わが旅の記』(一九六一)／**吉田精一**『明治大正文学史』(一九六〇)／**吉行淳之介**『赤と紫』(一九七四)、『浅い夢』(一九七八)、『一見猥本風』(一九七五)、『鬱の一年』(一九七八)、『着流し対談』(一九八〇)、『樹に千びきの毛蟲』(一九七七)、『唇と歯』(一九七九)、『軽薄対談』(一九七三)、『子供の領分』(一九七九)、『コールガール』(一九七五)、『すれすれ』(一九七四)、『にせドンファン』(一九七七)、『猫踏んじゃった』(一九七五)、『鼠小僧次郎吉』(一九七四)、『薔薇販売人』(一九七二)、『不作法対談』(一九七三)、『不作法のすすめ』(一九七三)、『牝ライオンと豹』(一九七六)、『私の文学放浪』(一九七五)／**米川正夫**『ロシア文学史』(一九七〇)／**若山牧水**『幾山河』(一九五五)／**和田芳恵**『樋口一葉』(一九五七)

◉古本屋で探したい文庫――❺　角川文庫　個人詩集(選)

『石川啄木詩集』(一九五二・一九六六)／『大手拓次詩集』(一九五三)／『金子光晴詩集』(一九五四)／『河井酔茗詩集』(一九五三)／『蒲原有明詩集』(一九五三)／『北川冬彦詩集』(一九五四)／『草野心平詩集』(一九五〇)／『高橋新吉詩集』(一九五七)／『立原道造詩集』(一九五二)／『津村信夫詩集』(一九五二)／『中勘助詩集』(一九五五)／『中野重治詩集』(一九五六)／『西脇順三郎詩集』(一九五七)／『武者小路実篤詩集』(一九五三・一九九一)／『山村暮鳥詩集』(一九五二)／『歴程編 現代詩集』(一九五二)

◉古本屋で探したい文庫――❻　角川文庫　個人歌集(選)

『川田順歌集』(一九五五)／『木俣修歌集』(一九五三・一九七五)／『近藤芳美歌集』(一九五六・一九七一)／『佐藤佐太郎

歌集』（一九五三・一九六九）／『土屋文明歌集』（一九五五・一九七一）／『宮柊二歌集』（一九五八・一九六九）／『若山牧水歌集』（一九五二）

◉古本屋で探したい文庫――❼　角川文庫　個人句集（選）

『飯田蛇笏句集』（一九五二）／『石田波郷句集』（一九五二）／『加藤楸邨句集』（一九五二）／『久保田万太郎句集』（一九五四）／『富安風生句集』（一九五二）／『中村草田男句集』（一九五二）／『中村汀女句集』（一九六〇）／『橋本多佳子句集』（一九六〇）／『日野草城句集』（一九五四）／『碧梧桐句集』（一九五四）／『水原秋桜子句集』（一九五二）／『皆吉爽雨句集』（一九六八）／『山口誓子句集』（一九五二）

◉古本屋で探したい文庫――❽　角川文庫　海外（選）

デニス・アーバーグ、ジョン・ミリアス『ビッグウェンズデー』（一九七九）／アルセニエフ『デルス・ウザーラ』（一九七五）／アラン『精神と情熱に関する八十一章』（一九五八・一九七一）／G・ヴァルテル『レーニン伝』（一九六六）／ヴァレリー『文学論』（一九五五・一九六九）／コリン・ウィルソン『殺人の哲学』（一九七三）／ナセニエル・ウェスト『いなごの日』（一九七〇）、『クール・ミリオン』（一九七三）／ルー・ウォリス『ベン・ハー』（一九六〇）／ヴァージニア・ウルフ『ダロウェイ夫人』（一九五五・二〇〇三）／エイゼンシュテイン『映画の弁証法』（一九五三・一九六〇）／エレンブルグ『雪どけ』1・2（一九五七）／ジョージ・オーウェル『カタロニア讃歌』（一九七五）／アーチ・オーボラー『悪魔の館』（一九七一）／カルロ・カッソーラ『ブーベの恋人』（一九七二）／フランツ・カフカ『アメリカ』（一九七二・一九九二）、『ある流刑地の話』（一九六三）、『城』（一九六六・一九九二）／ギッシング『蜘蛛の巣の家』（一九五三）／ギャスケル『女だけの町』（一九五三）／ロマン・ギャリ『白い犬』（一九七五）／ベヤリング・グウルド『民俗学の話』（一九五五）／ポール・グセル編『ロダンの言葉』（一九五四・一九七〇）／I・クーニン『チャイコフスキー』（一九七一）／ジュリアン・グリーン『閉された庭』上下（一九五五）／ゲオルギウ『二十五時』（一九七六）／ゲーテ『美しき魂の告白』(一九五一)、『ミニヨン』(一九五三)/コクトー『阿片』(一九五二)、『山師トマ』(一九五五)/ゴーチェ『青春の回想』(一九五一)/ゴビノー『ルネッサンス』上下(一九五三)/ゴールズワージィ『フォーサイト家物語』1~3(一九六一~一九六二)/コンラッド『文化果つるところ』上下(一九五三)/テリイ・サザーン『イージー・ライダー』(一九七二)/サッカレー『バリー・リンドン』(一九七六)/マルキ・ド・サド『悪徳の栄え』(一九六九)、『閨房哲学』(一九七六)、『恋のかけひき』(一九七三)、『ソドム百二十日』(一九七六)、『美徳の不幸』(一九七〇)/ジェイムズ・サーバー『虹をつかむ男』(一九七四)、『マクベス殺人事件の謎』(一九七五)/J・D・サリンジャー『倒錯の森』(一九七〇)、『若者たち』(一九七一)/サローヤン『我が名はアラム』(一九五七)/ジョルジュ・サンド『彼女と彼』(一九五二)、『棄子のフランソワ』(一九五二)、『魔が沼』(一九五二)/アンドレ・ジイド『パリュウド』(一九六〇)/ヘンリー・ジェームス『女相続人』(一九五〇)、『ゴースト・ストーリー』(一九七二)/ケイ・シセリス『魚が出て来た日』(一九七一)/フランシス・ジャム『三人の乙女』(一九六一)、『野うさぎ物語』(一九五三)/ネヴィル・シュート『さすらいの旅路』(一九七一)/アービング・シュルマン『ウェスト・サイド物語』(一九七二)/メーヴィン・ジョーンズ『ジョンとメリー』(一九七〇)/シラー『素朴文芸と情念文芸』(一九五一)/シントラア『ベートーヴェンの生涯』(一九五四)/スタインベック『戦後ソヴェート紀行』(一九五一)、『ピピン四世三日天下』(一九六八)/スティヴンスン『新アラビア夜話』(一九六〇)、『水車小屋のウイル』(一九五八)、『旅は驢馬をつれて』(一九五六)、『バラントレイ卿』(一九五四)、『誘拐されて』(一九五三)/ストレイチイ『ヴィクトリア女王』(一九五三)/チャイコフスキー『一音楽家の想ひ出』(一九五〇)/W・チャーチル『わが半生』(一九六五)/ディケンズ『善神と魔人と(ニコラス・ニクルビー)』(一九五三)、『炉辺のこおろぎ』(一九五二)/A・ティボーデ『フランス文学史』上中下(一九六〇~一九六一)/ポール・ニザン『アデン・アラビア』(一九七三)、『陰謀』(一九七一)/ニーチェ『ギリシャ悲劇的時代の哲学』(一九五二)、『反時代的考察』上下(一九五〇)、『若き人々への言葉』(一九五四)/ネルヴァル『暁の女王と精霊の王の物語』(一九五二)／パトリシア・ハイスミス『太陽がいっぱい』(一九七一)、『見知らぬ乗客』(一九七二・一九九八)／G・バタイユ『マダム・エドワルダ』(一九七六)／オルダス・ハックスリ『時は止まらねばならぬ』上下(一九五三)／エルコレ・パッティ『さらば恋の日』(一九七〇)、『シチリアの恋人』(一九七三)／マグダレーナ・バッハ『夫セバスティアン・バッハの回想』(一九五二)／トマス・ハーディ『魔女の呪い』(一九七七)／バルザック『川揉み女』上下(一九五三)、『セラフィタ』(一九五四)、『天上の花・シャベェル大佐』(一九五一)／アンリ・バルビュス『砲火』上下(一九五五)／エバン・ハンター『去年の夏』(一九七〇)／フィッツジェラルド『雨の朝巴里に死す』(一九五五・一九六八)、『ラスト・タイクーン』(一九七七)／リチャード・フッカー『マッシュ』(一九七〇)／サント・ブウブ『我が毒』(一九五五)／アナトール・フランス『赤い百合』(一九五七)、『舞娘タイス』(一九五二)／トマス・ブルフィンチ『ギリシャ・ローマ神話』(一九七〇・二〇〇四)、『中世騎士物語』(一九七四)／フロベール『狂人の手記・十一月』(一九五三)、『三つの物語』(一九五一)、『サランボオ』上下(一九五三〜一九五四)／ペイタア『文芸復興』(一九五四)／ペスタロッチ『隠者の夕暮』(一九六九)／ウィリアム・ベックフォード『呪の王』(一九七六)／ヘミングウェイ『危険な夏』(一九七一)／ハインリヒ・ベル『保護者なき家』(一九六九)／蒲松齢『聊斎志異 中国千夜一夜物語』(一九五二)、『完訳 聊斎志異』1〜8(一九五五〜一九五七)／ボードレール『芸術論』(一九五三)、『人工楽園』(一九五五)、『赤裸の心』(一九五一)、『若き魔術師』(一九五二)／ビクトリア・ホルト『流砂』(一九七一)／リチャード・マイルス『雨にぬれた舗道』(一九七〇)／ホレス・マッコイ『彼らは廃馬を撃つ』(一九七〇)／ウィリアム・R・ミラー『マーチン・ルーサー・キングの生涯』(一九七一)／ジェイムズ・ミルズ『悲しみの街角』(一九七二)／メリメ『二重の誤解』(一九五一)、『贋のドミートリイ』(一九五五)／S・モーム『誘惑』(一九五五)／A・モラヴィア『海辺のあいびき』(一九七六)、『軽蔑』(一九七〇)、『孤独な青年』(一九七〇)、『夫婦の愛』(一九七〇)、『ふたりの若者』(一九七〇)、『ぼくの世界』(一九七七)、『無関心な人びと』(一九七〇)、『誘惑者』(一九七三)／モーリャック『火の河』(一九五三)、『癩者への接吻・母』（一九五三）／**チャアルズ・ラム**『ユリシイズの冒険』（一九六五）／**ランボオ**『ランボオの手紙』（一九五一）／**リルケ**『巴里の手紙』（一九五五）／**D・H・ロレンス**『恋愛について』（一九七〇）／**ワイルド**『獄中記』（一九五一）、『柘榴の家』（一九五一）、『真面目が肝心』（一九五三）、『理想の夫』（一九五四）

◉古本屋で探したい文庫――❾新潮文庫（選）

阿部次郎『ツァラツストラの解釈・批評』（一九五一）／**阿部知二**『黒い影』（一九五〇）、『冬の宿』（一九四八）／**石川淳**『紫苑物語』（一九五七）／**出隆**『哲学以前』（一九五五）／**伊藤永之介**『鴉・鶯・梟』（一九五三）／**伊藤整**『イカルス失墜』（一九七四）、『伊藤整詩集』（一九五八）、『小説の認識』（一九五八）、『小説の方法』（一九五七）、『得能五郎の生活と意見』（一九五四）、『得能物語』（一九五四）、『鳴海仙吉』（一九五六）、『馬喰の果て』（一九五四）、『氾濫』上下（一九六〇）、『火の鳥』（一九五八）／**井上友一郎**『絶壁』（一九五一）／**井伏鱒二**『釣師・釣場』（一九六四）／**内田百閒**『百鬼園随筆撰』1・2（一九五二）／**内村鑑三**『後世への最大遺物・デンマルク国の話』（一九五六）、『宗教と文学』（一九五六）／**大田洋子**『人間檻褸』（一九五五）、『半人間』（一九五五）／**岡本かの子**『河明り・雛妓』（一九五一）、『巴里祭』（一九四六）、『母子叙情』（一九五〇）／**大佛次郎**『帰郷』（一九五二）、『旅路』（一九五五）、『宗方姉妹』（一九五四）／**葛西善蔵**『葛西善蔵集』（一九五一）／**梶井基次郎**『梶井基次郎集』（一九五〇）／**片山敏彦**『ドイツ詩集』（一九五四）、『ロマン・ロラン』（一九五二）／**嘉村礒多**『嘉村礒多集』（一九五〇）／**亀井勝一郎**『島崎藤村論』（一九五六）／**河上徹太郎**『私の詩と真実』（一九五七）／**川端康成**『浅草紅団』（一九五五）、『東京の人』（一九五九）、『虹・浅草の姉妹』（一九五五）／**上林暁**『聖ヨハネ病院にて』（一九四九）／**北原武夫**『桜ホテル』（一九四八）／**北原白秋**『からたちの花』（一九五七）、『北原白秋歌集』（一九五二）、『雀の生活』（一九五一）／**国木田独歩**『空知川の岸辺』（一九五〇）／**久保栄**『火山灰地』（一九五二）、『新劇の書』（一九五五）／**桑原武夫**『登山の文化史』（一九五五）／**小泉信三**『共産主義批判の常識』（一九五四）、『福沢諭吉』（一九五五）／**幸田露伴**『愛の小説集』（一九五五）、『続愛の小説集』（一九五六)、『運命・論仙』(一九五五)、『艶魔伝・白眼達磨』(一九五七)、『幸田露伴紀行文集』(一九五七)、『幸田露伴詩集』(一九五六)、『太公望・王義之』(一九五六)、『芭蕉入門』(一九五六)、『一口剣・ひげ男』(一九五七)、『風流仏・対髑髏』(一九五六)、『二日物語・夜の雪』(一九五六)/**小山清**『落穂拾ひ・聖アンデルセン』(一九五五)/**齋藤磯雄**『フランス詩話』(一九五七)/**獅子文六**『大番』1~3(一九五六~一九五八)上下(一九六二)、『自由学校』(一九五三)、『青春怪談』(一九五五)、『父の乳』(一九七一)、『てんやわんや』(一九五二)、『娘と私』(一九五八・一九六一)/**岩田豊雄**(獅子文六の別名)『海軍』(一九六二)/**島木健作**『赤蛙』(一九五七)、『獄』(一九五〇)、『生活の探求』(一九五〇)/**島崎藤村**『嵐附・山陰土産』(一九五七)、『ある女の生涯』(一九五二)、『飯倉だより』(一九五五)、『海へ』(一九五五)、『エトランゼエ』(一九五五)、『幼きものに・ふるさと』(一九五六)、『をさなものがたり・力餅』(一九五六)、『微風―生ひ立ちの記・出発』(一九五八)、『旧主人・藁草履』(一九五二)、『市井にありて』(一九五五)、『巡礼』(一九五五)、『新片町より・後の新片町より』(一九五五)、『短篇小説集』3・4(一九五六~一九五八)、『藤村詩集』(一九六八)、『東方の門』(一九四六)、『並木・芽生』(一九五八)、『春を待ちつゝ』(一九五五)、『桃の雫』(一九五六)/**高杉一郎**『極北のかげに』(一九五一)/**高見順**『如何なる星の下に』(一九四八)、『故旧忘れ得べき』(一九五一)/**竹山道雄**『失われた青春』(一九五七)、『昭和の精神史』(一九五八)、『樅の木と薔薇』(一九五七)、『見て・感じて・考える』(一九五七)/**田中英光**『オリンポスの果実』(一九五一)/**谷崎潤一郎**『武州公秘話』(一九五三)、『乱菊物語』(一九五六)/**壺井栄**『風』(一九五七)、『岸うつ波』(一九五六)、『暦』(一九五四)、『寄るべなき人々』(一九五六)/**徳田秋声**『仮装人物』(一九五二)、『黴』(一九五二)、『縮図』(一九四九)、『爛』(一九五七)/**徳永直**『はたらく一家』(一九四八)/**中勘助**『中勘助集』(一九五一)/**永井荷風**『あめりか物語』(一九五一・二〇〇〇)、『浮沈・来訪者』(一九五一・一九九四)、『おかめ笹』(一九五二)、『珊瑚集』(一九五三)、『地獄の花・夢の女』(一九五二)、『すみだ川・新橋夜話』(一九五二)、『つゆのあとさき』(一九五一)、『ひかげの花・踊子』(一九五一)、『深川の唄・歓楽』(一九五二)、『雪解・二人妻』(一九五一)/**永井龍男**『朝霧』(一九五一)/**中谷宇吉**

郎『冬の華抄』(一九五五)／**中村真一郎**『王朝の文学』(一九五八)／**中村光夫**『谷崎潤一郎論』(一九五六)、『風俗小説論』(一九五八)／**中山義秀**『厚物咲』(一九四八)、『露命・月魄』(一九五七)／**萩原朔太郎**『青猫』(一九五五)、『新しき欲情』(一九五五)、『郷愁の詩人与謝蕪村』(一九五一)、『詩の原理』(一九五四)、『純情小曲集』(一九五五)、『月に吠える』(一九五五)、『恋愛名歌集』(一九五四)／**波多野完治**『文章心理学入門』(一九五三)／**林健太郎**『歴史の流れ』(一九五七)／**林房雄**『白夫人の妖術』(一九五七)、『息子の縁談』(一九五六)、『娘の縁談』(一九五六)／**林芙美子**『稲妻』(一九五三)、『清貧の書・牡蠣』(一九五三)、『茶色の眼』(一九五四)、『泣虫小僧・魚介』(一九五三)、『林芙美子傑作集』(一九五一)／**火野葦平**『土と兵隊・麦と兵隊』(一九五三・二〇〇〇)、『花と兵隊』(一九五三)、『花と竜』上下(一九五四・一九五五)、『糞尿譚』(一九四八)／**平野謙**『芸術と実生活』(一九六四)、『島崎藤村』(一九六〇)／**平林たい子**『愛情旅行』(一九五五)、『かういふ女』(一九四八)／**広津和郎**『同時代の作家たち』(一九五二)／**深田久弥**『津軽の野づら』(一九四八)／**福田恆存**『芸術とはなにか』(一九五九)、『龍を撫でた男』(一九五五)／**古谷綱武**『日々の幸福のために』(一九五四)、『若き女性のために』(一九五五)／**北条民雄**『北条民雄集』(一九五一)／**本庄陸男**『石狩川』(一九五五)／**本多顕彰**『トルストイ』(一九五三)／**本多秋五**『「白樺」派の文学』(一九六〇)／**正宗白鳥**『生まざりしならば・入江のほとり』(一九五二・一九九四)／**宮本百合子**『道標』1〜3(一九五二)、『播州平野・風知草』(一九五二)、『二つの庭』(一九四九)／**三好達治**『卓上の花』(一九五五)、『諷詠十二月』(一九五二)／**室生犀星**『女ひと』(一九五八)、『続女ひと』(一九五八)、『舌を噛み切った女』(一九五七)、『性に眼覚める頃』(一九五七)、『幼年時代・あにいもうと』(一九五五)／**森鷗外**『森鷗外翻訳珠玉選』上下(一九五二)／**森田たま**『もめん随筆』(一九五一・一九九四)／**諸井三郎**『ロマン派音楽の潮流』(一九五四)／**矢代幸雄**『世界に於ける日本美術の位置』(一九五六)／**山本健吉**『古典と現代文学』(一九六〇)、『芭蕉』上下(一九五九)／**横光利一**『家族会議』(一九四九)、『機械・微笑』(一九五五)、『春園』(一九四九)、『寝園』(一九五六)、『紋章』(一九四九)／**吉川幸次郎**『陶淵明伝』(一九五八)、『杜甫ノート』(一九五五)／**吉田精一**『随筆入門』(一九六五)、『日本近代詩

鑑賞』明治篇・大正篇・昭和篇（一九五三〜一九五四）／和田芳恵『樋口一葉伝』（一九六〇）

◉古本屋で探したい文庫――⑩　新潮文庫　詩集（選）

『伊藤静雄詩集』（一九五七）／『伊藤整詩集』（一九五八）／『尾崎喜八詩集』（一九五三）／『蒲原有明詩集』（一九五二）／『木下杢太郎詩集』（一九五二）／『佐藤春夫詩集』（一九六一）／『薄田泣菫詩集』（一九五四）／『千家元麿詩集』（一九五三）／『土井晩翠詩集』（一九五二）／『西脇順三郎詩集』（一九六五）／『日夏耿之介詩集』（一九五三）／『堀口大學詩集』（一九五二）／『室生犀星詩集』（一九五一）／『三木露風詩集』（一九五三）／『村野四郎詩集』（一九六一）／『百田宗治詩集』（一九六一）／『山村暮鳥詩集』（一九五二）

◉古本屋で探したい文庫――⑪　新潮文庫　歌集（選）

『窪田空穂歌集』（一九五三）／『与謝野晶子歌集』（一九五三）／『吉井勇歌集』（一九五二・一九九四）／『若山牧水歌集』（一九五二）

◉古本屋で探したい文庫――⑫　新潮文庫　句集（選）

『虚子自選句集』（一九五八）／『秋桜子自選句集』（一九五六）／『楸邨自選句集』（一九五八）／『誓子自選句集』（一九六一）／『波郷自選句集』（一九五七）／『日野草城句集』（一九六八）

◉古本屋で探したい文庫――⑬　新潮文庫　海外（選）

アーヴィング『スケッチブック』（一九五五・二〇〇〇）／アップダイク『プアハウス・フェア』（一九七一）／アラン『文学論』（一九六〇）、『わが思索のあと』（一九五一）／シャーウッド・アンダスン『アンダスン短編集』（一九七六）、『ワインズバーグ・オハイオ』（一九五九）／テネシー・ウィリアムズ『夏と煙』（一九七二）、『薔薇のいれずみ』（一九七三）／ヴィンデルバント『西洋近世哲学史』1〜3（一九五六）／H・G・ウェルズ『世界文化史』1〜8（一九五七〜一九五八）／ヴァージニア・ウルフ『灯台へ』（一九五六)、『私だけの部屋』(一九五二)/トマス・ウルフ『天使よ故郷を見よ』上下(一九五五)/ハンス・カロッサ『成年の秘密』(一九五一)、『ルーマニヤ日記』(一九五六・一九九四)/河上徹太郎訳・編『アラビアン・ナイト』(一九五一)/グレアム・グリーン『権力と栄光』(一九五九)、『事件の核心』(一九五九)/ゴールズワージー『ゴールズワージー短編集』(一九五六)、/コールドウェル『神の小さな土地』(一九五五)、『七月の騒動』(一九五五)、『巡回牧師』(一九五五)/コンラッド『青春』(一九五一)、『颱風』(一九五一)/サルトル『悪魔と神』(一九七一)、『聖ジュネ』上下(一九七一)/ジイド『秋の断想』(一九五二)、『コンゴ紀行』(一九五三)、『ジイドの日記』1~6(一九五四~一九五九)、『ソヴィエト旅行記』(一九五二)、『ソヴィエト旅行記修正』(一九五二)、『チャド湖より帰る』(一九五四)、『ドストエフスキー』(一九五五)、『贋金つくりの日記』(一九五一)、『プレテクスト』(一九五二)、『ユリアンの旅』(一九五二)、『ワイルド・ショパン』(一九五四)/シェストフ『悲劇の哲学』(一九五四)/ジャン・ジュネ『花のノートルダム』(一九六九)、『薔薇の奇蹟』(一九七〇)/ショーロホフ『静かなドン』1~8(一九五六)/スタインベック『気まぐれバス』(一九六五)/L・スターン『センチメンタル・ジャーニー』(一九五二)/ソルジェニーツィン『収容所群島』1~6(一九七五~一九七八)、『マトリョーナの家』(一九七三)、『煉獄のなかで』上下(一九七二)/T・U・タクシス『リルケの思ひ出』(一九五三)/チェーホフ『決闘・黒衣の僧』(一九七二)/ツヴァイク『スタンダール』(一九五一)/ツルゲーネフ『けむり』(一九五二)、『処女地』上下(一九五六)、『春の水』(一九五二)、『猟人日記』上下(一九五一~一九五二)/ディ・クインシー『阿片のみの告白』(一九五二)/ディケンズ『オリバー・ツイスト』上下(一九五五・二〇〇五)、『ディヴィッド・コパフィールド』1~4(一九六七・二〇〇六)/ニーチェ『人間的な、あまりに人間的な』上下(一九五八)/A・ハックスレー『ガザに盲いて』上下(一九五八)、『ハックスレー短編集』(一九六一)、『恋愛対位法』上下(一九五三)/T・ハーディ『帰郷』上下(一九五四~一九五五)/パブロフ『条件反射学』上中下(一九五五)/バルザック『暗黒事件』(一九五三)、『従妹ベット』上下(一九六八)、『風流滑稽譚』1~3(一九五一)/フォスター『印度への道』(一九五二)、『小説の諸相』(一九五八)/**プルースト**『失われた時を求めて』1~7(一九五八~一九五九)/**フロイト**『芸術論』(一九五七)/**ブローティガン**『愛のゆくえ』(一九七五)/**パウル・ベッカー**『西洋音楽史』(一九五五・一九七二)/**ソール・ベロー**『犠牲者』(一九七三)、『宙ぶらりんの男』(一九七一)/**ボールドウィン**『白人へのブルース』(一九七一)、『もうひとつの国』上下(一九七二)/**マッカラーズ**『心は孤独な狩人』(一九七二)/**マラマッド**『アシスタント』(一九七二)/**マルロー**『王道』(一九五二・一九七八)、『希望』(一九七一)、『征服者』(一九五二)、『人間の条件』上下(一九五一)、『侮蔑の時代』(一九五〇)/**トーマス・マン**『ゲーテとトルストイ』(一九五一)/**キャサリン・マンスフィールド**『キャサリン・マンスフィールド日記抄』(一九五四)/**ヘンリー・ミラー**『セクサス』上下(一九七〇)、『南回帰線』(一九六九)/**ノーマン・メイラー**『鹿の園』(一九七〇)、『裸者と死者』上中下(一九五二)/**メリメ**『タマンゴ・エトリュスクの壷』(一九六六)/**サマセット・モーム**『剃刀の刃』1・2(一九六五)、『劇場』(一九六〇・二〇〇六)、『作家の手帳』(一九六九)、『モーム短編集』1~14(一九五九~一九六三)、『要約すると』(一九六八)/**モーリヤック**『愛の砂漠』(一九五二)、『夜の終り』(一九五二)/**モロワ**『アメリカ史』上下(一九五三~一九五四)、『英国史』上下(一九五八)、『フランス史』上下(一九五六~一九五七)、『プルーストを求めて』(一九五五)/**リルケ**『ロダン』(一九五三)/**ルナール**『ルナール日記』1~7(一九五四~一九五五)/**E・M・レマルク**『愛する時と死する時』上下(一九五八)、『凱旋門』上下(一九五五・一九七五)/**ロマン・ロラン**『ゲーテとベートーヴェン』(一九五六)/**D・H・ローレンス**『恋する女たち』上中下(一九五二)、『翼ある蛇』上中下(一九五三)、『虹』上中下(一九五三~一九五七、一九七五)、『息子と恋人』上中下(一九五二)/**ワイルド**『獄中記』(一九五四)、『芸術論』(一九五四)

◉古本屋で探したい文庫──⑭　講談社文庫　国内(選)

会田雄次ほか『根つけと私』(一九七七)/**青木繁**『画家の後裔』(一九七九)/**阿部昭**『大いなる日』(一九七二・『大いなる日・司令の休暇』として講談社文芸文庫で一九九〇復刊)、『千年』

（一九七七）／**安東次男**『与謝蕪村』（一九七九・講談社学術文庫で一九九一復刊）／**池田満寿夫**『私自身のアメリカ』（一九七五）／**伊藤左千夫**『野菊の墓・隣の嫁・春の潮』（一九七一）／**井上光晴**『階級』（一九七二）、『黒い森林』（一九七二）、『小屋』（一九七七）、『残虐な抱擁』（一九七四）、『象を撃つ』（一九七四）、『他国の死』（一九七三）／**井上靖**『月の光』（一九七一）／**江藤淳**『アメリカと私』（一九七二・講談社学芸文庫で二〇〇七復刊）、『一族再会』（一九七六・講談社文芸文庫で一九八八復刊）、『考えるよろこび』（一九七四）、『小林秀雄』（一九七三・講談社文芸文庫で二〇〇二復刊）、『成熟と喪失』（一九七八・講談社文芸文庫で一九九三復刊）／**円地文子**『川波抄・春の歌』（一九七七）、『花散里』（一九七一）／**大岡昇平**『凍った炎』（一九八〇）、『天誅組』上下（一九七九・講談社文芸文庫の一巻本で一九九二復刊）、『野火』（一九七二）、『萌野』（一九七八）／**岡本太郎**『画文集 挑む』（一九七七）／**小川和佑**『立原道造の世界』（一九七八）／**小川国夫**『海からの光』（一九七五）、『彼の故郷』（一九七七）、『生のさ中に』（一九七八）／**尾崎一雄**『あの日この日』1～4（一九七八）／**梶井基次郎**『檸檬・Kの昇天』（一九七二）／**金井美恵子**『春の画の館』（一九七九）、『夜になっても遊びつづけろ』（一九七七）／**亀井勝一郎**『日本人の精神史』1～4（一九七四～一九七五）、『美貌の皇后』（一九七六）／**木下順二**『オットーと呼ばれる日本人』（一九七三）、『無限軌道』（一九七七）、『夕鶴・おんにょろ盛衰記』（一九七二）／**河野多恵子**『不意の声』（一九七六・講談社文芸文庫で一九九三復刊）、『骨の肉』（一九七七・『骨の肉・最後の時・砂の檻』として講談社文芸文庫で一九九一復刊）／**小島信夫**『実感・女性論』（一九七四）、『ハッピネス』（一九七七）／**後藤明生**『思い川』（一九七八）／**斎藤真一**『瞽女物語』（一九七七）／**坂上弘**『枇杷の季節』（一九七七）、『優しい人々』（一九七九）／**阪田寛夫**『サッちゃん』（一九七七）、『わが町』（一九八〇）／**佐多稲子**『愛とおそれと』（一九八〇）、『重き流れに』上下（一九七六）、『渓流』（一九七四）、『私の東京地図』（一九七二・講談社文芸文庫で一九八九復刊）／**庄野英二**『にぎやかな家』（一九七七）、『ロッテルダムの灯』（一九七四）／**庄野潤三**『絵合せ』（一九七七・講談社文芸文庫で一九八九復刊）、『夕べの雲』（一九七一・講談社文芸文庫で一九八八復刊）／**杉浦明平**『杉浦明平著作選』上下（一九七八）／**杉村春子**『歩みのあと』（一九七七）／**武井武雄**『お噺の卵』（一九七六）／**武田泰淳**

『わが子キリスト』（一九七一）／高階秀爾『日本近代美術史論』（一九八〇・講談社学術文庫で一九九〇復刊）／高橋たか子『彼方の水音』（一九七八）／滝平二郎『里の四季』（一九七七／田久保英夫『髪の環』（一九七九）／津村節子・高村規『智恵子から光太郎へ』（一九七九）／戸板康二『六代目菊五郎』（一九七九）／徳川夢声『夢声自伝』上中下（一九七八）／殿山泰司『三文役者あなあきい伝 Part1・2』（一九八〇）／富岡多恵子『冥途の家族』（一九七六・講談社文芸文庫で一九九五復刊）／中井英夫『黒鳥譚・青髯公の城』（一九七五）／永井龍男『コチャバンバ行き』（一九七七）／中村真一郎『回転木馬』（一九七五）／夏目漱石『夏目漱石・美術批評』（一九八〇）／西野辰吉『秩父困民党』（一九七二）／畑山博『母を拭く夜』（一九七八）／花田清輝『小説平家』（一九七九、『鳥獣戯話』（一九七七・『鳥獣戯話・小説平家』として講談社文芸文庫で一九八八復刊）／東君平『100杯目の水割り』（一九七九）／福永武彦『告別』（一九七三・講談社文芸文庫で一九九〇復刊）、『塔』（一九七三）、『幼年』（一九七二）、『夜の三部作』（一九七一）／富士正晴『桂春団治』（一九七八・講談社文芸文庫で二〇〇一復刊）、『贋・久坂葉子伝』（一九八〇・講談社文芸文庫で二〇〇七復刊）／藤枝静男『空気頭・欣求浄土』（一九七三・『田紳有楽・空気頭』として講談社文芸文庫で一九九〇復刊）、『凶徒津田三蔵』（一九七九）、『田紳有楽』（一九七八・『田紳有楽・空気頭』として講談社文芸文庫で一九九〇復刊）／藤城清治『こころの風景』（一九七八）／古山高麗雄『今朝太郎渡世旅』（一九七九）、『小さな市街図』（一九七四）、『プレオー8の夜明け』（一九七四・講談社文芸文庫で二〇〇一復刊）、『湯タンポにビールを入れて』（一九七五）／星新一『ノックの音が』（一九七二）／松永伍一『私のフィレンツェ』（一九七七）／松山樹子『バレエの魅力』（一九七八）／丸谷才一ほか『私のセザンヌ』（一九七六）／三浦哲郎『夕雨子』（一九七七）／三木卓『七まいの葉』（一九七六）、『真夏の旗』（一九七七）、『ミッドワイフの家』（一九七八）／安岡章太郎『私説聊斎志異』（一九八〇・講談社文芸文庫で一九九七復刊）、『幕が下りてから』（一九六七・講談社文芸文庫で一九九〇復刊）、『もぐらの言葉』（一九七三）／山川方夫『親しい友人たち』（一九七二）／山田風太郎『戦中派不戦日記』（一九七三・一九八五・二〇〇二）／山田稔『幸福へのパスポート』（一九八一）、『スカトロジア』（一九七七）／吉村昭『孤独な噴水』（一九七七・一九八六）、『蚤と

爆弾』（一九七五）

◉古本屋で探したい文庫――⑮　講談社文庫　海外（選）

アイザック・アシモフ編『世界SF大賞傑作選』1〜2、4〜8（一九七八〜一九七九）／アポリネール『異端教祖株式会社』（一九七四）、『虐殺された詩人』（一九七七・講談社文芸文庫で二〇〇〇復刊）、『若きドン・ジュアンの冒険』（一九七五）／伊藤典夫編『海外SF傑作選 ファンタジーへの誘い』（一九七七）／マルセル・エーメ『マルタン君物語』（一九七六）／シモーヌ・ヴェイユ『工場日記』（一九七二・講談社学術文庫で一九八六復刊）、『重力の恩寵』（一九七四）／ウォルポール『オトラント城奇譚』（一九七八）／J・オハラ『親友・ジョーイ』（一九七七）／カミ『エッフェル塔の潜水夫』（一九七六）／シェイクスピア『オセロー』（一九七二）、『ハムレット』（一九七一）／ジッド『狭き門』（一九七一）、『田園交響楽』（一九七二）／マルタン・デュ・ガール『生成』（一九七六）／ザミャーチン『われら』（一九七五）／ゾラ『テレーズ・ラカン』（一九七一）／ダレル『積みすぎた箱舟』（一九七三・講談社学術文庫で一九九二復刊）／ディケンズ『オリヴァー・トゥイスト』（一九七一）／デュラス『静かな生活』（一九七一）／デューラント『西洋哲学物語』上下（一九七六・講談社学術文庫で一九八六復刊）／コナン・ドイル『シャーロック・ホームズの回想』（一九七三）、『シャーロック・ホームズの帰還』（一九七五）、『シャーロック・ホームズの最後の挨拶』（一九七六）、『シャーロック・ホームズの冒険』（一九七三）、『バスカビル家の犬』（一九八〇）、『緋色の研究』（一九七七）、『四つの署名』（一九七九）／バタイユ『眼球譚 マダム・エドワルダ』（一九七六）／B・L・バーマン『アライグマ博士の冒険』（一九七七）／G・パローツィ＝ホルヴァート『毛沢東伝』上下（一九七九）／福島正美編『海外SF傑作選 華麗なる幻想』（一九七七）、『海外SF傑作選 クレージー・ユーモア』（一九七六）、『海外SF傑作選 千億の世界』（一九七五）、『海外SF傑作選 時と次元の彼方から』（一九七五）、『海外SF傑作選 人間を超えるもの』（一九七五）、『海外SF傑作選 破滅の日』（一九七五）、『海外SF傑作選 未来ショック』（一九七五）、『海外SF傑作選 不思議な国のラプソディ』（一九七六）／ブラックウッド『ブラックウッド怪談集』（一九七八）／フロオベエル『ボヴァリイ夫人』（一九七三）／シラノ・ド・ベルジュラック『月と太陽諸国の滑稽譚』（一九七六）／マッカラーズ『黄金の眼に映るもの』（一九七五）、『針のない時計』（一九七一）／丸谷才一・常盤新平編『世界スパイ小説傑作選』1～3 ＊1のみ丸谷才一単独編集（一九七八～一九七九）／モーム『かみそりの刃』上下（一九七八～一九七九）／レヴィ＝ストロース『悲しき南回帰線』上下（一九七六・講談社学術文庫で一九八五復刊）／ルグロ『ファーブル伝』（一九七九）

◉古本屋で探したい文庫――⑯講談社漫画文庫（選）

石森章太郎『竜神沼』（一九七六）／上田とし子『フイチンさん』全二冊（一九七六～一九七七）／うしおそうじ『おせんち小町』（一九七七）／桑田次郎『月光仮面』（一九七六）／倉金章介『あんみつ姫』上下（一九七六）／阪本牙城『タンク・タンクロー』（一九七六）／杉浦茂『猿飛佐助』上下（一九七六）／田河水泡『蛸の八ちゃん』（一九七六）／つげ義春『一刀両断』（一九七六）、『腹話術師』（一九七六）、『義男の青春』（一九七六）／寺田ヒロオ『スポーツマン金太郎』1～4（一九七六）／永島慎二『フーテン』上中下（一九七六）／林静一『花に棲む』（一九七六）／堀江卓『矢車剣之助』上中下（一九七六）／前谷惟光『ロボット三等兵』1～3（一九七六）／真崎守『ジロがゆく』上中下（一九七六～一九七七）／水木しげる『丸い輪の世界』（一九七六）／山根赤鬼『よたろうくん』（一九七六）／横山隆一『フクちゃん』（一九七六）

◉古本屋で探したい文庫――⑰講談社講談名作文庫（選）

『1・真田幸村』『2・水戸黄門』『3・大岡政談』『4・柳生旅日記』『5・赤穂義士銘々伝』『6・太閤記』『7・鼠小僧次郎吉』『8・いれずみ奉行』『9・猿飛佐助』『11・由井正雪』『12・快傑自来也』『13・荒木又右衛門』『14・伊達騒動』『15・天保六花撰』『16・弥次喜多道中』『17・寛永三馬術』『18・清水次郎長』『19・塚原卜伝』『20・大久保彦左衛門』『21・雷電為右衛門』『22・左甚五郎』『23・幡随院長兵衛』『24・田宮坊太郎』『25・国定忠治』『26・岩見重太郎』『27・後藤又兵衛』『28・寛永御前試合』『29・野狐三次』

『30・佐倉宗五郎』(すべて一九七六刊)

◉古本屋で探したい文庫――⑱　講談社少年倶楽部文庫(選)

海野十三『浮かぶ飛行島』(一九七五)、『太平洋魔城』(一九七六)／**江戸川乱歩**『怪人二十面相』(一九七五)、『少年探偵団』(一九七五)／**大佛次郎**『海の荒鷲』(一九七六)、『角兵衛獅子』(一九七五)、『山岳党奇談』(一九七六)／**佐々木邦**『苦心の学友』(一九七五)、『出世倶楽部』(一九七六)、『トム君・サム君』(一九七六)、『村の少年団』(一九七六)、『わんぱく時代』(一九七五)／**佐藤紅緑**『ああ玉杯に花うけて』(一九七五)、『黒将軍快々譚』(一九七六)、『少年賛歌』(一九七五)、『少年連盟』(一九七六)／**島田啓三**『冒険ダン吉』1～4(一九七六)／**少年倶楽部編**『奇問奇答滑稽大学』(一九七六)、『滑稽和歌と笑話集』(一九七六)、『知恵くらべクイズ集』(一九七六)／**高垣眸**『怪傑黒頭巾』(一九七五)、『豹(ジャガー)の眼』(一九七五)、『まぼろし城』(一九七六)、『龍神丸』(一九七六)／**田河水泡**『のらくろ漫画集』1～4(一九七五～一九七六)／**野村胡堂**『地底の都』(一九七六)／**南洋一郎**『吼える密林』(一九七五)、『魔海の宝』(一九七六)、『緑の無人島』(一九七六)／**山中峯太郎**『亜細亜の曙』(一九七五)、『大東の鉄人』(一九七六)、『敵中横断三百里』(一九七五)／**横溝正史**『金色の魔術師』(一九七六)、『大宝窟』(一九七六)、『大迷宮』(一九七六)

◉古本屋で探したい文庫――⑲　文春文庫(選)

秋田實『ユーモア辞典』1～3(一九七八)／**秋山加代・小泉タエ**『父小泉信三』(一九八三)／**池島信平編**『歴史よもやま話』東洋・西洋・日本編(一九八二)／**石川達三**『心に残る人々』(一九七六)、『不信と不安の季節に』(一九七七)／**石毛直道**『食生活を探検する』(一九八〇)／**五木寛之**『深夜の自画像』(一九七五)／**糸川英夫**『糸川英夫の入試突破作戦』(一九八三)／**稲垣史生**『お家騒動』(一九七九)／**井上靖**『兵鼓』(一九八二)／**宇野信夫**『はなし帖』(一九八四)／**永六輔**『芸人その世界』(一九七五)、『芸人たちの芸能史』(一九七五)、『タレントその世界』(一九七七)／**遠藤周作**『金と銀』（一九七六）／**大江健三郎**『厳粛な綱渡り』上下（一九七五）／**大岡昇平**『幼年』（一九七五）／**大庭みな子**『栂の夢』（一九八〇）／**大宅歩**『詩と反逆と死』（一九七四）／**大宅壮一**『炎は流れる』1〜4（一九七五）／**奥浩平**『青春の墓標』（一九七四）／**海音寺潮五郎**『新太閤記』1〜4（一九七九）／**亀井俊介**『サーカスが来た！』（一九八〇）／かんべむさし『建売住宅温泉峡』（一九八一）／**久保田正文**『百人一首の世界』（一九七四）／**倉橋由美子**『パルタイ』（一九七五）／**源氏鶏太**『人生感あり』上下（一九七六）／**河野多恵子**『草いきれ』（一九七五）／**小林久三**『空を飛ぶ柩』（一九八二）／**小林則子**『リブ号の航海』（一九八〇）／**小松左京**『日本沈没』上下（一九七八）／**ゴーマン美智子**『走れ！ミキ』（一九八四）／**笹沢佐保**『拳銃』（一九八三）、『地獄を嗤う日光路』（一九八二）／**佐野洋**『空翔ける娼婦』（一九八〇）／**白崎秀雄**『北大路魯山人』上下（一九七五）／**滝田ゆう**『滝田ゆう名作劇場』（一九八三）、『滝田ゆう落語劇場』全二冊（一九八三））／**田中光二**『二人だけの珊瑚礁』（一九八三）／**團伊玖磨**『毒へビは急がない』（一九八〇）／**寺山修司**『歴史の上のサーカス』（一九七六）／**戸板康二**『久保田万太郎』（一九八三）／**ドウス昌代**『東京ローズ』（一九八二）／**内藤濯**『星の王子とわたし』（一九七六）／**平野雅章**『たべもの歳時記』（一九七八）／**古山高麗雄**『兵隊蟻が歩いた』（一九八二）／**山口瞳**『草野球必勝法』（一九八三）／**山崎正和**『海の桃山記』（一九七八）

◉古本屋で探したい文庫――⑳　旧河出文庫　国内（選）

青野季吉『現代文学論』市民文庫（一九五一）／**荒正人編**『世界人名事典』（一九五五）、『日本人名事典』（一九五五）、『文芸事典』市民文庫（一九五三）／**内田魯庵**『おもひ出す人々』（一九五四）／**内村直也**『えり子とともに』1〜2（一九五一）／**河上徹太郎**『現代音楽論』（一九五四）／**菊田一夫編**『ラジオドラマ傑作選』市民文庫（一九五二）／**岸田國士**『チロルの秋』（一九五五）／**喜多六平太**『六平太芸談』市民文庫（一九五二）／**木村荘八**『南縁随筆』市民文庫（一九五一）／**串田孫一**『哲学事典』（一九五五）／**桑原武夫**『事実と創作』（一九五二）／**佐藤春夫**『近代日本文学の展望』（一九五六）／**佐藤垢石**『釣随筆』市民文庫（一九五一）／**瀬沼茂樹**『昭和の文学』（一九五四）、『近代日本文学のなりたち』（一九五四）／**高浜**

虚子『虚子自選句集 秋・冬編』(一九五四)、『虚子自選句集 春・夏編』(一九五五)/**竹内好**『魯迅』(一九五六)/**田中於菟弥編**『インド民話集』市民文庫(一九五二)/**田中美知太郎**『哲学的人生論』市民文庫(一九五一)/中国文学研究会『中国新文学事典』(一九五五)/**津田青楓**『書道と画道』市民文庫(一九五二)/**恒藤恭**『旧友芥川龍之介』市民文庫(一九五二)/**中川一政**『篋中デッサン』市民文庫(一九五一)/**中島健蔵編**『現代日本文学事典』市民文庫(一九五三)/**中島健蔵・太田三郎編**『世界文学事典』(一九五五)/**中村草田男**『草田男自選句集』市民文庫(一九五一)/**林語堂**『北京好日』1~6市民文庫(一九五一~一九五二)/**彦山光三**『相撲読本』市民文庫(一九五二)/**久松潜一・市古貞次編**『国文学事典』(一九五五)/**福島慶子**『ヨーロッパの四季』市民文庫(一九五二)/**福原麟太郎**『英文学入門』(一九五四)/**正宗白鳥**『文壇五十年』(一九五五)/**吉川幸次郎**『中国への郷愁』市民文庫(一九五一)/**吉井勇**『東京紅燈集』市民文庫(一九五一)/**歴史教育者協議会編**『日本歴史事典』(一九五五)/**渡辺一夫**『僕の手帖』市民文庫(一九五二)

◉古本屋で探したい文庫――㉑ 旧河出文庫 海外(選)

エッケルマン『ゲーテとの対話』1~4(一九五五~一九五六)/**ルネ・クレエル**『悪魔の美しさ』市民文庫(一九五一)/**ゴーティエ**『或る夜のクレオパトラ』市民文庫(一九五二)/**ネルヴァル**『ボヘミヤの小さな城』(一九五五)/**グスターフ・ヤヌホ**『カフカとの対話』(一九五四)/**J・ロカート**『酔ひどれ聖譚』市民文庫(一九五二)/**ピエール・ロチ**『お菊さん』(一九五四)

◉古本屋で探したい文庫――㉒ 旺文社文庫(選)

安藤鶴夫『巷談 本牧亭』(一九七五)、『ごぶ・ゆるね』(一九八〇)、『三木助歳時記』(一九七五)、『年々歳歳』(一九七八)、『昔・東京の町の売り声』(一九七八)、『雪まろげ』(一九七七)、『寄席』(一九八一)、『寄席紳士録』(一九七七)、『落語鑑賞』上下(一九七六)/**一色次郎**『左手の日記』(一九七五)/**伊藤整**『裁判』上下(一九七八)/**宇野信夫**『こ話百選 おわらい帖』(一九八五)、『昔も今も笑いのタネ本』(一九八五）／**江國滋**『落語手帖』（一九八二）、『落語美学』（一九八二）、『落語無学』（一九八二）／**岡本一平**『紙上世界漫画漫遊』（一九八三）、『へぼ胡瓜・どじょう地獄』（一九八二）／**興津要**『江戸小咄女百態』（一九八六）、『江戸小咄散歩』（一九八五）、『恋しき落語家たち』（一九八五）、『落語家　懐かしき人たち』（一九八六）／**尾崎一雄**『楠ノ木の箱』（一九七七）、『まぼろしの記』（一九七五）、『懶い春・霖雨』（一九七六）、『芳兵衛物語』（一九七六）／**葛西善蔵**『椎の若葉・湖畔手記』（一九七六）／**桂文楽**『あばらかべっそん』（一九八〇）／**木山捷平**『大陸の細道』（一九七七）、『茶の木・去年今年』（一九七七）、『耳学問・尋三の春』（一九七七）／**小島政二郎**『円朝』上下（一九七八）／**後藤明生**『関係』（一九七五）／**小山清**『落穂拾い・雪の宿』（一九七五）／**坂上弘**『ある秋の出来事』（一九七四）、『遅い帰りの道で』（一九七八）／**三遊亭圓生**『浮世に言い忘れたこと』（一九八五）、『書きかけの自伝』（一九八五）／**三遊亭金馬**『浮世断語』（一九八一）／**椎名麟三**『愛について』（一九七七）、『赤い孤独者』（一九七六）、『運河』（一九七六）、『邂逅』（一九七六）、『神の道化師』（一九七七）、『摩周湖・海豹』（一九七五）／**長谷川四郎**『シベリヤ物語』（一九七四）／**八木義徳**『女』（一九七七）、『摩周湖・海豹』（一九七五）／**柳家小さん**『小さん落語集』（一九八七）／**山川方夫**『安南の王子・その一年』（一九七三）

文學漫談・その三

絶版文庫による文學入門・下

●——二〇〇一年　品切れとなればこっちのもの

●——二〇〇三年　中公文庫「海」産物物語

●——二〇〇五年　均一VS赤貧「文庫はじめて」物語

中入　文庫で味わう新・文學一〇冊

岡崎――ここからは**二〇〇〇年代に入ってから**の対談の再録。最初は『彷書月刊』(彷徨舍)から依頼されて、二人でやった対談。たしか、坪内祐三さんが企画してくれた、と聞く。あの二人に喋ってもらうと面白いよ、って。

山本――ありがたい話やな。初めて、よそから依頼されて喋ったわけやから。

岡崎――それまでは、頼まれもせんのに、勝手に喋ってた。

山本――そう(笑)。**講談社文芸文庫**のことが、やっぱり気になってたんやなあ。品切れが出始めた、ということを大げさに喋ってる。

岡崎――二〇〇八年現在で、全体の三分の一はもう品切れと違うかな。

山本――渋い作品が多いので、リクエスト復刊を続けて欲しい。応募者プレゼント用の特装文庫が古本屋さんの棚に並ぶのが楽しみや。

岡崎――それは何年後の話や。二人とも八〇歳越えてるかも。

山本――文芸文庫のほかにも、徳間文庫や集英社文庫にも触れているが、いま、さらに品切れが増えたわけやが、それぞれいい文庫を出していたなあ。

岡崎――八〇年代の初めぐらいまで、いわば**文庫はみんな文芸文庫**やった。いまでも、古本屋でこのあたりの文庫を見つけると、持っていても欲しくなる。そういう意味で、新潮文庫には文芸文庫の香りが残っている。リチャード・ブローティガンを文庫に入れたりするやろ（『アメリカの鱒釣り』二〇〇五年、『芝生の復讐』二〇〇八年）。ときどき、おっ！　とうれしくなるものを出す。

山本――新潮文庫は値段も安くおさえてるし、カバーを変えたり、字を大きくしたり、応募マークで景品くれたり、と。つい買ってしまうようになってる。

岡崎――新潮文庫が「Ｙｏｎｄａ？」という、パンダをキャラクターにしたキャンペーンを始めて、もうどれくらいになるか。カバーのマークを切り取って集めたら、もれなくプレゼントがもらえる。これ、ぼくは相当集めたな。ほとんどの景品、うちにあるよ。文豪の顔が付いた時計なんか、六、七本ある。

山本――そんなに集めてどうするんや。腕は二本やぞ。

岡崎――腕は二本、って、はめるのは一本やろ。まあ、いいわ。とにかく、新潮文庫は、買ったらすぐに忘れんうちに、あの三角マークを切る。古本屋で買うときも、意識してマークが残ってるのを選ぶ。たまに前の持ち主が切ってたら、「何をするんや！」と腹が立つ。

山本――また、わけの分からんことを。前の持ち主は、自分のものやから、どうしようと自由やろ……って、実はぼくも同じで、切ってたら腹が立つけど。

岡崎――なんや、一緒やないか！　おあとがよろしいようで。

二〇〇一年　品切れとなればこっちのもの

（『彷書月刊』彷徨舎、二〇〇一年七月号／山本善行『古本泣き笑い日記』青弓社、二〇〇二年所収）［　］内は二〇〇八年時点での注です。

岡崎――講談社文庫の文庫判型の情報誌『IN・POCKET』で調べたら、現在出ている文庫、定期的にという条件を付けてやけど、だいたい一〇〇種あって、五十数社から出てる。特に二〇〇〇年は第六次になるのかな、文庫ブームで、岩波現代、学研M、新潮OH！、文春PLUS、日経ビジネスなど大物がラッシュで参画した。

山本――しかし、それほど魅力のある文庫はなかったな。岩波現代にちょっと食指が動く程度。似たような文庫が多すぎるんや。

岡崎――そんないきなり（笑）。

山本――結局、それで文庫の棚がキツくなって、品切れが増えるだけやと考えたら、文庫の種類が増えるのはあまり歓迎できない。

岡崎――たしかに、いまや文庫の新刊が一日約二〇点。ものすごいことになってる。ぼくは数誌で文庫の新刊紹介をしてるから、まあプロと言わせてもらってええと思うけど、それでもとても追いきれへん。

山本――一〇〇種類もあったらな。ぼくらが文庫と熱心に付き合い始めた一九七〇年代には、せいぜい三〇種類ぐらいしかなかったんちゃうか。文庫をもってる各社の新刊出版点数もいまほど多くなかったし。新刊と言うてもあまり宣伝もしてなかったように思うな。それが、いまや一日二〇点も出てれば、品切れが多くなるのはあたりまえやな。

岡崎――新刊が出てから品切れになるスピードも早まってる気がする。文庫の新刊を平台に平積みするというのも、昔はなかった。これも角川文庫の横溝正史、森村誠一あたりからかな。

山本――岡崎が同人誌『ＡＲＥ』（第七号、ＡＲＥＰＲＥＳＳ、一九九六年一二月二五日号）で、講談社文芸文庫の橋中雄二さんにインタビューしてたけど、あのなかで、講談社文芸文庫は品切れを出さない方針だと言うてた。ただし刊行点数が五〇〇点を超えたら分からない、とも言うてたけど、そのあと橋中さんが講談社を辞められて、五〇〇点を超えたところで、最新目録を見たらやっぱり品切れが出始めてるな。

岡崎――「講談社文芸文庫ついに品切れ！」って、これは近年の文芸におけるトップニュースや。

山本――『群像』は自社やからまずいけど、『文學界』が特集組んでもおかしくなかった。二〇〇〇年一一月の目録で見ると、磯田光一『鹿鳴館の系譜』(講談社文芸文庫、一九九一年)、『萩原朔太郎』(講談社文芸文庫、一九九三年)、江口渙『わが文学半生紀』(講談社文芸文庫、一九九五年)、河盛好蔵『河岸の古本屋』(講談社文芸文庫、一九九四年)、小林勇『彼岸花』(講談社文芸文庫、一九九二年)、『惜櫟荘主人』(講談社文芸文庫、一九九三年)、齋藤磯雄『近代フランス詩集』(講談社文芸文庫、一九九五年)、中野重治『新編 沓掛筆記』(講談社文芸文庫、一九九四年)、花田清輝が『もう一つの修羅』(講談社文芸文庫、一九九一年)ほか五点、長谷川四郎『ベルリン一九六〇』(講談社文芸文庫、一九九二年)などが品切れになった。ほか、たくさんあるけど、いずれも、なくなってみて知る講談社文芸文庫のありがたさ。

岡崎――さればとて墓に布団も着せられずやな。小津安二郎『東京物語』、大坂志郎のセリフより。

山本――誰がそんな余計なこと言え、言うてんねん(笑)。しかし、まあ講談社文芸文庫は一回でも世に出してくれてよかった、というものが多い。おつとめご苦労さん、という感じやな。新刊書店でも置いてるとこ少ないもんな。

岡崎——文庫出版で言うたら、ぼくの感じでは、新刊で平台に並ぶわな。そのとき手に入れそこなったら、次の月に、前の月に出た新刊がもう書店では手に入りにくいという実感がある。とにかく、書店での滞在時間が短い。座布団の温まるヒマがない。古本屋の文庫棚を眺めてて、へえ、こんな文庫も出てたのかと初めて思う人が多いんやないかな。

山本——地下出版やな。だから、文庫の性格が大きく変質した以上、昔と比較して、昔の出版社のあり方が良心的やったどうのこうの言うのもナンセンスとちゃうかな。講談社文芸文庫みたいに、作品を吟味して定価を高く付けて残すというのもひとつのやり方やと思う。ちょっと高すぎる気もするけど。

品切れ書目を記載した目録

岡崎——そしたら、できるだけそれぞれ手持ちの品切れ絶版文庫のなかからこれぞ、というものを挙げながら喋っていこか。方針としては、日本のものに限る。それも過去に出てた文庫、旺文社、創元、河出市民とかは避ける。岩波、新潮、角川もちょっと膨大すぎて今回は見送る。

山本――おいおい、見送ってばっかりやな。頼むで。

岡崎――ミステリ、SFも除外する。いや、そうでないとぼくらは話ができない。ミステリ、SFはケタはずれのマニアがたくさんいるから、下手に触るとやけどする。文庫のことでやけどはしたないなあ。しかし、二人でこれやりだしたら、それだけで一冊本ができる［それが本書というわけ］。

山本――『別冊彷書月刊』。さっきの講談社文芸文庫の目録がそうやけど、品切れ書目を載せてる目録あるな、その話からしよか。「講談社学術文庫目録」なんかそうやな。整理番号の一番からすべて刊行した書目を載せて、星印で品切れ指定をしてる。これ、ありがたいなあ。この品切れリストのところを風呂のなかで読むのが好きや。趣味と言ってもいい。

岡崎――どんな趣味や。講談社学術文庫で言うたら、最近、杉山茂丸の『百魔』上下（一九八八年）が出てるのに品切れリストで気がついて、このところずっと探してる。やっと「上」だけ見つかった。

山本――杉山茂丸と言うたら、夢野久作の父親やろ。たしか『百魔』は、由良《ゆら》君美《きみよし》が解説を書いてた。その由良君美の『言語文化のフロンティア』（講談社学術文庫、一九八六年）も品切れ。

岡崎――星新一が『明治の人物誌』（新潮社、一九七八年／新潮文庫、一九九八年）で杉山のこと書いてるんや。そのなかに『百魔』も出てきて、読みたいと思ってた。それが講談社学術文庫に入ってるとは思わんかった。

山本――そういうこと、よくあるな。ぼくは講談社学術文庫で言えば、庄司浅水『書物の敵』（一九九〇年）とか、保田與重郎『日本の橋』（一九九〇年）、佐藤春夫『打出の小槌』（一九九〇年）、それに森銑三／柴田宵曲／池田孝次郎『日本人の笑』（一九九〇年）なんかが品切れでは気になる。それと矢島渚男『白雄《しらお》の秀句』（一九九一年）な。江戸後期の俳人やけど、蕪村ばっかりもてはやされて、白雄のこと言う人少ない。この本なんか、もとは角川から出てるけど（角川書店、一九七七年）、文庫で出るとしたら講談社学術しか考えられない。槌田満文『名作365日』（一九八二年）は、一年を、毎日、その日にちなんだ文学作品を選んで解説した労作やけど、ぼくの好きな上林暁の作品が七つも入ってる。

岡崎――森銑三は『伝記文学　初雁』（講談社学術文庫、一九八九年）、『近世人物夜話』（講談社文庫、一九七三年／講談社学術文庫、一九八九年）も品切れや。講談社学術文庫はもう二千点くらいになるのかな。これ、全部揃うとちょっとした蔵書になるな。あと、見ていくと、買いそこなったけど、欲しいものがいっぱいある。たしかに、リスト見てるだけでむずむずしてくる。品切れリストは現代教養文庫〔二〇〇二年廃刊〕、河出、ちくまも載せてるな。品切れを載せても出版社にはメリットないんや。品切れ・絶版は版元としては恥部と言うてもいい。あまりおおやけにしたくない。しかし、これを載せるの大事やな。ああ、この文庫はこんなんも出してたかって分かる。広い目で見たら読書の啓蒙になると思うよ。

山本――たしかに一般の読者は、書店で並んでいるのがすべてと思ってる人が多いやろな。非常に狭い範囲で読書をしてる。古本屋へ足を運ぶ人はごく一部やしな。

岡崎――これからは出版社も目先のことだけ考えてたらダメちゃうか。遠い将来のことを見据えて……。

山本――岡崎から、そんな建設的な意見聞けるとは思ってなかったな。中間テストの試験勉強もしたことなかったやないか。

岡崎――うるさいわ(笑)。ぼくが言いたいのは、目録の品切れ書目から読者の復刊希望が多ければ復刊するとか、ありうるやろ。新潮がいま毎月、少しずつ復刊しているな。赤瀬川原平『櫻画報大全』も復刊された(新潮文庫、一九八五年)。二五〇〇円くらい付けてる古本屋があったけど。

山本――「徳間文庫目録」も品切れリストをかつては載せてた。徳間なんか、いまは買うえば、山下洋輔『ピアノ弾きよじれ旅』（一九八〇年）、『ピアノ弾き翔んだ』（一九八一年）、『風雲ジャズ帖』（一九八二年）、渡辺貞夫『ぼく自身のためのジャズ』（一九八五年）などジャズもの。常盤新平『マフィア経由アメリカ行』（一九八三年）、細野晴臣『地平線の階段』（一九八五年）、『レコード・プロデューサーはスーパーマンをめざす』（一九八四年）とか。細野晴臣なんか、いま探すとしたらけっこうむずかしい。

ことないけど、一九八〇年代にはけっこうええの出してた。後半には消えていくけど。例

岡崎——ぼくの専門の演芸ものもけっこう出してる。横山やすし『まいど！横山です——ど根性漫才記』（徳間文庫、一九八一年）は発禁本や。はかま満緒『はかま満緒のコント笑話史』（徳間文庫、一九八三年）、これは戦後笑芸史の珍品。小沢昭一『雑談にっぽん色里誌』（徳間文庫、一九八五年／「芸人編」「仕掛人編」、ちくま文庫、二〇〇四年）。藤本義一『馬鹿ばかしい咄』（徳間文庫、一九八六年）、これは花月亭九里丸をモデルにした芸人もの。それから竹中労！『聞書アラカン一代』（徳間文庫、一九八五年）も徳間が最初に文庫にした。これは『鞍馬天狗のおじさんは』のタイトルで、ちくま文庫に移籍（一九九二年）。そう言うたら、なんかこのころの徳間はちくま文庫みたいやな。よう考えたら、とくま、ちくま一字違いや（笑）。

山本——徳間は田村隆一も出してたんや。『鳥と人間と植物たち——詩人の日記』(一九八一年)、『ぼくの性的経験』(一九八二年)、『ぼくの東京』(一九八八年)、『殺人は面白い——僕のミステリ・マップ』(一九九一年)。これは編集部に田村のファンがいたんやろ。『ぼくの東京』は『半七捕物帳を歩く——ぼくの東京遊覧』とタイトル変わって朝日文庫から出てる(一九九一年)。田村は集英社文庫からも出てたな。『インド酔夢行』(一九八一年)、『小さな島からの手紙』(一九八三年)、『ぼくの憂き世風呂』(一九八八年)。『インド酔夢行』は紀行エッセイの傑作。運転は年下の友人にまかせて、酒ばっかり飲んでる。こんなにアクティブでない紀行は珍しい。

岡崎——集英社文庫も性格ががらっと変わった文庫のひとつやな。『すばる』が文芸誌として光り輝いてた時期に……。

山本——なんや、いまは違うみたいやないか。

岡崎——これ山本が言うたことにしとくわ。

山本——なんでやねん(笑)。

岡崎——いちいち書名は挙げへんけど、阿部昭、石川淳、円地文子、大岡昇平、小川国夫、金井美恵子、串田孫一、黒井千次、後藤明生、坂上弘、芝木好子、島尾敏雄、田久保英夫、辻邦生、津島佑子、富岡多恵子、中上健次、野呂邦暢、長谷川四郎、古井由吉、堀田善衞、三浦哲郎、三木卓、森内俊雄、吉田健一、吉行淳之介、和田芳恵。これが一九八四年の解説目録から拾った人名。

山本――錚々たるもんやな。いまの集英社文庫にはほとんど残ってない。一九八〇年代が内向の世代の円熟期であることがよく分かる。

岡崎――文庫解説目録で見る文学史。どうもこうして見ていくと、一九八〇年代半ばから文庫業界、ひいては出版業界に地殻変動が起こってる感じやな。角川文庫の横溝ブームで文庫の性格が変わる。それまで文庫ってそんなにめちゃくちゃ売れるもんやなかった。地道に書店の棚で在庫を売っていく。宣伝にもあまりお金をかけない。平台に平積みなんて考えられなかった。それが売れるとなったら眼の色が変わった。

山本――玉村豊男が『エッセイスト』（朝日新聞社、一九九五年／中公文庫、一九九七年）という自伝的エッセイのなかで、自分の著作が『パリ旅の雑学ノート――カフェ／舗道／メトロ』（新潮文庫、一九八三年）をはじめ、一挙に五冊も文庫化されたのが一九八三年と言ってる。これが八〇年代に文庫の地殻変動があったことのひとつの証言やな。既刊の新刊単行本が草刈り場になって、次々と文庫化されて、それまでの在庫が品切れになっていく。

中公文庫品切れは名作逸品の宝庫

山本――品切れ絶版はすべて買え、と言いたいのが中公文庫。中公の品切れ・絶版を全部揃えたら、それだけでちょっとした蔵書ができる。中公文庫に関しては、あの坪内祐三さんが、あの『ノーサイド』の「黄金の読書」特集（一九九四年一二月号）ですばらしいオマージュを書いている。

岡崎――あれはわれわれのあいだで大騒ぎになった。

山本――中公文庫の魅力の急所を突いたって感じやった。勝手に新刊で出すリスト（「夢からうつつか幻の中公文庫の50冊」）をつくったり〔坪内祐三『シブい本』文藝春秋、一九九七年に収録〕。やってるやってるって感じ。中公は出久根達郎さんも、古本屋のライバルとか書いてたな〔『中公文庫解説総目録1973～2006』中公文庫、二〇〇六年に「古本屋殺し」の文章も寄せられている〕。古本屋さんが好きそうな文庫とも言える。それだけに品切れになったら値上がり必至文庫と言ってもいい。古本屋でもあまり見ることないしな。だから、すでに持っててても古本屋で見つけるとつい買ってしまう。四、五冊は持ってるものもある。

岡崎――そんなに買い占めてどうすんねん。と、言いながらぼくも海野弘『モダン都市東京』（中公文庫、一九八八・二〇〇七年）は五冊持ってる。青山二郎『眼の引越』（中公文庫、一九八二・二〇〇六年）はまだ三冊。

山本――「まだ」って（笑）。

岡崎――一〇冊はないと安心できひん。ぼくは、中公文庫の目録はたぶんこれが一番最初のものやと思うけど、一九七四年の六月のものから、だいたい毎年のものを持ってる。七四年の目録は珍品。表紙が風吹ジュン（笑）。中公文庫になった『日本の歴史』（全二六巻、中公文庫、一九七三〜一九七四年）を持ってニッコリ。

山本――芸能界で一番中公文庫を読みそうもなかったけど。いまなら読むかな。武田百合子の『富士日記』（上中下、中公文庫、一九八一・一九九七年）とか。

岡崎――それから、毎年着実に増えていって、しかも一九九二年までは一部を除いて品切れがない。これ、すごいことやった。九三年から荷崩れ起こして、あとは雪崩のごとく在庫が葬り去られていく。それから毎年、新しい目録が出るたび、九三年目録に消えたものをチェックしているけど。

山本――ご苦労なこっちゃな。だれに頼まれたかしらんけど。

岡崎――だれが頼むねん（笑）。品切れは目分量で一九九三年時に出ていたもの（約一六〇〇点）で、現在も出ているのは約二割。八割は品切れ・絶版になってる。これは角川、新潮、講談社、集英社、文春も、そんなに事情は大きく変わらないと思う。この一〇年で半分くらいは入れ代わってるんちゃうかな。

山本――中公文庫品切れの最新情報としては……。

岡崎――はい、テレビの前の奥さんメモ、メモ（笑）。

山本――生方敏郎『明治大正見聞史』（中公文庫、一九七八年／中公文庫BIBLIO、二〇〇五年）がついに品切れに！［二〇〇五年改版版発行により、二〇〇八年現在新品入手可能］長らく残ってたけどな。ついに力尽きたか。岸壁に指先だけひっかけて踏ん張ってた感じやな。塩野七生『海の都の物語』上下（中公文庫、一九八九年）、子母沢寛『味覚極楽』（中公文庫、一九八三年／中公文庫BIBLIO、二〇〇四年）［二〇〇八年現在新品入手可能］、辻邦生の総題『ある生涯の七つの場所』全七冊（中公文庫、一九九二～一九九三年）、水木しげる『怪感旅行』（中公文庫、二〇〇一年）［二〇〇八年現在新品入手可能］、淀川長治『淀川長治自伝』（中公文庫、一九八八年）なんかも二〇〇一年の目録で消えた。そんななかで、松村緑編『石上露子集』（中公文庫、一九九四年）が消えてないのは奇跡やな［二〇〇八年現在品切れ］。これまでの分で言うと、たくさんありすぎるけど。ほんの一部だけ参考のためにまとめてみると……

青山二郎『眼の引越』(一九八二・二〇〇六年)
安藤更生『銀座細見』(一九七七年)
稲垣浩『ひげとちょんまげ』(一九八一年)
伊馬春部『櫻桃の記』(一九八一年)
宇野浩二『芥川龍之介』(一九七五年)
内田百閒『東京焼盡』(一九七八・二〇〇四年)〔二〇〇八年現在新品入手可能。ちくま文庫、二〇〇四年版もある〕
海野弘『モダン都市東京』(一九八八・二〇〇七年)〔二〇〇八年現在新品入手可能〕
大庭柯公『江戸団扇』(一九八八年)
岡茂雄『本屋風情』(一九八三年)
鏑木清方『こしかたの記』正続(一九七七年)
唐十郎『下谷万年町物語』(一九八三年)
河盛好蔵『回想の本棚』(一九八二年)
車谷弘『銀座の柳』(一九八九年)
小村雪岱『日本橋檜物町』(一九九〇年)〔平凡社ライブラリー、二〇〇六年版もある〕

堺利彦『堺利彦伝』（一九七八年）
塩谷賛『幸田露伴』全四冊（一九七七年）
柴田流星『残されたる江戸』（一九九〇年）
武井武雄『本とその周辺』（一九七五・二〇〇六年）
田中小実昌『イザベラね』（一九八四年）、『ポロポロ』（一九八二年）［河出文庫、二〇〇四年版もある］
谷沢永一『大正期の文藝評論』（一九九〇年）
角田喜久雄『黒岳の魔人』（一九八三・二〇〇七年）、『神変白雲城』（一九九三年）
徳川義親『じゃがたら紀行』（一九八〇年）
中川一政『腹の虫』（一九八七年）、『モンマルトルの空の月』（中公文庫、一九八八年）、『うちには猛犬がいる』（中公文庫、一九八八年）、『裸の字』（中公文庫、一九九〇年）
中野重治『愛しき者へ』上下（一九八七年）
中村真一郎『頼山陽とその時代』全三冊（一九七六〜一九七七年）
中村光夫『戦争まで』（一九八二年）、『今はむかし』（一九八一年）、『憂しと見し世』（一九八二年）
野口冨士男『私のなかの東京』（一九八九年）［岩波現代文庫、二〇〇七年版もある］、『わが荷風』（一九八四年）［講談社文芸文庫、二〇〇二年版もある］

野村無名庵『落語通談』（一九八二年）、『本朝話人伝』（一九八三年／中公文庫ＢＩＢＬＩＯ、二〇〇五年）［二〇〇八年現在新品入手可能］
藤澤桓夫『大阪自叙伝』（一九八一年）
福田恆存『作家の態度』（一九八一年）、『藝術とは何か』（一九七七年）
正宗白鳥『今年の秋』（一九八〇年）、『思い出すままに』（一九八二年）
松崎天民『銀座』（一九九二年）
宮尾しげを『旅に拾った話』（一九九〇年）
森銑三『思い出すことども』（一九九〇年）
吉田健一『書架記』（一九八二年）、『東京の昔』（一九七六年）、『瓦礫の中』（一九七七年）
山本笑月『明治世相百話』（一九八三年／中公文庫ＢＩＢＬＩＯ、二〇〇五年）［二〇〇八年現在新品入手可能］

岡崎――このリスト見て、特に言いたいことあったらコメントして。

山本――小村雪岱『日本橋檜物町』や吉田健一『書架記』はさすがに見ないなあ。すでに古書値付いてる。『日本橋檜物町』は一五〇〇円付いてるの見たことある。『書架記』は「ふるほん文庫やさん」のネットオークションにかかって、五一〇〇円付いたそうや。親本でも二、三千円やろ。親本は栃折久美子の革装箱入りのええ本や。

岡崎——坪内さんも『ノーサイド』で言うてたけど、モダン都市のガイド・都市論、ジャーナリスト・出版人の回想とか、まったく中公の独壇場って感じやったな。だからなくなったら空いた穴は大きい。

山本——そう言うたら、坪内さんがあそこで挙げた作品はだいたい品切れになってるんちゃうか。やっぱり先見の明があるよ。人の家の本棚見て、文庫の話やけど、中公文庫の量を見て読書家のレベルを測るってとこない？

岡崎——あるなあ。中公文庫係数。また、あの昔の背の肌色が揃うとなんともええんや（現在は作家別に色分け）。

山本——なんか、岡崎が言うとやらしく聞こえるぞ（笑）。そう言うたら、講談社学術の紺、中公の肌色、岩波もほぼ同色の肌色、ちくまの黄色と背の色が統一されている文庫が面白いな。講談社文庫も昔は日本文学の背が白やった。大きなボドニマークが付いててな。

岡崎——あのシダの葉みたいなやつな。デザインは亀倉雄策やったかな。

山本——いまだに、古本屋でボドニマークを見つけるとハッとするよ。あのマーク目立つんや。中村光夫『二葉亭四迷伝』（講談社文庫、一九七六年）、富士正晴『贋・久坂葉子伝』（講談社文庫、一九八〇年）とかな。

岡崎――そら特殊やなあ。病気やで、そこまでいくと。なんやったら、腕に入れ墨したらどうや、ボドニマークを（笑）。

河出は小川国夫『温かい髪』

山本――福武がベネッセに社名変更して、福武文庫を廃刊するやろ（一九九八年一二月）。つまりすべて絶版になる。河出も目録に品切れを載せてるけど、やっぱり多いなあ。このふたつはマイナー文庫としてイメージ重なる部分もあるけど、どうやろ。ええのん出してるだけに、品切れも捨てがたいものばっかりやな。

岡崎――中公、ちくまなどと並んで、古本屋にもあまり置いてない文庫グループやな。新古本屋でも、これらは作家別にせず、文庫別で固めてる。だから、まず見に行くのがこの文庫別の棚やな。

山本――おれもそうや。まず、岩波、中公、ちくま、河出、福武、講談社文芸、講談社学術なんかの棚を見るな。しかし、珍しいものはめったにない。植草甚一の河出文庫から出てた二冊の『ジャズ・エッセイ』、「バップ時代のジャズ・レヴォリューション」「僕の好きなニュー・ジャズの巨人たち」(一九八三年)なんか、すでに持ってるのに行くたび探す。ちくま文庫から一巻本にしたらどうかな。

岡崎——いま植草さんは、文庫では双葉文庫から『ミステリの原稿は夜中に徹夜で書こう』(「日本推理作家協会賞受賞作全集」39、双葉文庫、一九九七年)が出てるだけか。古本屋で気づいたけど、いま植草甚一の本、けっこう値が付いてるんや。それに連動して久保田二郎まで高くなってる。

山本——久保田二郎は角川文庫から出てた。『手のうちはいつもフルハウス』(一九八五年)、『最後の二十五セントまで』(一九八五年)、『そして天使は歌う』(一九八六年)、これだけは小説で『鎌倉幕府のビッグ・ウェンズデー』(一九八六年)。一九八七年目録では出揃ってて、八九年目録では消えてる。バブルや。片岡義男も同じくらい角川から消えたかな。

岡崎——これから若い人たちは探しがいがあるな。

山本——おまえは笠智衆か(笑)。

岡崎——河出では、けっこうアンソロジーで面白いのが出てた。種村季弘編の『ドラキュラドラキュラ』(一九八六年)、『日本怪談集』上下(一九八九年)、『ドイツ怪談集』(一九八八年)

とか、「横浜」(『横浜ミステリー傑作選』一九八六年)、「神戸」(『神戸ミステリー傑作選』一九八六年)、

「仙台」(『仙台ミステリー傑作選』一九八七年)とか地域別のミステリーアンソロジーもユニークやった。

山本――種村季弘は自身の著作もコレクションという作品集のかたちで出てたけど全滅。

『吸血鬼幻想』(河出文庫、一九八三年)、『アナクロニズム』(河出文庫、一九八五年)、『ぺてん師列伝』(河出文庫、一九八六年/岩波現代文庫、二〇〇三年)、『怪物の解剖学』(河出文庫、一九八七年)、『悪魔礼拝』(河出文庫、一九八八年)があった。ちくま文庫も消えてるし、残念やな〔ちくま文庫の種村季弘ラインナップは『食物漫遊記』一九八五年、『書物漫遊記』一九八六年、『贋物漫遊記』一九八九年、『迷信博覧会』一九九一年、『好物漫遊記』一九九二年。二〇〇八年現在、『迷信』『好物』は品切れ〕。

岡崎――あと、河出でぜひ探して欲しいのが小川国夫の『温かな髪』(一九八一年)。小川の女性小説を集めたオリジナルのアンソロジーやけど、なかに八点、司修のカラー挿絵が入ってる。文庫やけど豪華。

山本――何冊持ってんねん?

岡崎――まだ三冊(笑)。

山本――その「まだ」言うのやめられんか。しかし、たしかに本文だけやなく、ヴィジュ

アルで品切れ文庫を探すことあるな。文庫カバーも魅力やろ。カバーが変わって、いままでも出てる、もしくは他の文庫に移った場合でも、元のカバーを探すってことあるもんな。河出がしょっちゅうカバー変えてくれるけど、だいたい前のほうがええんちゃうか。稲垣足穂もいまは背が統一されて、カバーも変わったけど、ぜったい元のほうがよかった［『キタマキニカリス』1・2旧版一九八六年・新装版一九九八年、『宇宙論入門』旧版一九八六年・新装版一九九九年、『A感覚とV感覚』旧版一九八七年・新装版一九九九年、『少年愛の美学』旧版一九八六年・新装版一九九九年、『弥勒』旧版一九八七年・新装版一九九九年］。

岡崎――早川タケジのイラストを全面に使ったのな。お客さんもそのことよう知ってて、元のを探してると聞く。

山本――「お客さん」て、おまえは商売人か。古本屋では、別格という感じで、足穂の河出旧版は高い。初版と書いてる古本屋もある。初版て！　河出の稲垣足穂は品切れも出てる。『ヒコーキ野郎たち』（一九八六年）、『天体嗜好症』（一九八八年）、『ヴァニラとマニラ』（一九九〇年）、『彼等（they）』（一九九一年）、『東京遁走曲』（一九九一年）、『南方熊楠児談義』（一九九二年）とかな［二〇〇八年現在、『キタマキニカリス』2と『A感覚とV感覚』以外品切れ］。

福武のしおりヒモは切るな！

岡崎——小林麻美『ブルーグレイの夜明け』(河出文庫、一九八四年)も入れといて(笑)。福武文庫が廃刊になるというのは、「ふるほん文庫やさん」から聞いた。興奮してたけどな。

山本——もう、こっちのもんやという感じかな。

岡崎——じつはぼくもちょっとうれしい。これ、変な感じやな。品切れになったら古本ということかな。

山本——やっぱり、手に入りにくいのを探す、手に入れるという喜びやろな。狩猟意識というか、マニア魂というか。福武は、青木正美『古本屋四十年』(一九九二年)、紀田順一郎『新版 古書街を歩く』(一九九二年)、城市郎『発禁本』(一九九一年)、『発禁本 続』(一九九一年)とか、『彷書月刊』の読者向きの本が文庫化されてたな。

岡崎——どうもどうも、お気づかいくださいまして、編集長になりかわり、お礼申し上げます(笑)。井伏鱒二の『文士の風貌』(福武文庫、一九九三年)や、清水きん『夫 山本周五郎』(福武文庫、一九八八年)、辰野隆『フランス革命夜話』(福武文庫、一九八九年)、牧野信一『バラルダ物語』(福武文庫、一九九〇年)、安岡章太郎『小説家の小説家論』(一九八六年)なんかもシブかった。

山本――澁澤龍彦と言えば、河出文庫みたいになってるけど、福武から出てた『偏愛的作家論』（一九八六年）とかよかったな。あとで河出文庫（一九九七年）に移るけど。また、福武は字が大きくて、紙もつるつるしてなくてよかったんや。それにしおりヒモな。澁澤さんのは紺と銀色か。あれ、ええんや。

岡崎――ＢＯＯＫＯＦＦで買ったら切れてることない？

山本――あるある。あれ、機械で三方削るからやろ。むちゃするなあ。新潮と福武は天を削るべからず、ってマニュアルに書けっちゅうねん。

岡崎――忍びこんで書き足したろか（笑）。

山本――五〇〇店以上あるぞ［二〇〇八年現在八九三店］。警察に捕まったら、なんて言い訳するねん。しかし、あの削る機械は欲しいな。あれだけ、盗んできてくれるか。

岡崎――捕まったとき、なんて言いわけするんや（笑）。ちくま文庫の話もしたかったけど。これもたくさん品切れがある。ちくまの品切れだけで新しい文庫つくりたいくらいや。

山本――どんな文庫や（笑）。それにしてもちくま文庫の色川武大『唄えば天国ジャズソング』（一九九〇年）は古本屋でも見いひんなあ。あれ、ほんまに出たんか？

岡崎——そんなこと疑うなよ。そう言うたら池内紀『地球の上に朝がくる』（ちくま文庫、一九九二年）も見いひんなあ。

山本——な、出たかどうか疑うやろ。

岡崎——いや、おれは疑ってないよ。小林信彦のシリーズ『コラムは歌う』（ちくま文庫、一九八九年）、『コラムは踊る』（ちくま文庫、一九八九年）、『コラムは笑う』（ちくま文庫、一九九二年）も品切れやし［同シリーズの『コラムは誘う』は新潮文庫、二〇〇三年。こちらも二〇〇八年現在品切れ］。

山本——吉田健一訳、イーヴリン・ウォー『ブライヅヘッドふたたび』（ちくま文庫、一九九〇年）も見いひんなあ、ほんまに出たんか？

岡崎——まだ言うか！

二〇〇三年　中公文庫「海」産物物語

（『ｓｕｍｕｓ』別冊「まるごと一冊中公文庫」ｓｕｍｕｓ、二〇〇三年六月一〇日号所収）

山本――今日は岡崎に、ええ話をもってきたんや。

岡崎――なんや珍しいやないか。よっぽどええ話やろな。頼むで。忙しいんやからな。

山本――あのなあ、中公文庫の話やけど、桐生悠々の『畜生道の地球』（一九八九・二〇〇六年）ってあるやろ。あれ、カバー違いがあるのや。

岡崎――なんやそれ、それのどこがええ話やねん！　それに、カバーの違うのって別に珍しないやないか。井伏鱒二の『珍品堂主人』（中公文庫、一九六一・一九七七年）とか、北大路魯山人の『魯山人味道』（中公文庫、一九八〇・一九九五年）とか、いっぱいあるやないか。

山本――まあ、最後まで聞いてえな。改訂のときや増刷のときやないのや。同じ発行日なのにカバー違うのあるんや。原稿にも書いたから『ｓｕｍｕｓ』別冊「まるごと一冊中公文庫」に収録の「四天王寺べんてんさんで中公文庫を探す」）、あんまり詳しく言えんのやけどな。

岡崎——ちょっと見せてみ。なんやバーコードを入れるために絵を取っただけやないか。

山本——そんな子どもの夢こわすようなこと言うなよ。

岡崎——だれが子どもやねん。でもたしかにこの絵のあるほうも欲しなるな。まさか、ええ話それだけやないやろうな。

山本——なんでやねん。まだまだあるで。それで調べたらな、なんと青木文教の『西蔵遊記』（中公文庫、一九九〇年）もカバー違いがあったのや。

岡崎——もう五十に手が届くおっさんが、そんなこと調べんなよ。

山本——だれが五十やねん（笑）［二〇〇三年当時、四六歳］。

岡崎——まあ、あんまりええ話とは思えんけど、しかしそれは初耳やな。

山本——同じ文庫並べて遊んでて発見したんや。やっぱり、文庫は一冊だけ持っててもあかんな。

岡崎——それはそうやけど、これはほかでは通じん会話やろうなあ。

山本——まあ、ええやないか。吉田健一の『書架記』ないと思ったら、岡崎と山本が買い占めてるらしい、二人で五〇〇冊ぐらい持ってるらしい、とか。

岡崎——ちょっとそれはやりすぎやけど。それはそうと、最近の中公文庫、買ってるか。

山本──「中公文庫BIBLIO」というのんあるやろ。そこから出た、中島敦『南洋通信』（二〇〇一年）を買ったぐらいか。これは、南洋もの、「南島譚」「環礁」と、南洋からの書簡を集めた、文庫オリジナルや。手紙がなんとも言えず、いいなあ。それと海野弘の『プルーストの部屋』上下（中公文庫、二〇〇二年）も新刊で買った。

岡崎──おれも『プルーストの部屋』は欲しいから、無理矢理書評に取り上げることにして、領収書取って買った。

山本──その、領収書の話、いつ聞いても羨ましいなあ。「BIBLIO」はなかに、挟み込んである「ビブリオ通信」も魅力や。徳川夢声の戦争日記が出ると聞いたときは驚いた。それが、抄だったので、それでまたがっかりした（『夢声戦争日記抄』、二〇〇一年）。持ってるから、ええようなもんやけど、なぜか気になってしかたない。

岡崎──中公文庫見てたらな、けっこう文芸誌『海』（中央公論社、一九六九〜一九八四年）の連載が単行本にまとまったものが文庫化されてるな。『海』というのは、いま考えてもすごい文芸誌で、古本屋でも最近、いい値が付いてる。海外文学の特集見ても、そのセンスのよさ、とんがりかたが分かる。そのあたり、中央公論新社では禁句らしいけど（笑）、安原顯の本にくわしい。それで、その『海』から生まれた産物の作品が中公文庫のなかでいい味だしてると、まあ思ったわけや［二〇〇六年、中央公論新社創業一二〇周年記念企画として、『海』からの産物を中心に、中公文庫から『文芸誌「海」子どもの宇宙』『文芸誌「海」精選対談集』『文芸誌「海」精選短篇集』が刊行された］。

山本——海から生まれた産物、ちゅうことは「海産物」やな。

岡崎——うまいなあ（笑）。それは気づかんかったわ。昆布やワカメみたいに、いい味だしてると。しかし、昆布が海のなかでダシが出ないのはナンデダロー。

山本——それはテツ&トモのネタやないか。『海』は古本屋ではゴミあつかいされている文芸誌のなかでも別格の値段が付いてる。

岡崎——中央線の古本屋でも最近、一冊五〇〇円で四〇冊ぐらい並べている店があったけど、こないだ行ったら半分売れてた。千円以上付けてる店もけっこうある。

山本——ぼくは、一〇〇円やったら、目次も丁寧に見るな。いま見ても、『海』の目次は充実してるよ。そう言うたら、『海』の連載が本になって、それがその作家にとって重要な仕事になった例は多いな。武田泰淳『富士』（中央公論社、一九七一年／中公文庫、一九七三年）がそうやろ。担当は村松友視のはずや［村松の『海』編集者時代の回想は『夢の始末書』角川書店、一九八四年／角川文庫、一九九〇年／ちくま文庫、一九九八年が詳しい］。

岡崎——安原顯ことヤスケンの『決定版「編集者」の仕事』（マガジンハウス、一九九九年）によると、この『富士』の連載が、「『海』での最大の収穫」と言ってる。ただ、連載が始まったのが、一九六九年一〇月号となってるけど、ぼくの持ってる『海』発刊記念号によると、六月七日発売創刊号予告に、すでに連載の告知がある。

山本——創刊号には間にあわんかったってことかな。しかし、たしかに武田泰淳と言えば『富士』なわけやから、立派な海産物や。武田百合子『富士日記』（上下、中央公論社、一九七七年／上中下、中公文庫、一九八一・一九九七年）という爆弾も『海』やろ。

岡崎——たしか武田泰淳追悼特集（『海』中央公論社、一九七六年一二月特別号）に、ちょこっと日記が発表されたのかな。それがすごかった。ぼくはこの追悼号で憶えているのは、この武田百合子の日記と庄司薫の追悼文。

山本——『富士日記』は中公文庫の宝のひとつやな。これが品切れになったら、中公文庫離れする人が増えると思う。『犬が星見た』（一九八二年）もそう。水上勉も『宇野浩二伝』（上下、一九七九年）がなかったら、興味半減や。田中小実昌かて『海』に『ポロポロ』を発表（一九七七〜一九七九年）してなかったら、作家としての評価はまるで違ってたと思う。

岡崎——『ポロポロ』（中央公論社、一九七九年／中公文庫、一九八二年／河出文庫、二〇〇四年）は谷崎賞（一九七九年、第一五回）もらってるもんな。同じ谷崎賞受賞作（一九七七年、第一三回）、島尾敏雄の『日の移ろい』（正続、中央公論社、一九七六・一九八六年／中公文庫、一九八九年）の連載を始めるときは、ヤスケンがなぜか当時冬樹社の編集者だった森内俊雄と奄美大島まで会いに行ってる。

山本――島尾ミホに書かせたのも安原顯かな。海産物に話を戻すと、林京子の作品なんか……なんかと言うたらなんやけど（笑）、『海』連載の『上海』が中公文庫に（一九八七年）入ってなかったら、読まずに終わってる。宇野千代『青山二郎の話』（中央公論社、一九八〇年／中公文庫、一九八三・二〇〇四年）も『海』やろ。これも宇野千代でしか書けない、しかも宇野にとっても特別な位置にある作品やとお見受けした。

岡崎――お見受けした、って、あんたは武士か（笑）。小林信彦の『袋小路の休日』（中央公論社、一九八〇年／中公文庫、一九八三年／講談社文芸文庫、二〇〇四年）も、小林のなかでは異色の作品集やろ。私小説っぽくて。あとがきを読んだら、当時編集長やった塙嘉彦さんにいろいろ相談した、って書いてある。この『袋小路の休日』も、あんまり古本屋で見いひんな。

山本――絶版中公文庫ということで、藤沢の古書店・聖智文庫さんが買い占めてるんちゃうか（笑）。吉田健一を忘れたらあかんで。『怪奇な話』（中央公論社、一九七七年／中公文庫、一九八二年)。吉田健一の怪談集。最後の「瀬戸内海」が『海』に載ったのが、一九七七年六月号。三浦雅士が解説に書いてるけど、この年の八月に吉田健一はなあ、死んでるんやあ〜。

岡崎――おい、変な声出すなよ。死んでから書いたら変やけど、晩年に書いたんやったらそれでええやないか。『東京の昔』（中央公論社、一九七四年／中公文庫、一九七六年）も『海』やな。それより海野弘『モダン都市東京』（中央公論社、一九八三年／中公文庫、一九八八・二〇〇七年）を忘れたらあかんがな。

山本――ああ、岡崎が四冊持ってるやつな。

岡崎――いや、五冊。

山本――五冊もかい！　何すんねん、そんなに溜めて。

岡崎――海野さんにインタビューしたとき、「ぼく、『モダン都市東京』は、親本も持ってるし、文庫は五冊持ってます」言うたら、変な顔してたな。

山本――あたりまえや。五冊も持ってくれていて、ありがとう、って礼言うのも変やないか（笑）。

岡崎――それがいまや、一冊ひとにやって、一冊は高円寺の「古本酒場コクテイル」の棚を借りた「岡崎武志堂」で売った。いま三冊しか手元にないから、淋しいて淋しいて……。いや、こないだ『海』のバックナンバー、ぱらぱらめくってたらな、『モダン都市東京』って、連載時のタイトルは「日本の一九二〇年代」やってんな。おしまい。

山本――なんや、終わりかい。五冊持ってるという話で終わったがな。ぼくとしては、『海』の海外文学特集も忘れがたい。レイモンド・カーヴァー特集号（一九八三年五月号）は村上春樹が自分で訳して解説を付けてた。あのときは、まさか日本で全集が出るようなあつかい（1〜8、中央公論社、一九九〇〜二〇〇四年）になるとは思わんかったな。村上春樹訳フィッツジェラルドも、すでに『happy end通信』（ハッピーエンド通信社）で試訳されてるけど（「失われた三時間」、一九八〇年二月号所収）、本格的なのは『海』の特集やった（「一九二〇年代文学への照射1　スコット・フィッツジェラルド：アメリカン・ドリームの崩壊と再生」、一九八〇年一二月号）［のちにこのときの翻訳「氷の宮殿」の生原稿を安原顯が古書店に流出させたとして、村上春樹が抗議した］。

二〇〇五年　均一VS赤貧「文庫はじめて」物語

（『彷書月刊』彷徨舎、二〇〇五年一月号所収）

星新一対ベルグソン

岡崎――文庫において、これが初めてという話はなかなかむずかしいけど、とりあえず、個人的に最初に買った文庫の話でもしよか。ぼくはこれまで何度か書いたり喋ったりしたけど、中二のとき、星新一『ボッコちゃん』新潮文庫（一九七一年）が初めて。善行はどうや。

山本――ぼくはベルグソン『物質と記憶』岩波文庫（一九五三年）、かな。

岡崎――嘘つけ！　親に隠れて『ＰｏｃｋｅｔパンチＯｈ！』（平凡出版、一九六八〜一九七六年）を読んでた人間が、なんでベルグソンやねん。ほんまは何や？

山本――ほんまは、って……ほんまやけどな。しかし、だれが『Ｐｏｃｋｅｔパンチ』や。まあ、ええわ。そしたら二番目は、井上靖『氷壁』新潮文庫（一九六三年）か。

岡崎――二番目ってまだ言うか。しかし『氷壁』は意外やな。ラブシーンでもあったたか。

山本――アホなこと言うな。いや、あったと思うけど（笑）。たぶん井上靖は国語の教科書で『しろばんば』か『あすなろ物語』を読んだんやと思う。だから、井上靖はけっこう、中学から高校にかけて文庫で読んでる。たぶんベルグソンもそのころ。

岡崎――まだ言うか（笑）。ぼくが読んだ『ボッコちゃん』は、カバーと本文イラストが真鍋博、同じ星新一の『きまぐれロボット』角川文庫（一九七二年）は和田誠。けっこう、最初から優れたイラストレーターと出会ってる。

山本――そうやな。どっちもイラストレーターとしてのタイプは全然違うけど、不思議と星新一とうまく合ってた。和田誠はとにかくたくさん文庫のカバーをデザインしている。初めてやったのがハメット『血の収穫』（創元推理文庫、一九五九年）と、マッギヴァーン『最後の審判』（創元推理文庫、一九六二年）。

岡崎――和田誠の『装丁物語』（白水社、一九九七年／白水Uブックス、二〇〇六年）のなかで、ハメットの『血の収穫』はちょっと気取って、題字や文字をカバーの下のほうにデザインしたと言ってる。つまり、まだ文庫カバーに帯がかかっていないころやな。

山本――岩波なんかの色別の帯ではなしに、文庫カバーがあって、その上にわざわざまた帯をかけだしたんはいつごろやろな。

岡崎――正確には分からんけど、昭和四〇年代に、文庫に入った小説がテレビドラマや映画になって、その宣伝用として帯がかかったのは記憶にあるな。あと、講談社文庫にはイラストや写真でデザインされたカバーがしばらくなくて、色だけジャンル別に変えて、統一カバーを使ってた。そのころ、帯に作家の写真が刷られてカバーの代用をしてたの覚えてへん？

山本――そうやったな。吉行淳之介とか安岡章太郎とか遠藤周作な。そうや、あれはいまから考えたらカバーの代わりやな。著者の肖像写真を帯に使った最初やろな、あれは。講談社文庫は、ぼくらが文庫を読み出して、一番最初に創刊と立ち合った文庫、という印象があるけど、あれ、何年の創刊や。

岡崎――講談社文庫は一九七一年、覚え方は「行くな、いまごろ講談社」。

山本――いや、覚え方はいらん。

岡崎――テストに出るぞ（笑）。昭和では四六年の七月やな。一挙六九点が第一回に配本された、と『講談社七十年史 戦後編』（講談社、一九八五年）に書いてある。七月一日にまず五五点、下旬に一四点と分けて出た。最初は一〇〇点を予定してたらしいな。

山本――いや、一〇〇点は無理やろ。六九点でもすごいな。たしか、すごくたくさんいっぺんに出た、という印象はあったけど。講談社文庫で言うと、個人の文庫、文庫で全集みたいなシリーズがあったやろ。森村桂(「森村桂文庫」全三〇巻、一九七二～一九七六年)とか遠藤周作(「遠藤周作文庫」全五一巻、一九七四～一九七八年)とか吉川英治(「吉川英治文庫」全一六一巻、一九七五～一九七七年)な。その後、文庫で全集、というのは中公の折口信夫(「折口信夫全集」全三一巻＋別巻一巻、一九七五～一九七六年)や、旺文社文庫の内田百閒(全三八冊＋平山三郎著一冊、一九七九～一九八四年)や、ちくまでもたくさん出るけど、あの講談社文庫のシリーズが先駆けになったと言っていいんと違うか[このあと、一九七一年七月刊の「講談社出版案内小冊子」を入手。特集は講談社文庫]。

岡崎――ハードカバーで「小林秀雄文庫」というのが、中央公論社から小型サイズで出てたりした(全五巻、中央公論社作品文庫、一九五四～一九五五年)けど、そうやな、あれは画期的やった。あと、「落語文庫」(全一八冊、一九七六年)や「講談名作文庫」(全三〇冊、一九七六年／P.164参照)や「講談社学術文庫」、「講談社漫画文庫」[P.164参照]と増殖していくのも講談社文庫の特徴。これものちにほかの文庫に影響を与える。

本文色付き『ビリチスの歌』

山本――マンガが文庫になったのはやっぱり「講談社漫画文庫」（一九七六年創刊、一九九四年再創刊）が最初かな。

岡崎――どうかな。コマ割りのマンガはそうかもしれん。その前に、新潮文庫で近藤浩一路の『漫画 坊っちやん』（一九三三年）が絵物語という感じで出てるけどな。つげ義春の漫画選はその後各種文庫に入るけど、最初は旺文社文庫やな（『枯野の宿』一九八四年）。

山本――マンガというんやないけど、中公文庫に角田喜久雄の『黒岳の魔人』（一九八三・二〇〇七年）という絵物語が入ってる。絵が山口将吉郎。ネット古書価は一五〇〇円か。

岡崎――しかし、すぐ出てくるな、ネットの古書価が（笑）。これは、絵もそうやけど、本文の文字に色がついてるという点もすごい。

山本――色つきの文字、と言えば、角川文庫のピエール・ルイス『ビリチスの歌』（鈴木信太郎訳）。これが挿絵、本文文字とも緑色で印刷されてた（一九六二・一九七七年）。初版が昭和三七年やから、たぶん色つきで印刷された最初やと思うけど。ネット古書価は一五〇〇円くらいか。いちおう、ぼくは二冊持ってる。

岡崎――なんや、二冊も持ってるんかい。
山本――いちおう、一冊はおさえで。
岡崎――なんや、そのおさえって。『ビリチスの歌』は、その後、講談社文芸文庫に入ったけどな(一九九四年)、いまは品切れや。
山本――しもうたな！
岡崎――どうした？
山本――いや、講談社文芸文庫の『ビリチスの歌』は一冊しか持ってない。
岡崎――ええで、一冊あったら。
山本――さっきのカバーの話で言いたいことあるんやけどな。
岡崎――どうぞ。
山本――いまのような絵の入ったカラー刷りのカバーが使われ出したのは、ぼくが思うには「河出文庫特装版」というのがあったやろ。どうもあれちゃうかな。
岡崎――ちょっと待って(――と、奥の本棚の陰でごそごそやって――)、これやな。
山本――なんや、すぐ出てくるな。便利やな。これこれ。森鷗外『山椒大夫・高瀬舟』(河出文庫特装版、一九五四年)、カバーは木村荘八。ほかに樋口一葉『にごりえ・たけくらべ』(河出文庫特装版、一九五四年）や永井荷風の『濹東綺譚』（河出文庫特装版、一九五四年）もそうやろ。カバーを広げたら、表から背、裏カバーにまでまわって一枚の絵になってる。額に入れて飾ってもええぐらいや。

岡崎――なんや、額に入れてるの？

山本――だれが入れるかい（笑）。話や、話。そういう話。これらが出たのが昭和二九年か。やっぱり、いちばん早いんちゃうかな。カラーカバーとして。

岡崎――この河出文庫特装版では面白い話があってな。澁澤龍彦訳のサド『戀の駈引』（一九五五年）があるやろ。

山本――あるある。あらいでか。ネットオークションで、たしか一万七千円ぐらい付いてたんちゃうか。

岡崎――しかし、ネット価格がすぐ出てくるな。この文庫について古書 落穂舎の栗原さんが書いてるんやけど（『彷書月刊』一九九一年六月号所収）、澁澤龍彦の名前が、カバーは「澁澤龍彦」で、扉と奥付が「渋沢龍彦」で、なかの挟み込み新刊案内パンフには「渋沢竜彦」と、みんな表記が違うと言うんや。

山本――それは気づかんかったなあ。澁澤さんの名前が文庫で出たのは、この『戀の駈引』

が最初かな。ちょっと著書目録にあたってみんと分からんけど。

岡崎――ちょっと待ってや（――と、奥の本棚をごそごそ――）。ここに「新潮日本文学アルバム」の『澁澤龍彦』があるけど……。

山本――なんや、すぐなんでも出てくるな。

岡崎――うしろの略年譜を見ると、昭和三〇年六月、最初のサドの翻訳『恋の駈引』（河出文庫）を刊行とあるな。「戀」が「恋」となってるけど。このとき、澁澤さんが二七歳。その前の年にジャン・コクトオ『大胯びらき』（白水社、一九五四年）を処女出版とある。

山本――それやったら、最初の文庫やな。しかも著作としても二冊目で、これがオリジナル。値段が付くはずや。

旺文社文庫が初めて……

山本――旺文社文庫の話はどうや。旺文社文庫で初めて、というのが多かった気がするけど。例えば木山捷平、小山清、葛西善蔵、牧野信一なんかは、他で出てても旺文社文庫で初めて読んだ記憶があるんや。とくに木山捷平は、おそらく他の文庫にはなくて、旺文社文庫が初めてやったんと違うかな。旺文社文庫は「初恋の味」。

岡崎——それは「カルピス」（笑）。木山捷平は旺文社文庫で知ったという人が多いと思う。『耳学問・尋三の春』（一九七七年）、『茶の木・去年今年』（一九七七年）、『大陸の細道』（一九七七年）、『長春五馬路』（一九七八年）。のちに講談社文芸文庫が木山のものを出してブームみたいになるけど、講談社文芸文庫は旺文社文庫の跡を継いでる。タイトルをひとつだけやなしに、ふたつ以上並べるところまで継いでる。

山本——落語の文庫も旺文社文庫が初めて、というわけではないけど、充実してた。安藤鶴夫は一〇点か、思いきった収録や（『巷談 本牧亭』一九七五年、『三木助歳時記』一九七五年、『落語鑑賞』上下一九七六年、『雪まろげ』一九七七年、『寄席紳士録』一九七七年、『落語国・紳士録』一九七七年、『年年歳歳』一九七八年、『昔・東京の町の売り声』一九七八年、『ごぶ・ゆるね』一九八〇年、『寄席』一九八一年）。『巷談 本牧亭』は旺文社の前に角川文庫に入ってるか。

岡崎——そうやな、角川文庫が昭和四四（一九六九）年。これが安藤鶴夫の文庫化の最初かな。旺文社版は昭和五〇（一九七五）年。それがちくま文庫になったのが平成四（一九九二）年。いまやみんな品切れ、絶版やけどな。

山本——岡崎はそれ、みんな持ってるんやろ。

岡崎――持ってる。

山本――なんでも持ってて幸せやな。八木義徳なんかも、旺文社文庫が初めてちゃうか（『摩周湖・海豹』一九七五年、『女』一九七七年）。ほかで見たことなかったもん。後藤明生『関係』（旺文社文庫、一九七五年）はどうやろ、角川文庫の『パンのみに非ず』とどっちが早い。

岡崎――ちょっと待って（――と、奥へ――）。

山本――ということは、持っとるな。ほうら、出てきた、出てきた。

岡崎――ええと、角川文庫『パンのみに非ず』が昭和四九（一九七四）年で、旺文社文庫『関係』は五〇（一九七五）年。角川のほうが初めて、ということになるな。

山本――ほんま、それで商売できるで。

岡崎――どんな商売や！

山本――しかし、そうして考えると、旺文社文庫やから出す、というカラーがあったな。だから、実際には出てなくても、これは旺文社文庫がそのまま続いていたら出してたな、という作家や作品がある。山本嘉次郎のエッセイ集なんか、文庫にこれまでなってないけど、出すんやったら旺文社文庫かな、と思ってた。いまならちくま文庫か。『カツドオヤ紳士録』（講談社、一九五一年／鱒書房、一九五六年）、『カツドオヤ水路』（筑摩書房、一九六五年）

とか、あと食のエッセイ『洋食考』（すまいの研究社、一九七〇年）な。なんとか、ちくま文庫、無理かな。

岡崎――もう、自分で出したらどうや。山本文庫（笑）。

山本――しかし、望みがないわけやない。ちくまが正岡容《いるる》を文庫にしたやろ。そんなこと考えてもみなかった。正岡容が文庫に入るって（『明治東京風俗語事典』ちくま学芸文庫、二〇〇一年、『東京恋慕帖』ちくま学芸文庫、二〇〇四年）。

田村――そういうことで言えば［と、ここから『彷書月刊』編集長・田村治芳さんが入る］、わたしらが驚いたのは吉本隆明『共同幻想論』が角川文庫になったこと（一九八二年）。吉本よ、札束に目がくらんだか！　って、当時言ってたけど。

岡崎――たしかにあれは驚きました。改訂新版というかたちで、吉本の著作が角川文庫に入ったのが一九八〇年代初め、ですね。『言語にとって美とはなにか』（一九八二年）、『心的現象論序説』（一九八二年）と、赤川次郎をたくさん出してる文庫に入っていく。まさか、ねえ……って、じつは読んでないけど。

山本――なんや、読んでないんかい。吉本はその前に中公文庫に『書物の解体学』（一九八一年）が入るけど、まあ、これは新刊で出た単行本が文庫に入ったんで、角川文庫みたいに六〇・七〇年代に出た吉本隆明が文庫化されるのは、マンガ雑誌の表紙に、バナナを持って笑った写真が載ったときぐらいショックやった（笑）。なにしろ、元の本の版元は勁草書房（『言語にとって美とはなにか』一九六五年）とか北洋社（『心的現象論序説』一九七一年）やからな。文庫化されるにはほど遠い気がしてた。それがいまや埴谷雄高まで講談社文芸文庫に入る時代（『死霊』1～3、二〇〇三年、『埴谷雄高思想論集』二〇〇四年、『埴谷雄高政治論集』二〇〇四年、『埴谷雄高文学論集』二〇〇四年）やから、もう驚かない。

田村――結局、あれでしょ。古本屋にとっては、埴谷なんかは死んだ人ですよ。いや、実際に死んだし（一九九七年）、古本屋の棚でも悪いけど死んでいた。『死霊』なんて不思議な本でね。あんまり一般的には知られていないころには、高い本だったのよ（『死霊』第1巻、真善美社、一九四八年）。それが有名になると値段が下がる。

山本――それが文庫に入るとまた甦る、というのが面白いですね。文庫で存在を知った人が多いのだと思う。また、文庫だと手軽やから読んでみようか、と。それは文庫の力やろな、やっぱり。

岡崎――『死霊』なんか、あの大きな黒い本（講談社、一九七六年）はいまでも古本屋の均一に転がってるけど、文庫では高い値でも売れる。そこが面白いところやな。もうこれで、埴谷、吉本級の文庫化されていない著者はいなくなったん違うかな。

山本――そうやな、ちょっと思いつかんな。

コンビニ文庫はなぜ消えた?

岡崎――次にコンビニ文庫の話をしようと思うんやけど、「新潮ｐｉｃｏ文庫」ってあったやろ。一九九六年創刊で、書店では流通せずに、コンビニのセブンイレブンだけで売られてた文庫。

山本――あったな。一五〇円で芥川龍之介、森鷗外から太宰治、三島由紀夫、筒井康隆や江戸川乱歩とか出てた。乱歩のものなんか、いま手に入らへんからけっこう人気ある。ときどきネットで見るけどな。筒井の『笑うな／くたばれＰＴＡ』（新潮ｐｉｃｏ文庫、一九九六年）が三千円くらい付いてるのを見て、なんでこんなにするんや、と。

岡崎――カバーなし、帯なしでな。

山本――それは元からや（笑）。その代わり、初版やぞ。

岡崎――それも元からや。増刷はせえへんかったからな。買いきりで、コンビニに来る若者に手軽に日本の名作を読ませようとしたけど、失敗した。結局、一年くらいで撤退したん違うかな。角川も同じような、ひとまわり小さい文庫をつくった（「角川mini文庫」一九九七年創刊）けど、これもいまはない。なんで、あかんかったかな。試みとしては面白いと思ったけど。

田村――コンビニに来る客向けの作家を選べばよかったんと違う？　吉本ばななや村上春樹とかさ。太宰治なんて、古本屋にとってはメインイベンターだけど、コンビニへ来る若者にとっては、下手すると「これ、なんて読むの？」という世界でしょ。

岡崎――しかし、いま雑誌含めた書籍の売り上げで、コンビニルートはかなりを占めているでしょう（「出版流通データブック２００７」（新文化）によれば、二〇〇六年時点で、ネット書店を含む書店ルート66・6％に対し、コンビニルートは21％」。ペーパーバックのカバーなしコミック（コンビニコミック）は成功してるみたいやから、まだ文庫でも手はあると思うんやけど。

山本――かたちを変えたらな、ぼくも可能性はあると思う。ぼくの印象では、新潮ｐｉｃｏ文庫は、カバーがあって当たり前の文庫に、カバーなしで売り出して、それが逆に新鮮やった。講談社文庫の情報誌『ＩＮ・ＰＯＣＫＥＴ』がやっぱりカバーなしやろ。

岡崎――山本は気がついたら最後にはカバーの話へもっていくな。

山本――カバーの話はちょっとうるさいからな。

岡崎――岩波文庫も長らくカバーなしでがんばってたな。

山本――ほかの文庫と比べて、一番遅かったんちゃうか［カバーが付くようになるのは一九八三年五月］。じつはぼくはいまでも岩波にはカバー、いらんと思うてる。それがステイタスやったんや。「お宅もひとつどうです?」「うちはいりません」って（笑）。

岡崎――新聞の勧誘や（笑）。

山本――いや、ほんま。中身で勝負するっていうのが岩波文庫の姿勢やったからな。あと、買い取りで返品がない、というのもカバーを付けへん理由やった。カバーは、返品されたとき、新しいのに付け替えるだけで再生できるからな。

岡崎――いや、だから、いるらしいで。昔の岩波文庫を古本屋で見て、「これ、カバーが付いてません」って言う、若い客。

山本――ぼくなんか、岩波文庫は逆にカバーが付いていても、「これいりません」って古本屋さんに返すからな。

岡崎――嘘つけ！

山本マル秘ちくま『文庫手帳』

岡崎――最後に、山本がいつも大事そうにしてるちくま文庫の手帳な。その話をしようか。文庫版の手帳や日記はほかの社もあれこれ出して、新潮文庫の一日一ページの日記『マイブック』は、すでに定着してる。しかし、最初はちくま文庫やと思うけど、山本は最初から使ってる。

山本――そう、最初からずっと使ってる。だから、毎年、発売の時期が近づくとなんとなくそわそわするな。

岡崎――いったい、何を書いてるんや。ちくま『文庫手帳』のどこがええわけ？

山本――いや、どこがええと言うんでなしに、もうずっと毎年使ってるから、なんとなくもうこれになってる。何を書いてるかって、買った本とか……

岡崎――恥ずかしいこと、悔しいことも書いてあるんやろ。

山本――なんでやねん。まあ、ちょっとはそういうことも書いてある。そやけど、一番大きいのは買った本が書いてあること。ときどき、昔の見るもんな。どんな本、買ってるかって。

岡崎――いっぺんもなくしたり、忘れたりしたことない？

山本――そんなん、ない、ない。なくしたら大変や。命の次に大事やねんから。

岡崎――そしたら、次の「ｓｕｍｕｓ文庫」で、山本のちくま『文庫手帳』を出版しようか。

山本――それだけはかんべんしてくれ。

（於　東京国分寺・岡崎宅地下書斎）

〈聞き手〉田村治芳（『彷書月刊』編集長）、皆川秀（編集部）

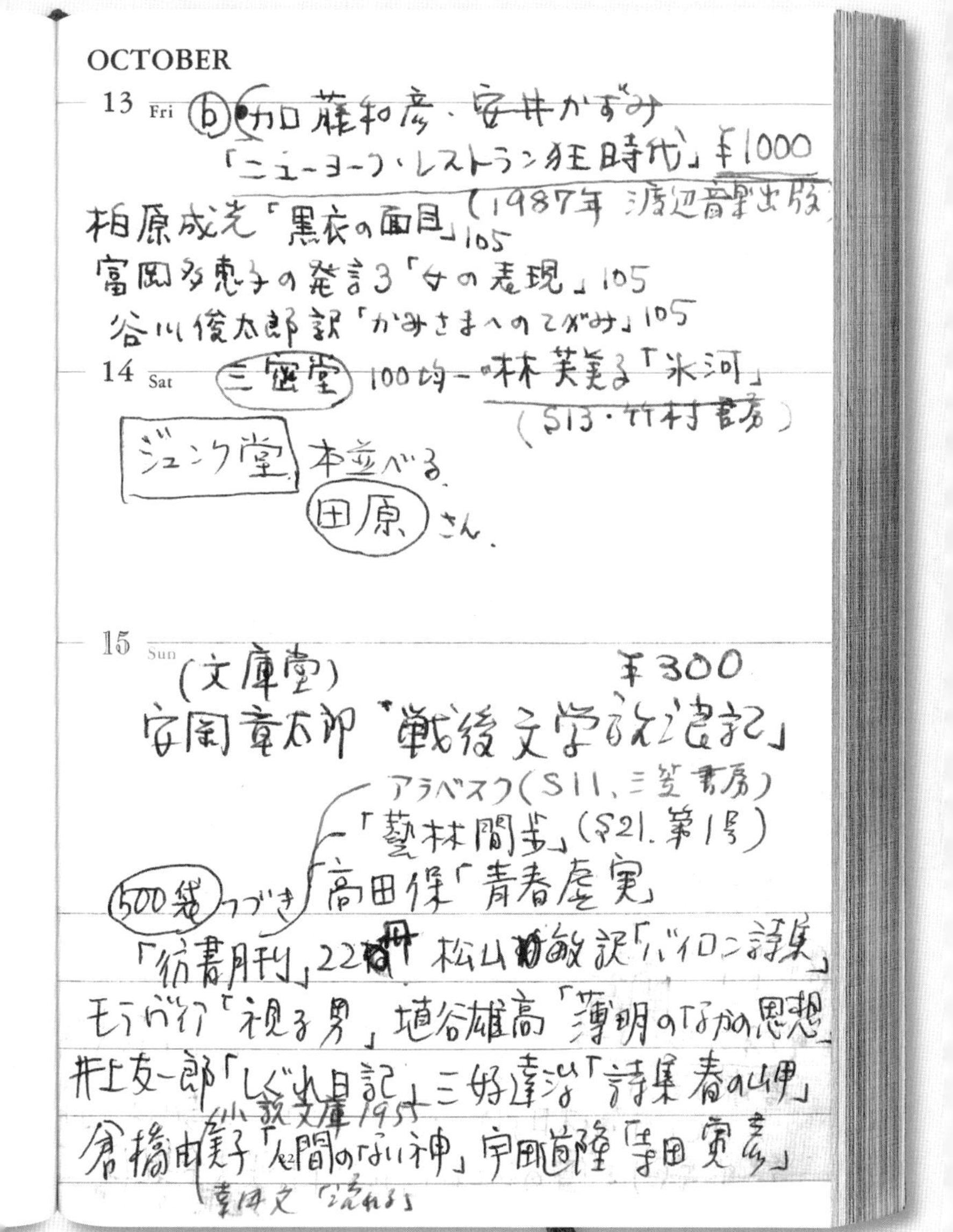

◉山本善行の『文庫手帳』より

中入 文庫で味わう新・文學一〇冊［順不同］

『BRACKET』第五号、ぶらけっと社、一九八八年所収

岡崎武志／山本善行――［選］

◉殿山泰司『三文役者あなあきい伝 part1・2』（講談社文庫、一九八〇年／ちくま文庫、一九九五年）

殿山泰司といえば、乙羽信子とコンビで新藤兼人監督作品に欠かせなかった特異な性格俳優だが、実生活ではモダン・ジャズ（前衛よりの）、ミステリに耽溺する日々を送ったエピキュリアン。そしてまた文章が滅法巧い。「下品」という名の品格があるというか、啖呵をきった植草甚一というか、とにかく読ませる。戦後日本映画の裏面史という側面をもつ、知る人ぞ知る名著である。

◉梶井基次郎『若き詩人の手紙』（淀野隆三編、角川文庫、一九五五年）

梶井の書簡に関する評価として、畏友川端康成の「梶井基次郎はいい手紙を書く」で始まる文章が有名だが、もうひとつ、若き日の友人同志で交わした手紙があまり散逸せず、これだけの量残されていた、という点で梶井の手紙がどういうものであったかの証しになっている。この一冊を絶版にしたことで当時の角川文庫の評価は急落した。

◉永六輔『芸人その世界』（文春文庫、一九七五年／岩波現代文庫、二〇〇五年）

面白おかしく、やがて哀しい芸人たちを断片《エピソード》でとらえようというユニークな試みである。高校時代、学校の帰りに立ち寄った本屋で、この本の単行本のほうを友人に「これおもろいぞ」とすすめていたところ、となりにいた全く面識のないおじさんが「そうか、それなら買おう」とその場でレジへ持っていって買ったという珍しい経験がある。つまりこれは人にすすめたくなる本なんだなぁ。

◉小川国夫『アポロンの島』（角川文庫、一九七一年／新潮文庫、一九七八年／講談社文芸文庫、一九九八年）

小川国夫はかつて角川から六冊も文庫が出ていた（『アポロンの島』以外に、『生のさ中に』一九七二年、『悠蔵が残したこと』一九七三年、『一房の葡萄』一九七五年、『リラの頃、カサブランカへ』一九七六年、『漂泊視界』一九七八年）。それがいまや全滅だ。せめてこの一冊は残すべきであった。あてもなく渡欧した青年が、トラブルの多い単車を駆りたてて旅行するさまが、志賀直哉を経由した、かっちりした文章で表現されている。波乱も激情もない、しかし瑞々しい。これは青春文学である。

◉庄野潤三『夕べの雲』（講談社文庫、一九七一年／講談社文芸文庫、一九八八年）

浪人時代、心滅びる憂うつの季節にこの一冊に偶然出会ったとき、ぼくは知らされてなかった実の肉親にめぐり逢ったような気持ちになった。その世界、その空気、その断片、その一文一文がそっくりそのまま自分のなかへ流れこんでいった。以来、古今東西の雑多な本のなかへ溺れ込み、そのなかで迷うことがあっても、この本へ還っていけばいつでも本来の自分が取り戻せるものになった。

◉ジョン・アーヴィング『ガープの世界』（上下、サンリオ文庫、一九八五～一九八六年／新潮文庫、一九八八年）

アーヴィングの小説は、読む者の心を解放してくれる。心に沈みよどむものは、何もマイナスのことだけではないようである。友情でも愛情でも何でも、そこにある意味を認めるということは、同じように何かしら縛られるということにもなるわけだ。意味のあることばかりの重たい現実のなかで、人が生まれ、死ぬということをも含めて、全く意味を認めないかのような物語の流れに身を横たえることができると、その間だけだという厳しさも手伝って、気持ちよく自分を開くことができる。

◉R・L・スティヴンソン『旅は驢馬をつれて』(吉田健一訳・岩波文庫、一九五一年/小沼丹訳・角川文庫、一九五六年/小沼丹訳は「みすず書房・大人の本棚」のシリーズで二〇〇四年復刊)

スティヴンソン二十代の旅行記である。旅を愛した彼は後年、アメリカに渡り、太平洋の諸島をめぐり、南太平洋のサモア島に住み、そこで客死したことが知られている。本書は、その壮大な旅行以前のフランス紀行なのであるが、そのものの見方や描き方には、すでに非凡なところが感じられる。吉田健一の訳文は、ひと息に読むことを拒む独特なもので、われわれもまた驢馬を連れての、行きつ戻りつの読書となる。

◉ギョーム・アポリネール『異端教祖株式会社』(鈴木豊訳・講談社文庫、一九七四年/窪田般弥訳・晶文社、一九七二年/窪田般弥訳は「白水社・白水Uブックス」のシリーズで一九八九年復刊)

同じ著者の、『虐殺された詩人』(講談社文庫、一九七七年/講談社学芸文庫、二〇〇〇年復刊)も消えて久しい。京都の某古書店では、高値を付けているが、それはどうも手に入りにくいという理由だけではなさそうである。本書は、『若きドン・ジュアンの冒険』(角川文庫、一九七五年/富士見ロマン文庫、一九八三年)を書いた男の、幻想的な短編集なのであるが、近くにないと淋しく思う文庫のひとつだ。手元にないと淋しいと思うのは、掛け替えのないということで、アポリネールを読んで味わう楽しさは、たとえばカバー装画がビアズレーである、この角川文庫版を読んで味わう以外にないということである。

◉寺山修司『さかさま映画論――地球をしばらく止めてくれ　ぼくはゆっくり映画を観たい』(角川文庫、一九八一年)

寺山修司は現在、角川文庫で一〇冊以上読むことができるが、本書は絶版。この映画論は『映写技師を射て』(新書館、一九七三年)に新稿を加えての文庫化ということである。寺山修司のファンならずとも、ひと癖ある映画ファンであるなら、探して欲しい文庫である。彼の言葉を借りて言えば、生活の基底に、夢によって解きほぐさずにはいられないような現実をもっている人々のための映画論である。

◉F・S・フィッツジェラルド『ラスト・タイクーン』(角川文庫、一九七七年/ハヤカワ文庫、一九七七年)

村上春樹のおかげで息を吹きかえしたフィッツジェラルドの未完の遺作。ヘミングウェイが評したように、彼は蝶(時代の寵児)であったが、華々しいエピソードの裏に作家の冷徹な目を恐ろしいほど感じさせる作品。漱石の『明暗』を何故だか思い出させる。一読あれ。

◉岡崎武志愛用の『古書店地図帖』

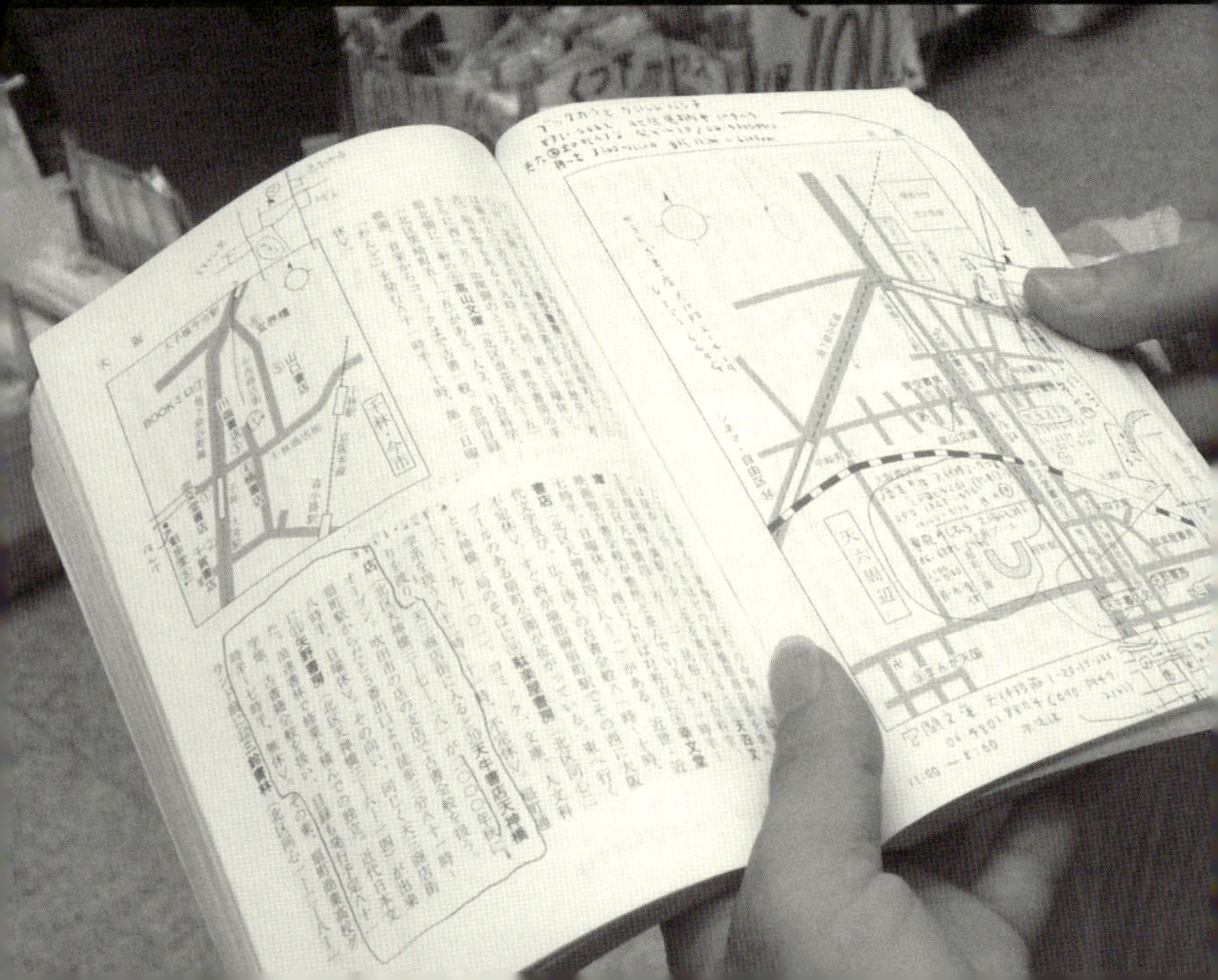

文學漫談・その四

新・随筆入門

[新規収録▼2007——2008年]

中入

出会えて夢中になった随筆本二〇冊

岡崎――普通、本が好き、という人の話を聞いていると、たいてい「小説」のことを指している。どうも**「本」は小説**、という前提で話していることが多い気がするな。もちろんぼくも最初のとっかかりは小説。小説を読み出して、そのうち、その作家の書いたエッセイ、随筆、対談なども読み始める。そして、評論という順番かな。で、やっぱり読書人として、**随筆を読む**というのが絶対条件ではないかと。そのことをまず教えてくれたのが、新潮文庫に入っていた吉田精一の『随筆入門』（新潮文庫、一九六五年／親本は河出書房新社、一九六一年）やったような気がする。善行はどうかな。

山本――たしか、現国の問題集に『随筆入門』からの引用文があったんや。それが受験生にも面白かった。でも興味が問題を解くほうには向かないで、続きをもっと読みたい、と思ったんや。

岡崎――それが珍しいよな。受験参考書で興味をもつ、というのが。小林秀雄もそれで好きになったんやろ？

山本――そうや。それで正宗白鳥や小林秀雄、室生犀星、中野重治などの本を探しだした。最初は新刊の文庫、そのあと古本屋で探すようになった。『随筆入門』はのちに古本屋で見つけたんやった。あのクリーム色にグリーンの罫線の入った

吉田精一『随筆入門』（新潮文庫、一九六五年）

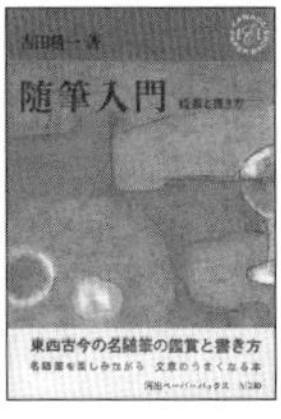

吉田精一『随筆入門』（河出書房新社Kawade paperbacks、一九六三年）モノクロ写真口絵、索引、随筆年表付き

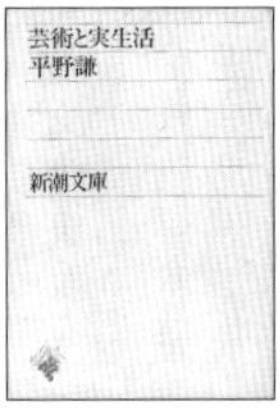

平野謙『芸術と実生活』（新潮文庫、一九六四年）

見事なカバー、文字配列、左下の山名文夫描く新潮文庫のマーク。栃折久美子やったかな、あのカバーのデザインは。

岡崎――どうやったかな。角川文庫のKの字をデザインしたカバーは栃折さんやったと思うけどな。そういや、ぼくも評論を読み始めのころ、あのグリーンの罫線の入ったシリーズは迷わず買っていた。平野謙『芸術と実生活』（一九六四年）、河上徹太郎『日本のアウトサイダー』（一九六五年）、本多秋五『「白樺」派の文学』（一九六〇年）。ぼくの日本近現代文学の知識は、最初ほとんどこの**新潮文庫だけやった**。よく買ったなあ、これは。近くの谷田書店でな。

山本――谷田書店って、知らんがな。

岡崎――知らんか？　枚方市甲斐田町では有名や。隣りがカツカレーのおいしい喫茶店の「嵯峨」でな。その隣りが散髪屋。もうええか。

山本――もうええ。

河上徹太郎『日本のアウトサイダー』（新潮文庫、一九六五年）

本多秋五『「白樺」派の文学』（新潮文庫、一九六〇年）

岡崎――ところで、吉田精一って、最初は吉田健一とよく混同してた。それぐらい、まだ知識がなかったころや。

山本――そうか。おれはもう、高校時代から垂水書房版の『吉田健一著作集』（一九六〇～一九六六年）がゾッキになったのを集め始めてたけどな。

岡崎——嘘つけ！　ところが、吉田精一について、杉森久英が**ぼろくそ書いてる**文章がある。『戦後文壇覚え書』（河出書房新社、一九九八年）のなかに、「やたらに読んだ本の数と知識の量を誇る男で」と、まずガツンとある。このあたり、ちょっとグサッとくるな。続いて、「ブランデスなんかフランス語で読んだような顔をしていたがそんなに読めないことはわかりきった話で、どうせ一冊の本のうち数十ページを、教科書かなんかで教わったのだろう。そんなに読んだような顔をしたがるくせに彼自身の意見というものを持たず、教わったことしか知らない男だった」と、ほとんど全否定。しかし『随筆入門』に限っては、この批判は当たらない。ひょっとして『随筆入門』は、吉田が弟子のだれかに書かせたのかな。

山本——それはないと思う。けっこう、吉田精一の好みが出ていたと思うけどなあ。言えることは、**引用していた文章は見事**だったな。引用のうまさが、この『随筆入門』の第一の読みどころ。まず、正宗白鳥の、何とも嫌味な文章。女性は「邪推深くて、嘘吐きで、お喋りで、空世辞ばかり上手で、涙もろく、虚栄心が強い」。そして「あちらでもこちらでも醜男醜女が手に手をとり合って幸福を囁いている」のが恋愛。これは笑ったなあ。

正宗白鳥『懐疑と信仰』（大日本雄弁会講談社、一九五七年）

室生犀星『随筆　女ひと』（新潮社・小説文庫、一九五五年）

岡崎――「こんなことをいえば女性にもてないことうけあい」という吉田の突っ込みも効いてた。

山本――突っ込みって！　あと、室生犀星の女性大好きという文章があったよな。「私はつね日ごろ私自身が女であつたら顔を見せるだけでも、見料はとつてもいいとかんがへてゐた」っていう、あれな。これも何度読んでもおかしい。それから、正宗白鳥の講談社名著シリーズ『懐疑と信仰』（一九六八年）や、室生犀星の『女ひと』（新潮社・小説文庫、一九五五年／新潮文庫、一九五八年）を探しに古本屋をまわったのも覚えてる。中野重治の、あの「山猫めは……」というのもよかった。

岡崎――『随筆入門』に引用された文章のなかから、ひとつ選べと言われたらこれやな。**動物園の山猫を描いた短文**。それまで名文と言えば、美文のことやと思ってたけど、この文章で考えが変わった。全編、文末が「た」で終わって、その意味では単調なはずやけど、リズミカルで力強い。イメージも豊かだしな。これにはほとほと感心した。

山本――ぼくもこの文章がきっかけで、中野重治を読むようになって、ついには全集を買うまでになったんや。吉田の「ポキポキと歯切れがよすぎるくらいよく、単純すぎるように単純なようだが、美しい倫理観がみちわたって、何とも力

室生犀星『随筆　続　女ひと』（新潮社・小説文庫、一九五五年）

強い」という、中野評も的確。ここの吉田の文章も名文やな。そのほかにも、菊池寛が『文藝春秋』に連載していたコラム「話の屑籠」にも触れていた。これは『菊池寛文学全集』第七巻（文藝春秋新社、一九六〇年）にまとめて入ってるけど、いま読んでも面白い。**読書欲をくすぐる**くすぐる。

岡崎――いま、善行が挙げた白鳥、犀星、中野重治を収めた「昭和の随筆」の章は圧巻やな。中野重治の文章は、教科書で習ったプロレタリア作家という枠を越えてすごかった。

山本――ところが当時、中野重治の「山猫その他」の全文はなかなか読めなかった。どこにも入ってなかった。いまなら、講談社文芸文庫『あけびの花』（一九九三年）に入ってるけど。でもこれも品切れか。ちょっと興奮してきた。長くなりそうやから、一人で喋るわ。岡崎、へそ出して寝といてんか。

岡崎――へそ出すぐらいはええけど、早くしてや。風邪ひくから。

山本――よっしゃ。待っててくれ。「山猫その他」は、改造社の新鋭文學叢書『夜明け前のさよなら』（一九三〇年）に初めて入ったんや。これは古書値が高く手が出なかった。ぼくは、中西浩の見事な解題のある旧版全集で読んだんやったか。いや待てよ、もっと前に読んでるはずや。一、山猫。二、友達。三、音楽。これは

『菊池寛文学全集』第七巻（文藝春秋新社、一九六〇年）

中野重治『あけびの花』（講談社文芸文庫、一九九三年）

中野重治『夜明け前のさよなら』（改造社新鋭文學叢書、一九三〇年）

いい文章やった。まあええか、いまは『夜明け前のさよなら』を持ってるんやから。

岡崎――なんやそれ、黙って聞いてたら、どさくさに紛れてちらっと自慢して。ええかげんにせえよ。

山本――悪い悪い。それほど、**中野重治にいかれてた**、ということや。

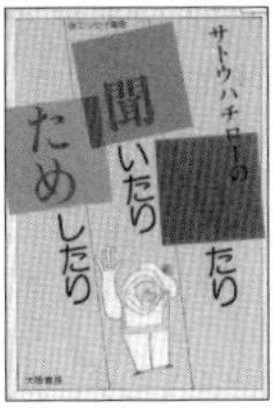
サトウ・ハチロー『見たり聞いたりためしたり』（大陸書房、一九八二年）

サトウ・ハチロー『僕の東京地図』（春陽堂文庫、一九四〇年）

岡崎――いま、『随筆入門』を読み返して驚くのは、「ユーモラスな随筆」として挙げられている人たちを見ると、高田保、新居格、徳川夢声、サトウ・ハチロー、渡辺紳一郎、佐藤垢石、内田百閒と、三十代後半になって古本屋でぼくが集め始めるメンツがすべて出揃っていることや。この**人選の見事さ**。書名も、高田保『ブラリひょうたん』（創元社、一九五〇年）、サトウ・ハチロー『見たり聞いたりためしたり』（ロマンス社、一九四六年／大陸書房、一九八二年）、『僕の東京地図』（有恒社、一九三六年／春陽堂文庫、一九四〇年／労働文化社、一九四六年）、渡辺紳一郎『風流奇談』（河出新書、一九五五年）、門田勲『外國拝見』（朝日新聞社、一九五三・一九六二・一九七五年／河出新書、一九五四年）と、これ、いま全部持ってるのよ。いつのまにか、頭に刷り込まれていたんやな。のちに谷沢永一が『紙つぶて』（文春文庫、一九八六年）で、高田保『ブラリひょうたん』を「現象の奥を見据える批評精神」と激賞し

高田保『ブラリひょうたん』（創元社、一九五〇年）

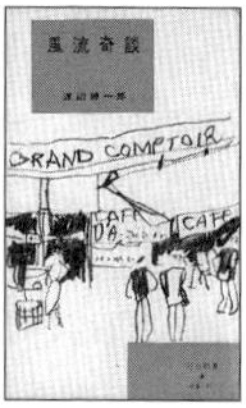

渡辺紳一郎『風流奇談』(河出新書、一九五五年)

門田勲『外國拝見』(朝日新聞社、一九五三年)

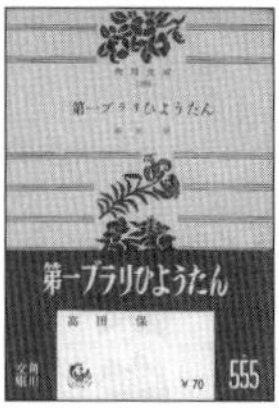

高田保『第一ブラリひょうたん』(角川文庫、一九五五年)

ていて、やっぱり高田保はすごいんや、と思うことになる。谷沢さんのお墨つきがないと、いまどきの若者が、って当時の自分のことやけど、『ブラリひょうたん』は読まん。

山本――『ブラリひょうたん』は創元文庫や角川文庫からも出てた(一九五一〜一九五二年/一九五五年)。三冊かな、薄いやつ。これも千林の古本屋で集めた。『随筆入門』は、ほかにも画家や音楽家、詩人のエッセイも取り上げてたな。笑ったのは、音楽家のなかで歌唄いは、頭のよくないのが多いなんて言っていたことや。初め冗談と思って読んでたら、ソプラノ唄いなんか頭のてっぺんから高い声を出すので頭の働きが疲れるのだろう、なんて書いてあったので、これは本気だ、と(笑)。

岡崎――かなり偏見が混じってる。ただ、こういう本はあまり公正でも面白くない。これ、『随筆サンケイ』の連載をまとめたものやろ。たぶん、吉田もリラックスして地が出せたんと違うかな。どういう媒体にその文章が載ったかというのは大事。ただ出た本だけ読んでつべこべ言うても、そら、通らへんで!

山本――だれに怒ってるんや。

岡崎――普通、国文学者が書いた本では文学者以外の文章まで、なかなか手が回

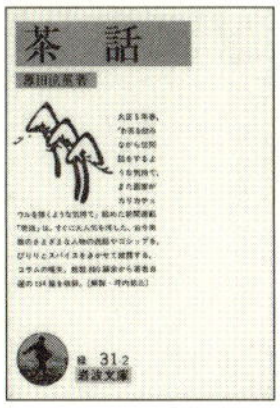

薄田泣菫『茶話』（岩波文庫、一九九八年）

佐藤春夫『退屈読本』（上下、冨山房百科文庫、一九七八年）

らんけどな。画家で挙げているのが、中川一政、木村荘八、小絲源太郎、小出楢重、小杉放庵。最初に『随筆入門』を読んだ時点では、知らない名前ばかり。

山本——そうか？　おれはすでに木村荘八のタッチを真似て、よくスケッチとかしてたけどな。

岡崎——猫の絵を描かせたら、鼻筋の通った猫の顔に黒い眉毛を描いてしまう奴が何言うてる。

山本——猫に黒い眉毛なかったか？

岡崎——そんなもんあるか！　しかし、小杉放庵を「これはたしかに睾丸をぶら下げている人間の文章である」と評しているのには驚いた。どんな文章や（笑）。しかし、こういうお行儀の悪い、**伝法な文章**も吉田精一の本業の国文学研究では見られなかったし、魅力があった。薄田泣菫《すすきだきゅうきん》『茶話』（洛陽堂、一九一六年／創元文庫、一九五一年／岩波文庫、一九九八年）や、佐藤春夫『退屈読本』（新潮社、一九二六年／冨山房百科文庫、一九七八年）もすでに挙げているし、ほとんどこの時点で完璧のセレクトかもしれん。

山本——コラムニストのはしりとも言える杉山平助までチェックしているからな。その後、ぼくらが古本屋をほっつき歩き始めるとき、

探求書のネタ本

がこの『随筆入門』やった。

岡崎――木村徳三っておるやろ?

山本――ああ、改造社の雑誌『文藝』や養徳社の編集者から、雑誌『人間』の編集長になった人やな。『人間』を出してた、鎌倉文庫の本も好きやなあ。横光利一の『夜の靴』(一九四七年)、中里恒子の『まりあんぬ物語』(一九四七年)なんてよかった。「人間選書」というのもあった。木村徳三は、庄野誠一の紹介で養徳社に入ってたが、川端康成に呼び戻され『人間』を出したんや。著書に『文芸編集者 その跫音』(TBSブリタニカ、一九八二年)というのがあるが、そこに、改造社時代のことも鎌倉文庫時代のことも詳しく書いてある。おれは、千林の山口書店で四〇〇円で買った。

岡崎――しかし、よう喋るな。どこでなんぼで買ったかなんか聞いてへん。

山本――一応、文壇資料として必要かと……。

岡崎――その『文芸編集者 その跫音』に、木村の『文藝』編集部の先輩で桔梗五郎という人がいて、その人を評して、木村がこんなことを言っている。

「いわば大人の包容力が性来身についている。多少ルーズだが心の温かいひとで、私はひそかに随筆人間とよんでいた」。

横光利一『夜の靴』(鎌倉文庫、一九四七年)

中里恒子『まりあんぬ物語』(鎌倉文庫、一九四七年)

木村徳三『文芸編集者その跫音』(TBSブリタニカ、一九八二年)

この「**随筆人間**」っていい言葉やな、と思って。ここに随筆の魅力、定義がある。

山本——たしかにいい言葉やな。なりたいな、「随筆人間」に。広津和郎の「どんなことがあっても粘り強く耐えていくのが散文精神だ」というのにも通じるか。すぐ近くには、尾崎一雄や上林暁や木山捷平や野呂邦暢の小説世界があるのとちゃうか。でもおれらは、私小説へ行く前に随筆のとりこになったんやったか。

岡崎——**私小説と随筆は従兄弟**みたいなもんやからな。『随筆入門』では、ひと筆描きとも言うべき短評で、書き手の特徴を的確に言い表わした吉田精一の巧さにも注目したいんや。「意地の悪いような、いいような、小味な調剤を小出しにして、パラドキシカルなおもしろみを魅力とする」が伊藤整。石川淳は、「宗匠風の頭巾に十徳をつけ、なた豆きせるできざみをふかし、オホンと空咳をしながら世をにらんでいる」と評されている。うまいもんやな。文章による似顔絵。

山本——そうやな。石川淳なんかは、あの衒学趣味をちょっとからかっている感じ。岩野泡鳴も、大小説家ではあるが、随筆は自惚れが強く頭が悪くて読みづらいとまで言われてる。葛西善蔵の随筆は「のんだくれのクダ」。そこまで言うか。

一方、小説も随筆も面白いと言われてるのは、志賀直哉、谷崎潤一郎、川端康成など。それにしても、伊藤整の文章を、「意地の悪いような、いいような」とはよく言ったもんやなあ。それに、**小説は上手いが随筆は面白くない、**と言われたのは徳田秋声や。エキスがみな小説のほうにいき、随筆はカスばかりなんて、ちょっと言い過ぎか。

岡崎――いや、それはエッセイと小説というジャンルの関係性で、大事な問題を含んでいると思う。例えば開高健なんて、あれだけ文章がうまくて、自由自在にエッセイが書けるということが、後年、小説を書く点では足枷になったんやないか、と思うときがある。どうやろ？　この問題。

山本――たしかに開高にはそういうところあったな。エッセイの上質部分が、そのまま小説の文章になるという感じは、ちょっと困るのでは。やっぱり小説は特別、という気持ちはあるのとちゃうか。**小説には「へそが必要」**といった作家がいたが、そのへそはひとつでいいのに、いくつも出来てしまう。失敗したなかに、そんな小説があったように思う。

岡崎――文芸評論家としての伊藤整といえば、『日本文壇史』（1〜18、講談社、一九五三〜一九七三年・一九七八〜一九七九年／講談社文芸文庫、一九九四〜一九九七年）の名前

伊藤整『日本文壇史』（1〜18、講談社文芸文庫、一九九四〜一九九七年）

がすぐ挙がるけど、事実いい仕事やと思うけど、文章で一番面白いのは、なんといっても『我が文學生活』シリーズ（第1～第6、講談社、一九五四～一九六四年）。ぼくは五巻まで持ってる。いろんな媒体に書き散らした文芸エッセイや雑文が年代別に収録されているけど、伊藤整の物書きとしての本領が発揮されているのは、実はこっちやな。『日本文壇史』はいつでも古本屋で手に入るけど、こっちはむずかしい。講談社文芸文庫が収録すべきは、この『我が文學生活』やと思ってる。例えば「我が流派の特色」という短い文章では、

「我が友鳴海仙吉の原稿を某誌に紹介したところ、伊藤整は鳴海仙吉とペンネエムを変へたという虚報が某紙に出て居た。私小説流行の悪弊の一つである。困つたことである」

なんて書いてる。

山本——『我が文學生活』は最初、細川書店から出たんやった（一九五〇年）。伊藤整の日大芸術科での教え子、岡本芳雄が主宰していたからな。そのあと、講談社から出た版の装幀も岡本芳雄や。**本好きのことよく分かってる装幀**やな。岡本芳雄には『山襞』（洸林堂書房、一九四三年）と『冬陽』（肇書房、一九四四年）という小説集もあって探してるんやけど、なかなか見つからん。

伊藤整『我が文學生活』シリーズ（第1～第6、講談社、一九五四～一九六四年）

岡崎――『我が文學生活』も、昔は高かったんや。ぼくはカバーなしの裸本を数冊、京都の某古書店（昔の井上書店）で学生時代に八〇〇円で買ってる。裸本で八〇〇円やで。

山本――たしかに昔は、古本は裸本でもそこそこ付いてた。いまなら『我が文學生活』はカバー帯付きでも五〇〇円ぐらいで買えるかな。『日本文壇史』は、読み物としてはちょっと調べすぎか。『我が文學生活』や『近代日本の文学史』（光文社カッパ・ブックス、一九五八年）のほうが読みやすいな。でも、伊藤整の『日本文壇史』は、二、三ヵ月、全巻持って、山奥の温泉地で読むというのはどうや。

岡崎――肺結核にでもならんと、無理やろな。

山本――それ、いつの時代の話や。『女性に関する十二章』（中央公論社、一九五四年）で殻を破ったのか、『我が文學生活』には、**伊藤整の諧謔**がたしかによく出てるな。

岡崎――そうなんや。このしゃあしゃあとした諧謔。また同じ文章では、ジェイムズ・ジョイスの『フィネガンズ・ウェイク』をまだ読んでいないと告白している。『ユリシーズ』（「世界文学全集」21・22、新潮社、一九六三年）を翻訳しておきながらな。実は、ぼくもまだ読んでないけど。

伊藤整『近代日本の文学史』（光文社カッパ・ブックス、一九五八年）

尾崎一雄『あの日この日』（1～4、講談社文庫、一九七八年）

広津和郎『年月のあしおと』（上下、講談社文芸文庫、一九九八〜一九九九年）

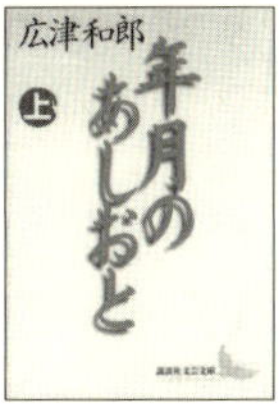

高見順『昭和文学盛衰史』（文春文庫、一九八七年）

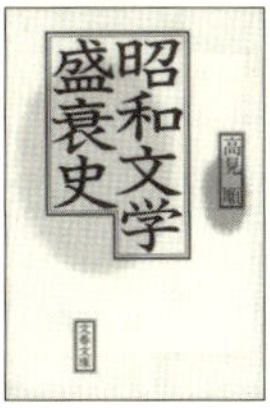

野口冨士男『感触的昭和文壇史』（文藝春秋、一九八六年）

山本――それはべつに驚かへん（笑）。**文学回想を読む**のはなんでこんなに楽しいんやろう。尾崎一雄の『あの日この日』（正続、講談社、一九七五・一九八二年／1〜4、講談社文庫、一九七八年）、広津和郎『年月のあしおと』（正続、講談社、一九六三・一九六七年／正続、講談社文庫、一九八一年／正続・上下、講談社文芸文庫、一九九八〜一九九九年）、高見順『昭和文学盛衰史』（第1・第2、文藝春秋新社、一九五八年／講談社、一九六五年／角川文庫、一九六七年／上下、福武書店、一九八三年／文春文庫、一九八七年）、野口冨士男『感触的昭和文壇史』（文藝春秋、一九八六年）。名作がいっぱいあるな。

岡崎――せっかくやから、もう少し『我が文學生活』のことを喋っておくと、「悪口しか書けない」という文章では、**おれは書けない**ということを書いた小説が一番嫌い、と言いながら、上林暁の名前を挙げている。ただし、伊藤は上林のファンでもあるんやな。しかし、伊藤は何度か上林を攻撃している。そこで「いくら上林君でももう怒る頃だらうと思ふ」と書く。こういう遊びは、同時代の作家の文章ではなかなか見られない。ぼくは、なんとなく丸谷才一が、一番この伊藤の書きっぷりを意識して継いでいるかな、と思ってた。

山本――「悪口しか書けない」では、伊藤整は題名を間違ってたけど、中野重治の

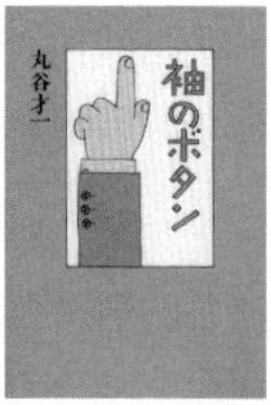

丸谷才一『袖のボタン』（朝日新聞社、二〇〇七年）

『小説の書けぬ小説家』（竹村書房、一九三七年）も槍玉にあげてる。でも書けないということでも、芸があれば読めるよな。この「悪口しか書けない」もいいエッセイになってる。人のことを下げているんやが、自分のこともそれよりちょっと下げている。書けないということを書いた文章が嫌いな書き手はけっこう多いのと違うか。三島由紀夫や蓮實重彦なんてきっとそうや。

岡崎——書けないということを書いて、ちゃんと読ませるのが文章の芸というものので、随筆の本領みたいなところがあるけどな。

山本——たしかにそういう意味では丸谷才一は、**さすがに芸があるな。**以前、朝日新聞に書いていたが、講談社の編集者だった、大久保房男のことなんやけど、「おそらく戦後の文芸編集者中随一の人」と最大級の賛辞のあと、書いた回想文については認めていないような微妙な表現だった。もちろん、だめだ、とは書いてないが……。

岡崎——その後、『袖のボタン』（朝日新聞社、二〇〇七年）に収録された文章やろ。連載時には、よく読んでたな。

山本——さて、こうして吉田精一『随筆入門』を紹介してきたけど、さすがに取り上げられている人は古い。そこでわれわれで、**新しい『随筆入門』**をつくるとしたら、どうなるか。それをいまから岡崎とやってみたい。

岡崎――まず最初に、どんな書き手のエッセイを読んだか、という話からしてええか。

山本――ああ、やってくれ。

岡崎――はっきりと影響を受けたのは、**なんといっても庄司薫**でな。中三ぐらいやったか、『赤頭巾ちゃん気をつけて』（中央公論社、一九六九年）ほか、薫くんシリーズが大流行りした。『狼なんかこわくない』（中央公論社、一九七一年）や『バクの飼主めざして』（講談社、一九七三年）なんていうエッセイ集も、登場人物である薫くんがそのまま書いているというスタイルで、小説とほぼ同じ文体やったから、これにはまいった。要するに、なんというか、相当影響を受けてしまって、何を書いても結局のところ、日記でも手紙でも、薫くんみたいな文章になってしまったから始末に負えない。

山本――おいおい、喋り方まで庄司薫になってるがな。

岡崎――ウソ、なってた？

山本――なってる、なってる。

岡崎――庄司薫の薫くんシリーズの文体は、よく知られているように、サリン

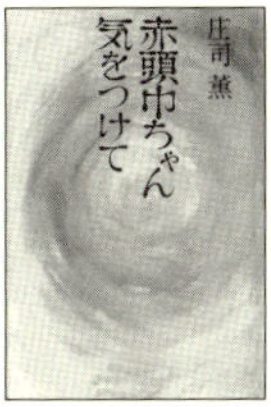

庄司薫『赤頭巾ちゃん気をつけて』（中央公論社、一九六九年）

ジャー『ライ麦畑でつかまえて』の野崎孝訳（「新しい世界の文学」第20、白水社、一九六四年）からの影響でつくられたんやな。頭がよくて純な十代男子の気分というものを実によく出していた。影響ではあるけど、発明でもあった、と思う。ただし、あのカマトト文体で四十になっても書き続けるというのはきつい。庄司薫が書かなくなった原因はすでに文体にあった、と言えるかな。

山本――庄司薫の文学は青春の文学で、**文体でもって一世を風靡**した。作品数は少ないが、ずっと読み継がれていく力をもってるな。晩年書き過ぎる作家も多いなか、これはこれで納得できる。ほんとはもっと書いてもらいたい作家やな。書かなくなったのは、悪い意味でなく、書かなくても生活できる、というのもあるんじゃないか。

岡崎――そんな生活してみたいな。ただ、『狼なんかこわくない』を読み返すと、「傷つきやすい若者」像というようなステロタイプな青春論への異議申し立てとして、庄司はなかなか込み入った複雑な議論をしていて、やっぱり相当頭のいい人だなあ、ということが分かる。ところが、さっきも言ったように、あのカマトト文体でエッセイを書くには限界があると言わざるをえんのやな。庄司薫って、いまいくつやと思う。

山本――どうやろ。もう七十近いんと違うか。

岡崎――そう、七十を越えた。プロフィール写真は三十代のまま、やけど（笑）。道で会っても、たぶん分からんと思う。夫人の中村紘子が横にいてようやく（笑）。若づくりは老年になってツケがくる。つまり、七十になって「ベアトリス姫はびっくりしてひっくり返って」なんて、もう書けないやろ？　実はこの**カマトト文体を継承**しているのが、ぼくの思うところ村上春樹で、村上もあれで七十過ぎたら、どうするのか。

山本――村上春樹ももうすぐ還暦。文体、語り口と言ってもいいが、これはむずかしい問題だな。読者としては、同じ語り口を期待するというのもあるからな。

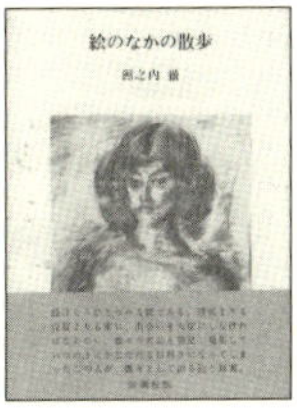

洲之内徹『絵のなかの散歩』（新潮社、一九七三年）

岡崎――それはそうと、山本は若いころ、文章の上でだれかに影響を受けたということはあるか？　山本の文章を読んでて、中野重治の影響を感じることはあるけど。

山本――それはどうかなあ。影響というより文章がすごいと思ったのは、洲之内徹かな。小説よりエッセイのほうが断然上手い。『芸術新潮』に連載してた「気まぐれ美術館」は新潮社で単行本六冊（『絵のなかの散歩』一九七三年、『気まぐれ美術館』一九七八年、『帰りたい風景』一九八〇年、『セザンヌの塗り残し』一九八三年、『人魚を見た人』一

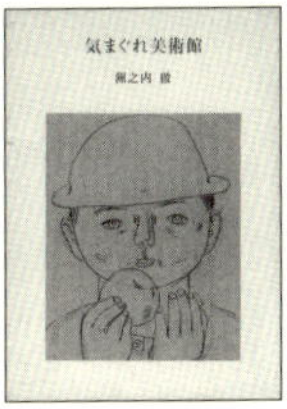

洲之内徹『気まぐれ美術館』（新潮社、一九七八年）

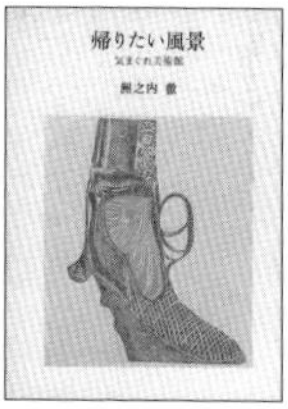

洲之内徹『帰りたい風景』（新潮社、一九八〇年）

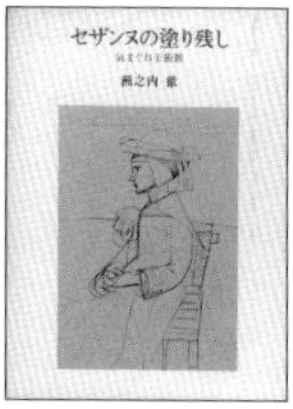

洲之内徹『セザンヌの塗り残し』（新潮社、一九八三年）

洲之内徹『人魚を見た人』（新潮社、一九八五年）

九八五年、『さらば気まぐれ美術館』一九八八年）にまとめられたが、どれもこれもすばらしい。洲之内には、絵画という枠があることがよかったんじゃないか。どんなこと書いてもちゃんと**額縁に収まってる**。エッセイではうまくいったエピソードも、小説のなかでは色褪せていたというのもあったように思う。不思議なものやなあ。

岡崎――洲之内さんも結局「私」を語る人やったけど、小説の場合、その「私」が生で、客観的に物語のなかに溶け込ませるのに齟齬を感じた。洲之内さんの小説観というものが少々古いんと違うかな。いま、山本が「額縁」という上手い言い方をしたけど、洲之内さんが考える手持ちの小説という「額縁」では、その本領を表わすのにやや窮屈やったかな、と思う。それが美術エッセイというかたちで、他人の絵を借りて語り出すと、とたんにそれまでの蓄積がうまく流れ出した。もちろん小林秀雄のスタイルの影響はあるやろうけど、われわれに「これは本物や」と感じさせる力がそこで生まれたんやな。

山本――洲之内徹は『洲之内徹小説全集』（第1・第2巻、東京白川書院、一九八三年）の巻末の作品ノートで、小説について、こんな意味のことを言っていたな――何でもないことを書くのが小説だと、大層なことではなく、せめて小説にでも書く以

洲之内徹『さらば気まぐれ美術館』（新潮社、一九八八年）

洲之内徹『洲之内徹小説全集』（第1巻、東京白川書院、一九八三年）

外には仕方のない、ごく**つまらないことを書くのが小説**だと。これでいけば、洲之内はもっと小説が書けたんだと思う。洲之内はこう続けていた――そのくせ小説とはこういうものではないということも感じている、と。こうなると、ちょっと小説は書けなくなる。洲之内はきっといい小説を読んで、強烈に感動したことがあるのだろう。これこそが小説だといったものを。

岡崎――だからもちろん、洲之内さんが小説修行をしたことは無駄じゃないよな。

山本――ぼくもそう思う。最初っから美術エッセイを書いていたら、こうは書けなかったのと違うか。書くというのは、自分の心のなかを探しまわるわけやから。小説は特別そうと違うか。

岡崎――つまり、絵のなかに、その**画家が人間として生きたドラマ**を見る、という洲之内さん独特の方法は、小説から来ている。創作する者としてはやっかいなことやけど、小説を捨てなければ、それは手に入らなかったとも言える。洲之内さんの「気まぐれ」シリーズの、とくにどういうところにうまさを感じるか。それまでの美術エッセイとどこが違うのか。そのあたり、山本くん、演説してください。

洲之内徹『洲之内徹小説全集』（第2巻、東京白川書院、一九八三年）

山本――いつやったか、洲之内さんの魅力を説明するのに、岡崎とぼく、偶然同じところを引用してたってことあったよな。たしか、海老原喜之助のポアソニエールの絵についての文章だった。戦争中に満州で一枚の絵「ポアソニエール」に出会う話だった。

岡崎――『絵のなかの散歩』にあったな。戦地で複製の「ポアソニエール」に慰められ、復員してからまたこの絵に――複製やけどな――巡り会って、当時洲之内さんがやってた古本屋の壁にずっとかけていた。のちに現代画廊の雇われ番頭をやってたとき、とうとう原奎一郎《けいいちろう》の家で本物に出会う。このへんの文章はいいぞ。あとで原がこれを手放すことになって、雨のなか、びしょ濡れになりながら、この「ポアソニエール」を買って帰るという話な。洲之内さんの絵に対する気持ちが、読む者に**ぴったりと張り付く**ような感じ。すごい文章の力。もうほとんど「生きる」というのと同義語で「絵」がある。

山本――「他のことは何でも疑ってみることができるが、美しいものが美しいという事実だけは疑いようがない」という文章が印象的やな。ぼくにとって洲之内さんの美術エッセイが面白いのは、そのエッセイのなかに**洲之内徹という人間の魅力**も、いやなところも、よく出ているからやと思う。それが読んでいると、こちらにひしひしと伝わってくるんや。これはまさしく文章の力やと思う。前に書いたことあるんやけど、京都に昔、「蝶類図鑑」っていうジャズ喫茶あったやろ。すごい音量やった。

岡崎――ビルの奥の階段を上がった二階で、入口に餃子の「王将」があった。

山本――なんで「王将」が出てくるんや（笑）。「蝶類図鑑」といえば、壁にかざってある蝶の標本箱。なかの蝶がその大音量でふるえてた。そんななかでも洲之内徹の文章はきっちり頭に入ってきたよ。ぼくは、洲之内さんのアパートの部屋も好きやった。いやもちろんお邪魔したことないけどな。

岡崎――なんや、それ（笑）。

山本――洲之内さんがどうしても欲しいと思う絵、画商という仕事でありながら、どうしても手放したくない絵があって、それらを仕舞い込んでいるアパートの部屋。この部屋で晩年、フォークソングやジャズを聞いていた。

岡崎――中島みゆきに、友川かずきまで聞いてる。お酒まで飲み出してな。それまでは下戸やった。カティサークが好きでな。年輩になってから**ジャズを聞き出した**という点では植草甚一とも似てる。

山本――洲之内さんのことやから、部屋に本も積み上げてあったに違いない。一度訪ねてみたかったな。

岡崎――絵こそなかったけど、ぼくや山本の京都での下宿はそんな感じやった。ただし、ぼくの部屋には窓があったけど、山本の部屋にはない。

山本――おれの部屋は監獄か。ちゃんとあったわ、窓くらい。小さかったけど。

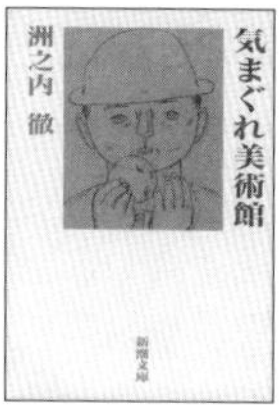

洲之内徹『気まぐれ美術館』（新潮文庫、一九九六年）

洲之内徹『絵のなかの散歩』（新潮文庫、一九九八年）

岡崎――しかし、そうやって思い出すと、われわれが一番苦しい時代に、洲之内徹の文章と出会ったということも大きいな。

山本――そんなに苦しかったか？　そのわりにあのころ、太ってたやないか。「王将」でポパイとライスとそれに餃子も食べてたし。

岡崎――あのポパイ（ホウレンソウと卵と豚肉炒め）がまたうまかった。いや、そんな話はどうでもええねん（笑）。それにしても新潮文庫に『**気まぐれ美術館**』（一九九六年）が入ったときは驚いたな。

山本――ああ、あれはすごかった。新刊で買ったぐらいやからな。それから『絵のなかの散歩』（一九九八年）、『帰りたい風景』（一九九九年）と、どんどん文庫化されて、このままいったら全部文庫になるかと思ったけど、『帰りたい風景』で止まって、いまでは全部品切れになってる。単行本のほうは全六冊セットで復刊されたけどな（二〇〇七年）。一応、新潮文庫版は各三冊ずつぐらい持ってるけど。

洲之内徹『帰りたい風景』（新潮文庫、一九九九年）

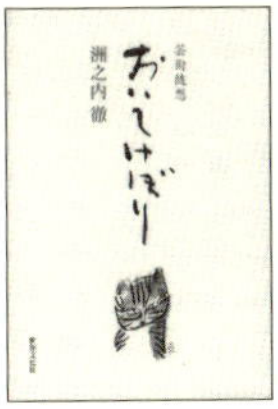

洲之内徹『おいてけぼり』（世界文化社、二〇〇四年）

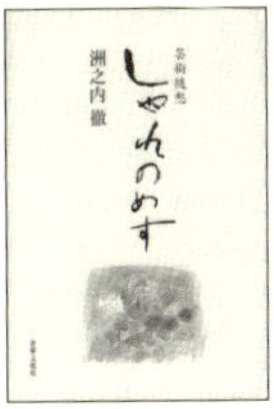

洲之内徹『しゃれのめす』（世界文化社、二〇〇五年）

岡崎——ぼくは二冊ずつかな。負けたな（笑）。

山本——洲之内徹のファンが少なからずいるというのは、品切れている洲之内本の古書値が上がってるのでも分かるな。**新潮文庫の値段も上がっていく**だろう。それに、世界文化社から二冊、『おいてけぼり』（二〇〇四年）、『しゃれのめす』（二〇〇五年）が出たのでも分かる。できれば、単行本未収録の文章を集めて本にして欲しいな。洲之内さんについて書かれた文章では、野見山暁治の「汚れたソファ」というのが絶品。『洲之内徹小説全集』の月報に載ったものや。

自分は絵の愛好者ではなく〈絵ずき〉だ、といったようなことを洲之内さんは書いているが、そういう表現でいうと、〈ダウン暮し〉の男なんだ。なるべく人々の蔭で、できることなら自分の声も打ち消して、早い話が、存在を気づかせないように忍者スタイルの、闇にまぎれる服装で身をおおい、この世をにんまりと眺めて暮らしているみたいだ。若いときはそのために、かなり表情まで気をつかっていたのではないか。わたしはそういう気がする。そうでなければ現在、あんな顔になるわけがない。すっかり出来あがった皺なのに、形としてどこか未熟だ。

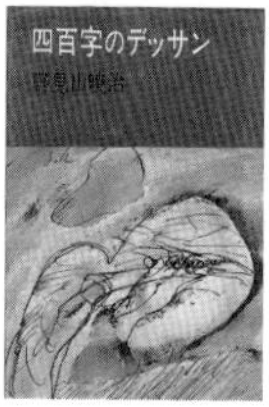

野見山暁治『四百字のデッサン』（河出書房新社、一九七八年）

田島征彦『くちたんばのんのんき（口丹波呑呑記）』（晶文社、一九七九年）

岡崎——人のことを語るのに、顔で語るというのはいかにも画家らしいな。「忍者スタイル」なんて見立ても面白い。

山本——野見山暁治には、『四百字のデッサン』（河出書房新社、一九七八年／河出文庫、一九八二年）という名エッセイ集がある。月並みな表現だが、**人間観察に独特な個性**を感じた。野見山は『愛と死はパリの果てに』（講談社、一九六一年）という小説やエッセイ集を何冊も出しているが、『四百字のデッサン』がピカイチとちゃうか。パリ時代の思い出がすばらしい。若い小川国夫、パリに居ついた森有正、そして椎名其二《そのじ》。この人がまた魅力あった。蜷川譲の『パリに死す』（藤原書店、一九九六年）という評伝も出てるが、パリで造本の仕事をしていた椎名其二の風貌も見事に描いていた。ほかにも、同級生の駒井哲郎のこと、義弟の田中小実昌のこともよかった。この本、まだ読んでない人は幸せや。これから至福の読書時間を味わえるのやから。

岡崎——**画家に文章の達人が多い**ことは、『随筆入門』のなかでも証明されているが、現代では、それがイラストレーター、絵本作家に移行しているのじゃないか、というのがぼくの見方なんや。和田誠はもちろん、安西水丸、佐野洋子、それに『くちたんばのんのんき（口丹波呑呑記）』（晶文社、一九七九年／新潮

長新太『海のビー玉』（理論社、一九六五年）

文庫、一九八六年／飛鳥出版室、二〇〇六年）の田島征彦も独特な文章でちょっと真似手がない。『海のビー玉』（理論社、一九六五・一九八五年／平凡社ライブラリー、二〇〇一年）の長新太、『映画未満』（筑摩書房、一九九〇年）や『音楽未満』（マガジンハウス、一九九一年）の長谷川集平も絵本作家の名文家。そしてこれは区分に困る伊丹十三という大物もいる。『ヨーロッパ退屈日記』（文藝春秋、一九六五・一九七四年／文春文庫、一九七六年／新潮文庫、二〇〇五年）がおススメや。

山本――そういや伊丹十三も絵を描くなあ。長沼弘毅の『シャーロック・ホームズの世界』（文藝春秋、一九六二年）や『シャーロック・ホームズの紫烟』（文藝春秋、一九六六年）などの装幀もしていた。伊丹も日本の口語文の完成者の一人やな。

岡崎――安西水丸も文章の点で、もう少し評価されてもいいと思ってる。『ガラスのプロペラ』（誠文堂新光社、一九九四年）は、デザインに関する文章をたくさん集めていて、デザインに関心のある人は必読や。例えば「日本人は塔のデザインが下手」という文章がある。下手だから「あまり作らない方がいい」という。作るな、と力むんじゃなく、「あまり作らない方がいい」という言い方にユーモアがある。そのほうが読者に与える効果があるんやな。続けて「銅像だって下手だ。噴水ときたらもうどうしようもない。その点、意外と上手なのが夜のネオンサイン

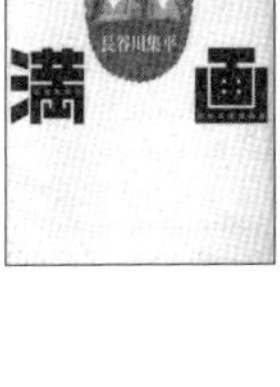

長谷川集平『映画未満』（筑摩書房、一九九〇年）

伊丹十三『ヨーロッパ退屈日記』（文春文庫、一九七六年）

長沼弘毅『シャーロック・ホームズの世界』（文藝春秋、一九六二年）

で、その点はいつも感心している。銀座にあった森永キャラメルの地球のネオンや服部時計店のネオンは今でも時々思い出す」と書く。説得力があるやろ。このくどくどと書かず、さらっと書き上げる感じは、安西水丸のイラストとも似ている。人文一致というか、**絵文一致**。

山本――和田誠のエッセイも読むのは楽しいな。どれか一冊挙げろと言われたら、『いつか聴いた歌』（文藝春秋、一九七七年／文春文庫、一九九六年）にする。これは和田誠好みの一〇〇曲の歌について、実に楽しそうに語っているエッセイや。この本、まだ読んでない人は幸せや。これから至福の読書時間を味わえるのやから。

和田誠『いつか聴いた歌』（文藝春秋、一九七七年）

岡崎――またそれを言うか。ぼくは『お楽しみはこれからだ』（Part1～7、文藝春秋、一九七五～一九九七年）のシリーズはいまでも読み返す。しかし、なぜ絵を描くのを職業としている人がいい文章が書けるのか。これは正直言ってむずかしい問題やけど、例えばこういうことは言えると思う。ひとつは、たくさん文章を読んでいるからいい文章を書けるとは限らないということ。やっぱり天性のものがいるんやな、文章を書くということは。

山本――いや、ありがとう、ありがとう。別にそう褒めてもらわんでもいいけ

和田誠『お楽しみはこれからだ』（文藝春秋、一九七五年）

ど。

岡崎――だれが山本の話をしてるんや(笑)。絵描きの話やろ、いまは。絵描きというのは、対象を捉えること、そして観察が重要やと思うけど、それが文章を書くときにも表われるのかな、と思う。それからもうひとつ。すでに絵で名前が出て、食い扶持があるから、文章を書くときに変な色気が出ない。肩の力がいいほうに抜けているというか、そんな気もする。そして、随筆やエッセイを書くとき、それはすごく重要なことなんや。もちろん中野重治の「山猫」のような、緊迫した張り詰めた文章のすごさもあるけれど、随筆というものに求められるのは、おおむね、**どちらかというと脱力**やからな。

山本――絵描きの文章は、脱力文章か。絵描きとしての自分がしっかりあるので、出てくる余裕かもな。たしかにエッセイを読む楽しみのひとつに、ゆったりとした気持ちになれるというのもあるかも。ものを見る眼に個性があれば、それだけで魅力になる、というのもあるやろ。

岡崎――その意味では写真家も同じようなことが言える。

山本――そうやな、**ものを見る眼に、一風変わったところ**なんか見えて面白い。やっぱり個性的な人物が多くて、生い立ちや交友関係のエッセイもいいものがある。それに写真がふんだんに使ってあって、そういうのも魅力。ぼくは古本屋をまわっていて、森山大道や中平卓馬の本があれば手に取ってきたが、問題は写真集も含めて値段が高いということや。それだけ人気があるということやが、安いもん専門のぼくらには大問題や。まあ、それでも長年古本屋をまわっていると、いいのん集まってくる。森山大道で言うと、寺山修司の『街に戦場あり』（写真＝森山大道・中平卓馬、天声出版、一九六八年）と、同じく寺山修司が文章を寄せた森山の写真集『にっぽん劇場写真帖』（室町書房、一九六八年／新潮社Photo musée、一九九五年）。それに、『まずたしからしさの世界をすてろ』（共著、田畑書店、一九七〇年）、『狩人』（中央公論社、一九七二年）。『遠野物語』（朝日ソノラマ、一九七六年／光文社文庫、二〇〇七年）、『犬の記憶』（朝日新聞社、一九八四年／河出文庫、二〇〇一年）、『犬の記憶・終章』（朝日新聞社、一九九八年／河出文庫、二〇〇一年）といった文庫も出てる。どうや。

岡崎――どうや、と古本屋のおっちゃんに言われても……。

山本――だれが古本屋のおっちゃんや。

岡崎――ぼくは文士を撮った写真集が好きで、いろいろ持ってるけど、写真と一緒にカメラマンが備忘録みたいに、**撮影に際してのエピソード**をちょっ

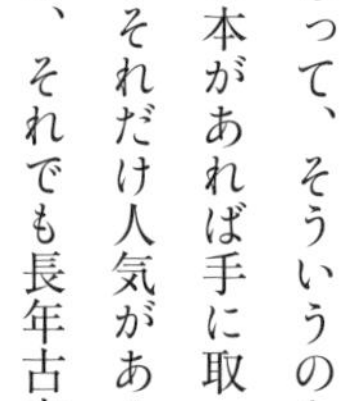

寺山修司『街に戦場あり』（写真＝森山大道・中平卓馬）（天声出版、一九六八年）

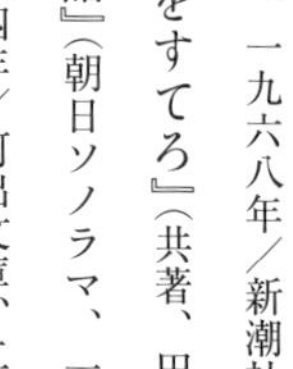

森山大道・寺山修司『にっぽん劇場写真帖』（新潮社Photo musée、一九九五年）

と書き付けた文章があるやろ。あれにいつも感心する。林忠彦『文士の時代』（朝日新聞社、一九八六年／朝日文庫、一九八八年）を筆頭に、木村伊兵衛、篠山紀信、それに土門拳。ここでは土門の『風貌』（アルス、一九五三年）について話をするけど、これは講談社文庫に三分冊で入っていた（一九七七・一九七八年）。いま考えると、文庫で出ていたというのがすごいけど。

山本――**文庫や新書サイズの写真集**も魅力あるな。写真集を持ち運べるなんて贅沢な話や。土門拳は、小学館からも『土門拳 古寺を訪ねて』（二〇〇一・二〇〇二年）という文庫が何冊か出てるな。

岡崎――『風貌』は文士に限らへんけど、ここに肖像写真と一緒に収まった短文がどれもいいんや。たとえば梅原龍三郎のアトリエを訪ねたときの話。

「胸をはだけたワイシャツに白ズボンをはいて、素足だった。ズボンのバンドは締めずに、奥さんのであろうか、翡翠の円い帯留の付いた帯締を腰に巻いていられた。ズボンの白地に翡翠の青い輪が印象的だった」

と梅原の姿が描写されている。これはまさしく一瞬にして絵を焼きつける写真家の目やろ。梅原が奥の部屋に引っ込んで、土門が帰り際、梅原夫人と言葉を交わす場面もいい。ここはぜひ現物にあたって欲しい。なんか、どれだけ言葉を費や

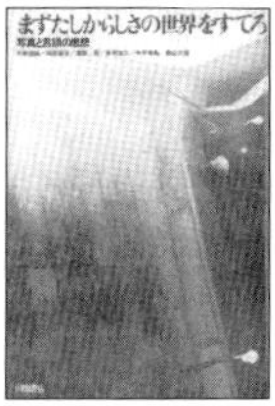

森山大道ほか『まずたしからしさの世界をすてろ』（田畑書店、一九七〇年）

森山大道『狩人』（映像の現代10、中央公論社、一九七二年）

土門拳『風貌』（正・続・続々、講談社文庫、一九七七―一九七八年）

した梅原論より、梅原の姿が浮き上がってくる。あるいは永井荷風。撮影のため、浅草ロック座の楽屋へ出かけたものの、急に荷風が姿を消したらしい。そんな事情は省いて、いきなりこう書き出す。

「踊子と話し合っていられるものとばっかり安心していたら、いつの間にか、荷風先生も踊子も、そこにいなかった。僕はロック座の楽屋口から飛び出した。ショボショボと不景気な雨が降っていた。荷風先生は、どこにも見えなかった」

いわばトリミングやな。大事なところ、核心だけを取り出す。動きのある場面から始める。本職の物書きだと、どうしても最初に説明してしまうところやけど、おかまいなしに自由に書けるところが、他業種のエッセイの妙味やな。

『土門拳 古寺を訪ねて』（小学館文庫、二〇〇一年）文庫オリジナル編集

山本――写真に付けたコメントが面白いのは、都築響一にも感じたことがある。『TOKYO STYLE』（京都書院、一九九三・一九九七年／ちくま文庫、二〇〇三年）や『珍日本紀行』（アスペクト、一九九七・二〇〇〇年／ちくま文庫、二〇〇〇年）などは、ちょっとした一言で**写真をもう一度見直す**ということがあったな。

岡崎――林忠彦『文士の時代』の文章は、おそらく林の談話をまとめたもので、エッセイとは言えないかもしれないが貴重な証言が多い。とくに、林の名を高めた銀座のバー「ルパン」で、太宰治を撮ることになった秘話は必読ものや。ぼく

都築響一『TOKYO STYLE』（ちくま文庫、二〇〇三年）

都築響一『珍日本紀行』（ちくま文庫、二〇〇〇年）

森山大道『遠野物語』（現代カメラ選書、朝日ソノラマ、一九七六年）

もよく作家を取材するけど、ぼくみたいなものでも、やっぱり同じ文章を書く人間を相手にすると、どうしても書かれる側も意識、もっと言えば警戒する。その点、カメラマンは書かれる心配は一応ないから、ついつい被写体である作家も、気を許してぽろっと本音をもらすんと違うかな。ちょっとしたエピソードがとても面白い。

山本――ぼくの好きな、森山大道の『遠野物語』は最初に遠野の写真があり、それがひとつの物語になっていて、もう文章などいらないと思うんやけど、巻末で「なぜ遠野なのか」とやられると、やはりそれは独特なんや。

釜石線も、東和のあたりまでは、どことなく、東北線ぞいの風景の延長っておもむきなんですが、東和を過ぎて、『遠野物語』で有名な猿ケ石川が右手の車窓に見えかくれしてくるあたりから急に、ぐっといい感じになってくるんですね。単線は、ぐぐっと山ぎわに寄り、へばりついて走りつづけるんです。そうすると、ちょうど線路におおいかぶさるように咲き乱れている秋の草花のトンネルをくぐり抜けているような感じがするわけです。

名文というんではないが、**写真を撮りたくて仕方ない感じ**がよく出てる文章だと思う。だからやっぱり名文や。

岡崎――そこが随筆の不思議なところで、評論とは違うところやな。気持ちが乗っていることが一番で、それがいかに生き生きと描かれているかが、読ませる随筆の条件となる。必ずしも論理の整合性は求められないし、文体の統一さえときにはどうでもいい。見たもの感じたことが、**読む者にいかにうまく伝わるか**が勝負と言ってええやろな。本職の物書きでない、絵描き、写真家、それに音楽家や俳優、演劇人なども含めてもいいけど、そういう別の表現技術をもっている人が随筆を書くと、やっぱり書かれたものが生き生きとしている。芥川比呂志なんて、すばらしい文章を書く。これが随筆の面白いところでもあり、むずかしいところでもある。

殿山泰司『三文役者あなあきい伝』（講談社、一九七四年）

殿山泰司『JAMJAM日記』（角川文庫、一九八二年）

山本――文章の点から言うと、さすがに小説家やプロの文筆家はうまいもんや。でもちょっとぐらいスキがあっても、伝えたい何かがあって、それがストレートにこちらに響く文章も捨てがたい。殿山泰司の文章を初めて読んだときも、乱暴な言葉づかいのなかにもシャイな感覚が見え隠れして、新鮮やった。タイトルもよかったなあ。『日本女地図』（光文社カッパブックス、一九六九年）、『三文役者あなあ

田中小実昌の『自動巻時計の一日』（角川文庫、一九七六年）

きい伝』（講談社、一九七四年）、『JAMJAM日記』（白川書院、一九七七年）。どれも古本屋さんを探しまわって揃えたが、ちくま文庫がさらに文庫化をすすめてくれた（『三文役者あなあきい伝』は一九九五年、『JAMJAM日記』は一九九六年）。でもそれらももう品切れになりつつある。

岡崎――なんや、品切れになるのがそんなにうれしいんか？

山本――品切れ、**絶版になれば古本**や。やっとぼくらの領域に入ってきた。

岡崎――しかし、いま山本が挙げた殿山本の何冊かは、かつて角川文庫に入っていたな（『JAMJAM日記』『日本女地図』、一九八三年）。田中小実昌の『自動巻時計の一日』も角川やった（一九七六年）。このころ、というのは昭和五〇年代、角川文庫はすごかった。

山本――寺山修司もまずは角川文庫、やったしな。田中小実昌のエッセイは、けっこう旺文社文庫にも入ってたな。『コミさんの二日酔いノート』（一九八四年）、『また横道にそれますが』（一九八四年）、『猫は夜中に散歩する』（一九八五年）、『ベトナム王女』（一九八五年）、『ああ寝不足だ』（一九八五年）、『ワインの涙はそら涙』（一九八六年）。

田中小実昌『コミさんの二日酔いノート』（旺文社文庫、一九八四年）

田中小実昌『また横道にそれますが』（旺文社文庫、一九八四年）

田中小実昌『猫は夜中に散歩する』（旺文社文庫、一九八五年）

岡崎——その旺文社文庫の田中小実昌本六冊を、東京に住むわれらが友人のライター荻原魚雷くんが京都で一冊五〇円で見つけたりした。

山本——いやなことを思い出した。あれは悔しかったなあ。ああ東京もんにやられたなあ。さすが魚雷くん、ええ本持って帰った。でも京都はぼくの縄張りやから、ちょっと遠慮して欲しかったなあ（笑）。

岡崎——古本に縄張りがあるんか。その田中小実昌のエッセイで言えば、ミステリと映画とお酒とストリップと旅を**同じ文体で書ける**というのがすごい。田中小実昌は翻訳家でもあったわけやけど、翻訳家の書くエッセイということで、何か言えるかな？　例えば、最近では柴田元幸、鴻巣友季子、岸本佐知子とか、本業の翻訳で注目されて、エッセイのほうでも人気のある書き手が増えたけど。

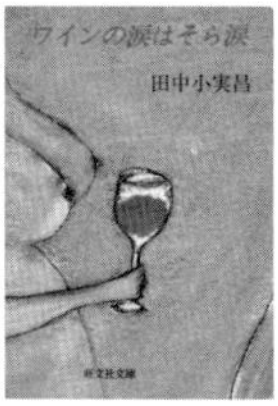

田中小実昌『ワインの涙はそら涙』（旺文社文庫、一九八六年）

田中小実昌『ベトナム王女』（旺文社文庫、一九八五年）

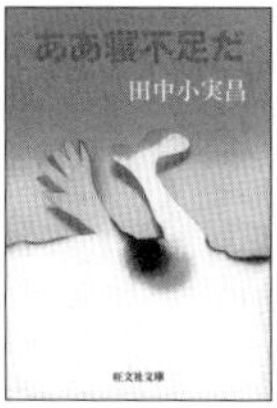

田中小実昌『ああ寝不足だ』（旺文社文庫、一九八五年）

山本——翻訳家でもあったというのと、翻訳家だったというのは分けたほうがいいかもな。神西清、山内義雄、大山定一などは優れた翻訳家だったけど、その翻訳に比べたら**エッセイは少し落ちる**ような気もする。板倉鞆音《ともね》は、ドイツの詩人、リンゲルナッツの詩を見事な日本語で読めるようにしてくれたけど（『リンゲルナッツ詩集』思潮社、一九六六年ほか後出）、そのエッセイは本になってないのか

荻原魚雷『古本暮らし』(晶文社、二〇〇七年)

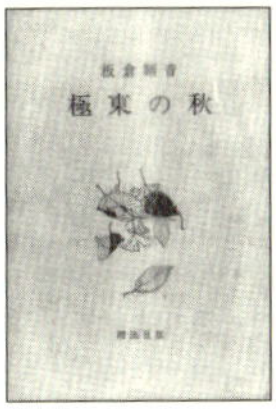

板倉鞆音『極東の秋』(潮流社、一九七九年)

長谷川郁夫『美酒と革嚢』(河出書房新社、二〇〇六年)

なあ。『極東の秋』(潮流社、一九七九年)という自分の詩集が出ていたが、エッセイ集はないのかも。板倉はエッセイを書かせても一流だったと思う。そういえば編集者の長谷川郁夫さんが伝説の出版人、第一書房・長谷川巳之吉の軌跡をたどった労作『美酒と革嚢《かくのう》』(河出書房新社、二〇〇六年)にも板倉鞆音の文章が引用してあった。

三十歳で肺を病み、数ヵ月後に糖尿病を併発した。二回の入院ののち女房子供をつれて郷里の碧南市に帰った。戦争中の企業整理で父も収入がなくなり、惨澹たるものだった。僕は寝床のなかで、かつて「カスタニエン」「羅針」「四季」などにのせたリンゲルナッツの詩を整理して第一書房に送ってみた。以前、「コギト」にケストナーの訳詩をのせたのを見て、店主敬白の長谷川巳之吉さんが見ず知らずの僕に激励の手紙をくれたことを思い出したからであるが、何の返事もこなかった。ところが、すっかり諦めた頃になって、どさっと校正刷がとどいた。こんな風にして僕の処女訳詩集「運河の岸辺」は日の目を見た。間もなく印税三百四十二円が届き、長谷川さんの手紙には訳が立派だったのでご褒美にいい紙を使いました、とあった。紙は和紙を二つ折りして使ってあった。僕の一生のうちで、これほど嬉しかったことはあまりないような気がする。

青柳瑞穂『ささやかな日本発掘』（新潮社、一九六〇年）

河盛好蔵『回想の本棚』（中公文庫、一九八二年）

青柳瑞穂や河盛好蔵みたいに特別優れたエッセイを書いてしまうと、**翻訳家というよりエッセイスト**として認知される。青柳瑞穂の『ささやかな日本発掘』（新潮社、一九六〇年／講談社文芸文庫、一九九〇年）、河盛好蔵の『回想の本棚』（新潮社、一九七六年／中公文庫、一九八二年）なんて面白くて面白くて。また、翻訳家の枠を超えた吉田健一という巨人もいる。福原麟太郎、渡辺一夫、鈴木信太郎などは学者としても一流で、余裕のあるエッセイを書いた。最近では、青山南、常盤新平、須賀敦子、種村季弘というところか。

岡崎——いやあ、いま実は、山本のぶ厚い唇から「板倉鞆音」の名前が出たんでびっくりしてる。

山本——ぶ厚い唇は余計やろ。

岡崎——ぼくもちょうど、板倉鞆音には一時期関心があったんや。きっかけは編集工房ノアのPR誌『海鳴り』（二〇〇三年四月）に載った山田稔の文章。「詩人の贈物」という題で、これはいま『八十二歳のガールフレンド』（編集工房ノア、二〇〇五

山田稔『八十二歳のガールフレンド』（編集工房ノア、二〇〇五年）

年)という本に入っている。「雨の降る秋の日に思い出す詩がある」と始まる。これがよかった。ケストナーの詩「雨の十一月」の引用があって、この詩とケストナーの詩集にまつわる話なんや。

山本――山田稔は、『海鳴り』の別の号(二〇〇六年七月)には、加能作次郎のことを書いていた。いいエッセイだったのは、読んだあと、**加能作次郎の小説を読みたくなった**ことでも分かったな。ぼくはなかなか、山田稔のよさが分からなかったんだが、天野忠さんのことを書いた『北園町九十三番地』(編集工房ノア、二〇〇〇年)を読んで少し見方が変わった。それでまとめて読み返そうと思っているんや。ところで、ケストナーの「雨の十一月」は、木山捷平の「去年《こぞ》今年」にも出てくる。

岡崎――いま、それを言おうと思ったんや。

山本――思うたらはよ言わんか。まあまあ、ええわ。それから?

岡崎――「下駄箱にしまいわすれた/一番古い靴をおはきなさい/実際、ときどきは/雨の往来を歩くのもいいでしょう」が第一連。山田はこれを「それを訳した板倉鞆音の詩、と言った方が適切かもしれない」とまで言っている。実際、訳詩を読んでる感じがしない。ちょっと**木山の詩にも似ている。**

山田稔『北園町九十三番地』(編集工房ノア、二〇〇〇年)

山本——木山には「下駄にふる雨」という小説もある。「去年今年」と一緒に、講談社文芸文庫の『下駄にふる雨・月桂樹・赤い靴下』(一九九六年)で読めるな。

岡崎——いま、それを言おうと思ったんや。

山本——思うたら、はよ言え。

岡崎——山田稔の「詩人の贈物」は、そのあと板倉と親交のあった詩人の玉置保巳の話になり、**編集工房ノア**の社主・涸沢純平の名前も出てきたり、連想ゲームのようにころころと話が転がっていく。その底に「雨の十一月」の詩があるという、すばらしい文章やった。これで板倉鞆音に興味が出て、ケストナーの詩集、それに板倉訳のリンゲルナッツの詩集が欲しくなったんや。

山本——リンゲルナッツのことは、長田弘『私の二十世紀書店』(中公新書、一九八二年/定本、みすず書房、一九九九年)や、池内紀の『ぼくのドイツ文学講義』(岩波新書、一九九六年)、天野忠『我が感傷的アンソロジイ』(文童社、一九六八年/増補版、書肆山田、一九八八年)で触れられていた。

岡崎——そうそう、そうやった。

山本——板倉鞆音訳のリンゲルナッツ詩集は、昭和一六(一九四一)年に第一書房から『運河の岸邊』がまず出てる。これはおれは持ってる。

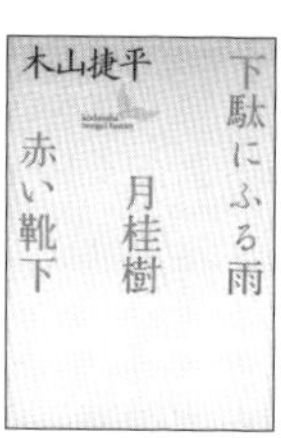

木山捷平『下駄にふる雨・月桂樹・赤い靴下』(講談社文芸文庫、一九九六年)

板倉鞆音訳、リンゲルナッツ詩集『運河の岸邊』(第一書房、一九四一年)

岡崎――そうか、すごいな。

山本――それから昭和四一（一九六六）年に出た「現代の芸術双書20」という思潮社のシリーズに『リンゼルナッツ詩集』のタイトルで入った。板倉鞆音がリンゲルナッツに出会ったときのことは、『運河の岸邊』のまえがきにあるな。これがまた名文。

岡崎――リンゲルナッツはこのとき、定職ももたず、キャバレーかなんかで詩の朗読をしてお金を稼いでいた。そんな一九三〇年代のドイツに板倉が留学していたわけやな。それは池内紀の『ぼくのドイツ文学講義』で読んだんや。思い出した。ぼくは、めったに**ネットで古本を買わん**けど、このときは昭和六三（一九八八）年に国書刊行会から出たリンゲルナッツの『動物園の麒麟』を注文して買ってる。どうしても読みたかったんや。

板倉鞆音編・訳、ヨアヒム・リンゲルナッツ『動物園の麒麟』（クラーテル叢書9、国書刊行会、一九八八年）

山本――編集工房ノアの話が出たが、この大阪の出版社、ようがんばってるな。天野忠の本もようさん出してるし、足立巻一《けんいち》の本も、竹中郁、杉山平一、山田稔、富士正晴、庄野英二……これはすごい。

岡崎――東京に来て分かったけど、東京の読書人は基本的にほとんど**関西の書き手に興味がない。**地図上では東京から新幹線で三時間弱のところに

天野忠『我が感傷的アンソロジイ』（増補版、書肆山田、一九八八年）

あるのに、気持ちとしては沖縄より遠い感じ。

山本――ほんまか、大げさちゃうか。

岡崎――いやいや、ほんまや。それがこのところ、いま山本が名前を挙げた書き手の再評価の機運が高まっている。ここに杉本秀太郎も加えて、ぼくら以降の読み手が、古本屋でこれらの作家の本を探していることが、読書ブログを読んでいるとよく分かる。もちろん、これは編集工房ノアの功績。ノアさんがこれらの本を出してなかったら、東京の読者にとって大阪は沖縄どころか、月よりも遠かった。

山本――どこまで行くんや（笑）。天野忠本のなかで、ぼくがとくにいいと思ったのは、先に挙げた**『我が感傷的アンソロジイ』**やな。天野さんが無名に近い身近な詩人たちを描いているんやが、その眼差しがとてもいい。倉橋顕吉、武田豊、城《じょう》小碓《おうす》、野殿啓介、安藤真澄などの詩人の名前が目次に並んで、ある意味壮観やったなあ。ぼくは全く知らない名前ばかりやった。一〇〇円均一台で初めて見て買う気になったのは、ほかに中江俊夫、田中克己、井上多喜三郎、竹中郁という知った名前があったこともあるが、詩を引用しながら訥々と語る、天野さんの語り口に感心したからでもある。

山田稔選『天野忠随筆選』（編集工房ノア、二〇〇六年）

岡崎――天野さんの散文については、編集工房ノアから出た『天野忠随筆選』（二〇〇六年）で、選者の山田稔が「選者のことば」として書いてる。山田稔いわく、「天野忠は詩とエッセイを書くときの違いを訊ねられて、詩は全力疾走、エッセイはジョギングと答えたそうである」と。

山本――分かる分かる。おれの場合は**古本屋は全力疾走**、新刊書店はジョギング。

岡崎――よう分からん譬えやなあ（笑）。まあまあそういうこと。また随筆についても大事なことを言ってる。つまり「この『何でもないこと』にひそむ人生の滋味を、平明な言葉で表現し、読む者に感銘をあたえる、それこそが文の芸、随筆のこつ、何でもないようで、じつは難しいのである」という。ここ、線を引いた。この「**何でもないこと**」を書いてうまく読ませるのが、随筆の定義と考えていいのと違うかな。エッセイというと、もう少し知的操作や雑学的要素が加わる感じ。

山本――だから身辺雑記のようなものは「随筆」で、学者が書いた研究余話のようなものが「エッセイ」とも言える。まあ、そのへんははっきり線引きできるわけじゃないけど。例えば、植草甚一、小林信彦、丸谷才一なんかが書く文章は

「エッセイ」という感じがするけど。

岡崎――桑原武夫、多田道太郎、河盛好蔵、生島遼一、杉本秀太郎、山田稔と続く京大の仏文、人文研の系譜は、その「随筆」と「エッセイ」の中間というか、うまく融合させて独特の味をつくってるのと違うかな。未來社のPR誌の『未来』(二〇〇六年九・一一月号)に、内藤寿子さんが書かれてたんだけど、サルトルとボーヴォワールが来日したとき、大阪の香里団地を訪ねたんや。驚いたけど、そのとき多田道太郎が香里団地に住んでて、二人を案内したらしい。それを読んで、ちょっと多田道太郎を読み返したら、これがなかなかええんや。

山本――多田道太郎は筑摩書房から全六巻の著作集(一九九四年)が出てるな。ぼくらの世代では、角川文庫に『しぐさの日本文化』(一九七八年)、『遊びと日本人』(一九八〇年)、『物くさ太郎の空想力』(一九八〇年)なんかが入っていたのが印象にある。ここでも角川文庫か。『しぐさの日本文化』が代表的やけど、身近なところから思索を深めていって、**分かりやすい言葉で考察する**、というスタイル。これも京大人文研のお家芸。のちに『思想の科学』という雑誌に受け継がれていくな。

岡崎――ぼくが読み返したのは、その角川文庫の『物くさ太郎の空想力』。いま見

多田道太郎『遊びと日本人』(角川文庫、一九八〇年)

多田道太郎『物くさ太郎の空想力』(角川文庫、一九八〇年)

ると、カバーは長新太や。昔は子どもの描いた絵みたいや、と思ってた。

山本――ほんまや。これやったらおれにも描けそう。

岡崎――まあ、その話はおいといて（笑）。例えば「お待たせしました」という一文がある。「お待たせしました」という言葉には、愛嬌があって、日本語にしかないとまず書き出す。そこから四十過ぎてから頭が薄くなり始めたという「老化」の話になる。これが最初の「お待たせしました」とどうつながるか。多田はこう書く。

「要するに、冴えない話ばかりであるがこうなった以上は、なぜいっそうあっさり、年齢をとってしまわないものかと思う。歯にしろ、目にしろ、老化のインデックスはさまざまあるが、それの出てきたときは、あっさり、先輩に対し、『お待たせしました』と言いたいものである」

山本――巧いもんやな。そうつながるか。

岡崎――**なんとも言えんおかしみ**があるやろ。ここでは「インデックス」というカタカナ言葉も効いてる。冗談のような話を「インデックス」というカタカナ言葉が少し引き締めて、同時にその使い方にユーモアがある。同じ京大人文研の後輩に加藤秀俊がいて、その加藤に『わが師　わが友』（中央公論社、一九八二年）という一種の自伝的交遊録があって、これがまた人文研時代のことを活写し

加藤秀俊『わが師　わが友』（中央公論社、一九八二年）

ていてめちゃくちゃ楽しい。加藤は一九五三年から一七年間、人文研の助手を務めた。人文研の助手は基本的に二人一部屋に入るけど、その組み合わせをしょっちゅう変えたという。つまり「できるだけ異質の人間を接触させよう」という思想があった」とのことなんや。このあたり、京大らしいやろ。あるとき、三人か四人一部屋の「大部屋」に入るんやけど、このときのメンバーが加藤のほか、多田道太郎、山田稔。うーん、とうなるようなトリオ。レッツゴー三匹（笑）。

山本——一度入ったことあるけど、京大人文科学研究所の建物もいいんや。共同研究の匂いがぷんぷんしていた。

岡崎——それどんな匂いや？　それで「この三人はおしゃべりであった。本を読み、文章も書いたが、もっぱら**喋る時間**のほうが多かった。話題は古今東西、高尚な学術論から世俗の雑事にわたり、腹が減ると、出前のうどんを食べ、ビールを飲むという生活」をしていた。

山本——その「おしゃべり」というところが大事やな。そうしてみんなで、みんなでといっても、あくまですごいメンバーで、いろんなことを喋り合ったという経験は、**京大人文研出身者の文章の書き方**に影響を与えていると思う。

岡崎――ぼくも結局言いたいのはそういうこと。加藤によれば、京大人文研の特徴を一言で言うなら「自由」ということ。しかし「『自由』であるからこそ、わたしたちは、いくら追求しても際限のないなにものかを求めて勉強した。人文の建物の研究室は、深夜におよんでも電灯がついていた」という。研究室で夜明かしも珍しくなくて、たまに明るいうちに家に帰ろうとする若い研究者がいたら、用務員のおじさんが「ダメです、もっと勉強しなさい」と叱ったというんや。

山本――なんか、用務員のおじさんまでが人文研の研究者みたいで、いい随筆書きそうやな。

岡崎――ほんま、めちゃくちゃ文章がうまかったりしてな（笑）。フランス語もペラペラで……。この『わが師 わが友』には、ほかにも鶴見俊輔がカードの整理に靴の空き箱を使ってたとか、机の引き出しには胡瓜やチーズが入っていて、鶴見さんはこれをかじりながら研究室に寝泊まりして勉強した、なんて楽しい話も満載。

山本――そう言われたら読みたくなるな。岡崎、それ一〇〇円で買うたやろ。

岡崎――分かるか。

山本――分からいでかい。そうなるとぼくも一〇〇円以上は出されへんな。

岡崎――そんなところで競走せんでもええやろ。岩波文庫のヴァレリー・ラルボー『幼なごころ』（二〇〇五年）の解説で、堀江敏幸がラルボーの作風を「衒《てら》いのない、総じて明るいユマニスム。たとえ身体は弱くとも、精神的には健康でほがらかなユマニストの衣装」と表現している。ぼくはこれ、京大人文研の人たちが書く文章にもあてはまると思う。みんな基本的に**「健康でほがらかなユマニスト」**と言えると思う。自分の身体を通して、人間の叡智を平易に語るという点ではアランの末裔と言えるけど、こっちは冗談が分かる。精神が健康で**冗談の分かるアラン**がいっぱいいる、という感じ。

山本――桑原武夫と今西錦司は登山家でもあるしな。それを言うなら、京大は独文もすごかった。大山定一の翻訳やエッセイ、前に話した板倉鞆音もそうや。『カスタニエン』（京大独逸文学研究会、一九三三～一九三八年）という興味深い雑誌も出していた。またここでも板倉鞆音の話になるけど。

岡崎――なんや、また板倉鞆音に戻るんか。

山本――それがまた、いいエッセイがあるんや。いまちょうど板倉をまとめて読んでいるんでな。板倉さんが大山定一の研究室を訪ねて雑談をしていると、学生が「先生今日は授業をしていただけるでしょうか」と聞きにくるんや。そしたら大山さんは頭をかきながら「そうやなあ、今日は遠来の客があるからやめとこう」。そんなことがよくあり、年間出講回数が二、三回ということもあったらしい。それでも年々すぐれた学究が巣立って行ったという。そこで板倉鞆音はこう書くんや。

大山さんを慕って集まった学生にとっては、その人がそこにいる、というだけで事たりたのだろう。一緒に飲みにゆけばいくらでも話はきかれたし、研究室のドアを叩けば知りたいことはいくらでも引き出すことができた。文学などという学問でないような学問は、こうして学ぶのが本筋なのかも知れないのである。

ぼくは、これはこのとおりやと思うなあ。この先、文学部がなくなるかもしれないという人もいるぐらいだが、こんな教授もいて欲しい。

文学は「実学」

岡崎――荒川洋治さんが言い続けていて、大学に文学部は必要だと言ってる。大学から文学部がなくなったら、この世は闇やろ。文学部古本学科、というのでぼくと山本が教授っていうのはどうや?

山本――そんな大学、すぐつぶれそうやな。古本市のある日は休講に決まってるしな。

岡崎――いや、そりゃ、古本市のある日は、**古本市会場が教室**やろ（笑）。

吉川幸次郎・富士正晴編『大山定一――人と学問』（創樹社、一九七七年）

山本――ちょっと話を戻すわ。板倉鞆音がやな。

岡崎――なんや、まだ板倉鞆音か。

山本――黙ってもうちょっと待っといて。あとで出番つくったるから。板倉のこのエッセイは、吉川幸次郎・富士正晴編の『大山定一――人と学問』（創樹社、一九七七年）に入ってるが、ほかにも桑原武夫、生島遼一、手塚富雄、高安国世、谷友幸、久野収、竹之内静雄などが思い出を書いている。板倉さんは、思い出に始まり、そのあと大山定一の翻訳を取り上げて翻訳論にまで話を広げているが、研究者として翻訳家として言うべきことは言う、という態度もあたりまえではあるがすばらしい。

岡崎――さっきも言うたけど、それが**京大の気風**やな。大岡昇平なんか、当然東大に行きそうなもんやけど、わざわざ京大へ進んだのは、そんな気風を察したというところあるやろ。

山本――生島遼一は自分のことを「文学を自分の生活の中に入れている人間」とみなしていたという。九一年に生島遼一が亡くなったとき、山田稔が追悼文に書いていた。いい言葉だなあ。ぼくなんかも、そうでありたいと思うし、そうなっていると思う。また、杉本秀太郎と毎年元旦の午後に生島宅に年始に行くという話があって、そのとき生島さんは、**文学と芸術の話しかしなかった**という。ぼくも六〇歳になったら古本の話しかしなくなるかもな。例えばこんな感じ……

岡崎――このごろゴルフ始めてな。楽しいぞ、身体にもいいし最高や。山本くん、今度一緒に行こか。

山本――ゴルフといえばこのまえ京都の古本屋・三密堂で、中河与一の『ゴルフ』(昭和書房、一九三四年)が二〇〇円やった。きれいな函やったなあ。きれいな色やった。

岡崎――だれが古本で買った『ゴルフ』の話をせえ、言うてんねな。違う、違う。例えばゴルフの腕をあげるにはいいクラブがいるんや。ええやつになると一本、うん十万もするぞ。今度買い替えたから、古いやつ善行にやるわ。

生島遼一『水中花』（岩波書店、一九七二年）

生島遼一『蜃気楼』（岩波書店、一九七六年）

革のゴルフバッグも付けてな。

山本——クラブの話ならおれも負けてないで。日本で一番ええクラブは、福原麟太郎の『第三のクラブ』（求龍堂、一九七七年）に決まってるやろ。

岡崎——このスカタン。どこまで古本の話になるんや。ゴルフで一汗かいたあとな、仲間とクラブのバーでウィスキーソーダでも飲みながら、ゴルフの話に興じる。これまた大人の男の時間やなあ。

山本——ウィスキーといえば『洋酒天国』（サントリー広報室）。開高健と山口瞳を生んだこのPR誌の名作がひと揃い、田舎の古本屋の通路に積まれてあったのを見たときは、心臓が止まるか、思うたな。

岡崎——勝手に心臓、止めとけ！　もう君とはやっとられんわ。

……というような、**古本頑固おやじ**になりたいもんや。

岡崎——長い話やなあ。六十まで待たんでも、もうなってるで、じゅうぶん。髪の毛だけ見たら、もう七十かと思うで。

山本——だれが七十や。ぼくの持ってる生島遼一のエッセイ集を積み上げてみると、『水中花』（岩波書店、一九七二年）、『蜃気楼』（岩波書店、一九七六年）、『鴨涯日日』

生島遼一『鴨涯日日』（岩波書店、一九八一年）

（岩波書店、一九八一年）、『芍薬の歌』（岩波書店、一九八四年）、いい眺めやなあ。あれっ、冬樹社の『春夏秋冬』（一九七九年）がないぞ。岡崎、心当たりないか。

岡崎――この前見せてもらったとき、つい……なんでやねん。

山本――**生島さんの文章は気品**があって、それは古本のことを書いてもぼくみたいにがちゃがちゃしてない。泉鏡花好きで有名だったが、「鏡花の本」（『芍薬の歌』所収）という文章はこんな感じだ。

生島遼一『春夏秋冬』（冬樹社、一九七九年）

新・岩波版全集が出はじめたとき、今度こそ（前の戦時中のは一部戦災で焼けたりして果たさなかったので）、全作品を読もうと決意して約十年がかりで目的は実現した。この作家についての感想文も数回書いた。鏡花本集めは、いわば、この仕事の副産物なのである。全集本で読みながらときどきは休息したくなる。そのとき、英朋、清方らの木版口絵を見る。また明治三十何年発行という私のまだ生まれぬさきに作られた本、または五葉や雪岱のこの作者としっくり意気の合った装幀本を机上に置いていると、ふしぎに神経がやすまるのだった。

この文章読めば、鏡花本を欅か何かの文机の上に置き、それを手に持ち、こころ休める生島さんの姿が思い浮かぶ。

岡崎――昔の京大の先生たちは、また**みんな本が好きやった**。これは森毅さんなどにも受け継がれた気風で、京都の古本屋さんはそれで成り立っていたようなところがあるやろ。

山本――いまでもそれは受け継がれているとは思うが、減ってきてもいるのだろう。**雑書を読むこと**が、それがどんな研究であっても大切やと思う。どんな大論文でも言葉、言語で書くのやからな。だから一〇〇円均一台が大好きな京大名誉教授は信頼できる。この前、三月書房の宍戸恭一さんと話していたら、月に一度ぐらい山田稔さんが店に来られるということやった。三月書房は古本屋さんではないけど。

岡崎――本屋めぐりは長生きの秘訣。さあ、あなたも今日から。

山本――なんか、宗教くさいな。

岡崎――いや、たしかに京大人文研のメンバーは**みんな長生き**や。ちょっとそれぞれの没年を調べたら、今西錦司が九十歳、河盛好蔵が九七歳、桑原武夫が八三歳、生島遼一が八六か七歳、これが一九〇〇年初頭の生まれ。考えたら梶井基次郎が一九〇一年の生まれで、このグループと同世代。

山本――もし生きていたら、ぼくらと京都の古本屋ですれ違ってたかも分からん。

岡崎――そう考えたらゾクゾクするな。時は一九八〇年代。ぼくらは二十代の若者。檸檬を買った「八百卯」のそばの古本屋、尚学堂の均一で、欲しい本に手を伸ばしたら、隣からも手が伸びて、見たらそれが八十代の梶井基次郎。梶井は大阪弁やな。「ほう、あんた、まだ若いけど、こんな本、読むんや?」と声をかけられる。

「あっ、ひょっとしたら梶井センセイですか。ぼく、センセイの全集、持ってます」

「もう、古い話や。照れくさいがな。こういう本を好きなら話も合うやろ。どや、お茶でも飲みながら古本の話でもしよか」

「ぜひ、お伴させてください」

「どこがええやろ」

「ここからやったら、京極のスマートはどうですか。スマートには、センセイ御存じないかもしれませんけど、殿山泰司という筆のたつ役者が……」

「殿山泰司ぐらい知ってるがな。『JAMJAM日記』やろ」

「あれ、センセイ。いま八百卯で買物してこられたんですか。しかし、檸檬にしては大きいですね」

「あ、これ。檸檬ちゃう。かぼちゃや。最近、歯ぁが悪くなってな」

「かぼちゃ！　『かぼちゃ』というタイトルでは近代文学史に残らんやろなあ」

「その代わり、かぼちゃやったら、丸善どころか、この先の市役所でも噴き飛ばせるぞ」

「あぶない、センセイ。その考えは危ないです」

………

山本――黙って聞いてたら、どこまで話をつくるんや。

岡崎――しかし、東大へ行かず、京大で桑原さん、河盛さんと一緒で、教授になって、若いころのような短編は捨てて、研究と随筆で本を出すようになってたら、けっこうユーモラスな随筆を書きそうな気がする。

山本――そうしたら梶井ももっと長生きできたかもしれん。

岡崎――二〇年代生まれでいくと、多田道太郎は惜しいことに二〇〇七年に八三歳で亡くなったけど、鶴見俊輔は健在。いまは長命の時代やけど、今西さんたちの時代からするとこの長生きは驚異やな。

山本――長生きできるような文章を書いていたとも言えるな。ぼくや岡崎の文章では、どうも長生きできそうにないな。笑いを取ることばっかり考えてるからな。

岡崎――それはもう仕方ないな、好きなんやから。そういえば、こうして京大仏文科の名前をずっと挙げていって、『sumus』のメンバーから、「だれか一人、お忘れではないですか」と言われそうな人物を忘れてる。

山本――えっ、だれやろ? あ、しまった。大変な人を忘れてた。生田さんや、**生田耕作**。ぼくらの仲間の生田誠のおじさん。生田耕作さんのエッセイは個性の強い攻撃的な厳しいものやった。フランス語の翻訳を認めるのは、神西清と生島遼一だけで、渡辺一夫のラブレーも鈴木信太郎のマラルメも齋藤磯雄のリラダンも批判しているのやからこわい。堀口大學など、かろうじて意味が伝わる程度とまで言っている。すべてに賛成はできないが、馴れ合いや褒め合いなどが全くなく、孤高の文学者らしい。ぼくは生田さんの仕事では、セリーヌやマンディアルグの翻訳のほうを高く買うな。

岡崎――そうなんや。生田さんを忘れたのは理由がないわけではなくて、京大人文研のグループとはちょっと肌合いが違うやろ。「随筆人間」という感じではない。以前、坪内祐三さんが関西の同人誌『CABIN』（編集・発行＝中尾務、第八号、二〇〇六年三月発行）掲載の杉本秀太郎の文章「富士の裾野」を褒めて、それから**杉本や山田稔の再評価**が高まっている。みんな講談社文芸文庫とか、かつての著作を古本で探しているようやけど、そこまで来たら、ぜひ桑原武夫、多田道太郎、鶴見俊輔まで手を伸ばして欲しいな。

『CABIN』（編集・発行＝中尾務、第八号、二〇〇六年三月発行）

中入　出会えて夢中になった随筆本二〇冊［順不同］

岡崎武志――［選］

◉**永井龍男『酒徒交傳』**（四季社四季新書、一九五六年）
永井は随筆より小説のほうがだんぜんいい、と思っている。しかし、これは文藝春秋の編集者時代を含む文壇交遊記で、文士のスケッチが楽しい。

◉**丸谷才一『男のポケット』**（新潮社、一九七六年／新潮文庫、一九七九年）
ペダンチックな雑学と、品格を崩さぬ自在な語り口でほとんど名人芸と言っていいエッセイ集。同世代、あるいは年下の同業者で、丸谷を嫌っている人が多いのに驚くが、しかし、この巧さを分からないようでは話にならない。

◉**関川夏央『森に降る雨』**（双葉社、一九八九年／文春文庫、一九九二年）
硬質な叙情を、ハードボイルドの文体に流し込んで、独特のスタイルを築き上げた関川の初期エッセイ集。伝染力が強いので、読後、しばらく自分で文章を書かないほうがいい。

◉**田村隆一『ぼくの遊覧船』**（文藝春秋、一九七五年）
ここ一〇年ぐらいの物故作家で、再評価が急がれるのが田村隆一。同じネタを方々で使い回し、すぐ詩の引用で行数を稼ぐのが難だが、それだって、田村の生き方と考えれば、うなずける。

◉**芥川比呂志『決められた以外のせりふ』**（新潮社、一九七〇年）

なにしろ父親が芥川龍之介である。その十字架を背負って文章を書く。これは酷である。しかし、演劇人としての素養を言葉に乗せて、まったく見事な散文家となった比呂志。文章が本当に巧いんだよ、これがまた。

◉**吉行淳之介『スラプスティック式交遊記』**（角川書店、一九七四年）

もちろん吉行のエッセイ集ならどれを選んでもいいんだが、やっぱり交遊記が一番楽しい。観察の芸と、文章表現の芸の幸福な一致。最後の一行の巧さ。申し分ない。

◉**吉田健一『私の食物誌』**（中央公論社、一九七二年／中公文庫、一九七五年）

あの牛のよだれのような難解な文章を書く吉田健一に、食の随筆を、しかも新聞（読売）に連載をさせようとした人物は偉い。結果、食随筆のひとつの頂点に立つ仕事となった。瀟洒な造りの元本で読みたい。

◉**村上春樹／和田誠・絵『ポートレイト・イン・ジャズ』**（新潮社、一九九七年／新潮文庫、二〇〇四年）

何をいまさら、って感じだが、いやいや、やっぱり村上春樹は選んでおかないと。きっと後悔する。村上春樹の文章の良質さが、ジャズを語ることによって、上手く流れ出しているなあ、という印象を受ける。

◉**福永武彦『随筆集 書物の心』**（新潮社、一九七五年）

この本が均一に一〇〇円で転がっていたりすると、いい加減にしろよ、と興奮してつい重複して買ってしまう。書物随筆を中心に、癖のない、典雅な文章が集まっている。読むといい気持ちになるのだ。

◉**開高健『開口閉口』**（1・2、毎日新聞社、一九七六〜一九七七

年／新潮文庫、一九七九・二〇〇五年）

開高健を忘れるわけにはいかない。食、釣り、酒、戦争、外国と種々雑多なテーマが通覧できる本書がよかろう。文章のできる限りのありったけをやってみせた見本帳のような一冊だ。

山本善行＝選

◉永田耕衣『わが物心帖』（文化出版局、一九八〇年）

俳人、永田耕衣にも物欲があったのか。買ったものの魅力とともに、それを描く耕衣の文章も味わおう。すると、散文を書いても一流だったことが分かる。田淵暁の写真もすばらしい。

◉内田百閒『大貧帳』（拓南社、一九四一年／六興出版、一九八一年／ちくま文庫、二〇〇三年）。

もちろん、福武文庫『新・大貧帳』（一九八九年）で読んでもかまわない。百鬼園先生の借金生活は心の余裕が感じられユーモアをも醸し出している。お金がないことなどたいしたことない、とこの本を読んでいるあいだだけはそう思えた。

◉和田誠『いつか聴いた歌』（文藝春秋、一九七七年／文春文庫、一九九六年）

本当に好きなことを書いたというのがよく分かる一冊。スタンダード曲を一〇〇曲取り上げて、作曲者や歌詞について書いているのだが、もちろん映画の話もたっぷり楽しめる。

◉宇野浩二『文藝夜話』（金星堂、一九二二年）

いま、宇野浩二と言ってもピンとこない読書人も多いと思うが、小説もエッセイも私には面白い。「文学の鬼」とも呼ばれた人で、将来必ず再評価があると思う。

◉吉田健一『わがシェイクスピア』（垂水書房、一九六三年）

いまのところ、吉田健一のベスト本だと思っている。

シェイクスピアの戯曲の散文化だけれど、批評にもなっていて、吉田健一がどのようにシェイクスピアを読んでいたのかがよく分かる。

◉上林暁『文と本と旅と』（五月書房、一九五九年）

この本もときどき読み返したくなる。小説を書き出したころの思い出や、古本漁りのあれこれが上品な文章で語られている。そのまま文庫にしてほしい。

◉加藤一雄『雪月花の近代』（京都新聞社、一九九二年）

美術随筆集として読んだ。美術にそれほど関心がなくても楽しく読める。知らない画家であっても絵であっても加藤一雄が書くとすばらしく思える。なぜなんだろう。

◉野呂邦暢『小さな町にて』（文藝春秋、一九八二年）

『週刊読書人』に連載された書物エッセイと、伊東静雄についてのエッセイが入っている。その静かな語り口は、書物だけでなくそれを取り巻く風景にも及び、ひとつの小宇宙をつくりだして、見事だ。

◉古今亭志ん生『なめくじ艦隊』（朋文社、一九五六年／ちくま文庫、一九九一年）

落語家志ん生の半生記で、子どものころから性格は破天荒。タイトルの由来はまえがきで語られているが、その生活もやはり尋常でない。文庫になってうれしいが、親本の味わいも捨てがたい。

◉戸井田道三『生きることに○×はない』（ポプラ社、一九七八年）

「のびのび人生論」シリーズの一冊。他には、水木しげるの『ほんまにオレはアホやろか』（一九七八年）なども入っている。一読、楽観的な文章にあふれ過ぎだと思ったが、二読三読するとこころに沁みてくる文章だ

文學漫談・その五

新・詩集入門

［新規収録▼2007――2008年］

中入

出会えて感激した詩集二〇冊

岡崎――詩集のことを話すんやけど、やっぱり少し恥ずかしいな。

山本――少女趣味ってことか、リルケやハイネの詩集を、女子高生が川のほとりに座って読むというような。川に笹舟流したりな。

岡崎――いまどき、そんな女子高生もおらんと思うけどな(笑)。まあ、そういうこと。しかし、山本もいまだに詩集を読むし、ぼくもいまだに読んでる。本読みは多いけど、この**大人になってからも詩集を読む**という人がなかなかいない。珍しいんやな。

山本――見たことないもんな。大人が電車のなかで詩集を読んでるの。

岡崎――韓国の新刊書店を覗いたことがあるけど、韓国では文学のジャンルのなかでも詩はけっこう愛好されているようで、新刊の詩集が平積みになってた。

山本――そら、すごいな。日本でも平積みとまではいかんけど、**七〇年代は詩集がよく売れてた**し、よく読まれたんと違うか。詩集のコーナーもいまより大きかったと思う。古本屋でもけっこう詩集は並んでたし、値段も高かったんと違うかな。

岡崎――高かった。よく売れたんやろな。谷川俊太郎、田村隆一は別格としても、飯島耕一や吉岡実、清水昶《あきら》の昔の詩集の奥付を見ると、たいてい増刷されている。しかも四刷、五刷とかいってる。新刊の詩集が間違いなく現代文学の最前線にあって、大江健三郎や開高健の新作が話題になるように、吉岡実の『サフラン摘み』（青土社、一九七七年）なんて詩集が話題になった。

山本——そういうことは、その時代を肌で実感している者が語っておかないと、証言として残りにくい。あとになると、若い者には分からんようになるからな。そんな時代があったということを。

岡崎——そんな爺むさいこと言うと、また電車で席譲られるようになるぞ（笑）。

山本——そうや、こないだもまた、電車で立って古本読んでたら、「どうぞ」って席譲られて複雑な気持ちやった。二回目や。そんな話はどうでもええねん（笑）。雑誌も『現代詩手帖』（思潮社）のほか、『詩学』（詩学社）、それに『ユリイカ』（青土社）、このへんはいまでもあるけど、もっと熱っぽかったし、『カイエ』という冬樹社から出ていた雑誌（一九七八～一九八〇年）にも詩のページがあった。そんな詩が元気だった時代が、八〇年代の初めぐらいまでは続いたかな。

岡崎——**なぜ、いま詩が読まれないか、**とくに大人。日本人は詩的な民族じゃないのか。いや、そんなことはなく正反対で、きわめて詩的な民族だと思うわけよ。例えば、ＣＭのコピーひとつとってみても、非常に詩的なイマージュ

吉岡実『サフラン摘み』（青土社、一九七七年）

に満ちたものが多いやろ。実際、**詩人でコピーライターをしている人**もいるし、小長谷《こながや》清実なんかそう。こんなCMもあったな。「この木なんの木、気になる木ぃ〜」。

山本――べつに歌わんでもいい。

岡崎――歌わんと、この先、続けられへん。「名前も知らない木ですから　名前も知らない木になるでしょう」なんて、あれはなんのCMだったか、画面に木が一本立ってて、きわめて詩的なCMやった。

山本――日立製作所のCMやったか。実はぼくも歌ってた。作詞は伊藤アキラ、作曲は小林亜星や。CMということでは、開高健のサントリーオールドのCMのコピーもよかったな。

跳《と》びながら一歩ずつ歩く。
火でありながら灰を生まない。
時間を失うことで時間を見出す。
死して生き、花にして種子。
酔わせつつ醒めさせる。

傑作の資格。

この一瓶。

（『面白半分11月臨時増刊号　これぞ、開高健。』面白半分、一九七八年の表四広告より）

これなんか、まさしく詩、やな。開高が北南米大陸を縦断したとき、現地でCMを撮ってこちらで流していたが、そのコピーには詩の味わいがあった。もともと開高健には、ルイ・アラゴンなどの訳詩があって、ぼくはなかでも、**開高の訳したシャンソン**が好きやった。開高の全翻訳詩は雑誌『面白半分11月臨時増刊号　これぞ、開高健。』（面白半分、一九七八年）に出ているんやが、例えばこんな感じや。

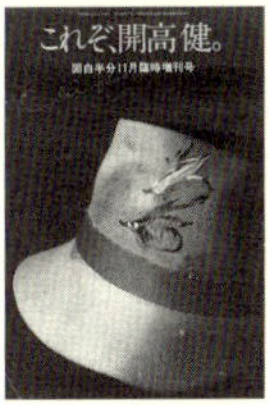

『面白半分11月臨時増刊号　これぞ、開高健。』（面白半分、一九七八年）

雨　ダミア

長い夜汽車の汽笛が
遠く雨の中にきこえる

庭の暗がりから
ふと　腐った花の匂いが立ち昇る
鏡には私の
蒼ざめた顔と皺だ
空家に雨が降るように
私の惨めな恋の終りを告げて
鈍い長太鼓が鳴りどよむ

もう何もきこえない

………

（『面白半分11月臨時増刊号　これぞ、開高健。』面白半分、一九七八年より）

岡崎——なんやシャンソンも歌えるやないか。

山本——なんでやねん、朗読しただけやろ。開高健や梶井基次郎の散文のなかに詩情を探しだして読んでたな。

岡崎——詩が、詩のなかにだけではなく、ほかのジャンルの文学作品や**日常**

に溶け出している。日本は、そんな感じがするんや。天気のことなども科学的にではなく、「春一番の風が吹いた」とか、雨にもいろいろ名前があって「小ぬか雨」とか、いちいち**詩的な表現やネーミング**をする。池澤夏樹が『読書癖3』(みすず書房、一九九七年)のなかで、やっぱりそういうことを言ってる。「日本人というのは細かいところで妙に詩的な民族である。短歌や俳句のような短い詩型が身近にあるためか、生活の細部に少しだけポエティックなものを飾るのが好きらしい」とね。例えば子どもの名前。「赤ん坊が生まれると誰もが一晩だけ詩人になって凝った名前を考える。こんな国は他にない」。たしかにそうや。

山本——二人の名前も、ぼくが善行、岡崎が武志。善い行ないと、武士(もののふ)の志か。

岡崎——親も考えたな。おたがい、一番足りない部分が名前についてる。

山本——ちょっと待て。岡崎の「もののふの志」はええとして、なんで、おれに「善い行ない」が一番足りんのや。おかしいやないか。

岡崎——しかし、詩的なものと、**詩はやっぱり違う**。詩的なものがあふれているることが、詩を読まない理由にはならん。

山本——ぼくが言ってるのは、なんでこの私に善い行ないがないんや、ということや。まあええか。ところで、岡崎が最初に読んだ詩集って何や。

岡崎――ぼくはずっと、**最初の詩人は谷川俊太郎**だと思ってたけど、その前に宮沢賢治と出会ってるかもしれない。小学校の図書室で、ポプラ社が出している子供向けの伝記の『宮沢賢治』を読んで、そのなかにいくつか賢治の詩が引用されていた。「永訣の朝」とか、「雨ニモ負ケズ」とか、有名なやつ。そこで感動したかどうかは記憶にないけど、中学の国語の教科書でもう一度出会って、それで角川文庫の『宮沢賢治詩集』(一九六三年)を買う。中村稔編のやつな。どういうわけか、ほかは同じ作品があったら、新潮文庫を買うほうが多かったけど、このあとも詩集は角川文庫を買うんやな。

山本――角川文庫は創立者の角川源義さんの好みもあってか、句集、歌集、詩集も充実してた(P.151～152参照)。詩集でも全部収めるわけにはいかんから、だれが編者になるかが大きい。角川文庫の『堀口大學詩集』(一九五八年)は佐藤春夫が編者で、『佐藤春夫詩集』(一九五八年)のほうは堀口大學が編者になっている。美しき友情、やな。ほかにも壺井繁治編の『中野重治詩集』(一九五六年)、河上徹太郎編の『中原中也詩集』(一九五五・一九六八年)、津村秀夫解説の『津村信夫詩集』(一九五二年)、と組み合わせがいい。『北川冬彦詩集』(一九五四年)もあったな。句集で

堀口大學編『佐藤春夫詩集』
(角川文庫、一九五八年)

言っておけば、石田波郷や西東三鬼の句集が角川文庫にあった（一九五三年、一九六五年）。これなんか、見たら欲しくなる。

岡崎――ぼくは、ちょうどいま山本が挙げたような詩集を角川文庫で買い出した。ちゃんと読んだのは高校に入ってからかもしれんけど、この**中村稔編『宮沢賢治詩集』**にこだわるのは、**「カーバイト倉庫」**が入ってるから（一九六三年版のみ）。たしか、新潮文庫のほうには入ってなかった。けど、ぼくは賢治の詩ではこれが一番好きで、ちょっと引用してみるな。

中村稔編『宮沢賢治詩集』（角川文庫、一九六三年版）

カーバイト倉庫

まちなみのなつかしい灯とおもつて
いそいでわたくしは雪と蛇紋岩（サーペンタイン）との
山峡をでてきましたのに
これはカーバイト倉庫の軒
すきとほつてつめたい電燈です
（みぞれにすつかりぬれたのだから

烟草に一本火をつけろ）
汗といっしょに擦過する
この薄明のなまめかしさは
寒さからだけ来たのでなく
さびしさからだけ来たのでもない
（中村稔編『宮沢賢治詩集』角川文庫、一九六三年より）

岡崎――これを読んだとき、ぼくは、あぁ「**はっぴいえんど**」**や！**と思ったわけ。日本語によるロックを、ということで結成されたロックグループはっぴいえんどは、七〇年代初頭の短い期間に活動して、日本のビートルズみたいな存在になって、後世の音楽シーンに多大な影響を及ぼし続けるわけやけど、なんといっても**松本隆の詞**がいかしてた。

山本――「カーバイト倉庫」はぼくも好きな詩やけど、はっぴいえんどは思いつかんかったな。

岡崎――『風街ろまん』というアルバムの歌詞カードに、彼らが影響を受けた人物が羅列してあって、そのなかに宮沢賢治もあったと思うけど、この「カーバイト倉庫」のなかの、「これはカーバイト倉庫の軒／すきとほつてつめたい電燈です」なんてところは、松本が詞を書いた、はっぴいえんどの代表曲「風をあつめて」に混じっていてもおかしくない。ほかの人はどうかしらんけど、ぼくはこの時期――この時期というのは十代半ばから後半――詩は、フォークの詞なんかと一緒に読んでたから、どうしてもシンクロしてしまう。山本はどうや？　最初の詩集ということで言えば。

小林秀雄と中野重治を両輪に爆走してたか

山本――ぼくの読書は、小林秀雄と中野重治を両輪に爆走してたから、詩を読んだのもその流れやった。最初と言うとあやふやになるけど、小林秀雄が中原中也のことを書いたエッセイあるやろ。角川文庫の『私の人生観』（一九五四・一九六七年）に入ってた「中原中也の思い出」。「富永太郎の思い出」も入っていたな。このエッセイがきっかけになって、中原中也の詩集を読んだりした。いま小林秀雄の中也についてのエッセイは、文春文庫の『考えるヒント　4』（一九八〇年）にまとめられているが、そのなかの「中原中也の『骨』」で、小林は中也の詩を引用している。

骨

ホラホラ、これが僕の骨だ、
生きてゐた時の苦労にみちた
あのけがらはしい肉を破つて、
しらじらと雨に洗はれ
ヌックと出た、骨の尖《さき》。

こういう詩も気に入ったが、すぐ散文のほうに気持ちはいってたな。中也で言えば、大岡昇平や吉田秀和の回想を読んだりした。あとは『中野重治詩集』。これは岩波文庫やった。岩波文庫の『中野重治詩集』は、はじめは薄かったんやけど（一九五六年版）、**校歌の作詞などが増補**されたんや（一九七八年版）。例えば、こんな校歌はどうや。

『中野重治詩集』（岩波文庫、一九七八年版）

竜北中学校校歌

ふるき　ふるき国　越《こし》の高向《たかむく》
そこに生まれし
あたらしき人　あたらしき人　われら
われらつよし　われらわかし
ここに学び　ここに育つ
竜北《りゅうほく》　われらが母校

（『中野重治詩集』岩波文庫、一九七八年より）

この詩を読んだときは驚いた。分かるやろ、そっくりなんや、われらが母校、大阪府立**守口高校**と。

守口高校校歌

あたらしき人われら　ここに集う

うつくしき人われら　ここに学ぶ
われらはわかし　われらはきよし
………
ああ　われらの守口高等学校

岡崎――ほんまや！　途中「われらはわかし　われらはきよし」というところとか、そっくりや。パクりやったんか。

山本――パクリって（笑）。いや、**校歌ってどこでも似る**もんやからな。しかし、パクりではないにせよ、似てるな。これはおれの発見や。守口高校は学校再編整備で、もうなくなったけどな。

岡崎――われわれの先輩、円広志もこれを歌ったんやもんな。「われらはきよし」のところの、「きよし」は二四回繰り返し歌ったらしい。

山本――それは「夢想花」やろ。「飛んで、飛んで、飛んで……」って、あれ一発やったけど。せっかくええ話をしてるのに、なんで円広志を出すんや。

岡崎――あと、引っ越しのサカイのＣＭをやってた徳井優は後輩や。後輩も歌ったんやろな、校歌を「勉強しまっせ、もりぐちこうこう」って。

山本――そんな話はどうでもええねん。なんの話をしてたっけ。あ、中野重治、中野重治。中野重治は「**大道の人びと**」もいいぞ。

どこからともなく彼らはやつて来た
よわつた紋つきの男は高島易断《たかしまえきだん》の人相見《にんそうみ》をはじめた
紙をひろげて悪い人相を書いて人びとに示した
一つの横顔を上から下に書いていつた
………

(『中野重治詩集』岩波文庫、一九七八年より)

いいなあやっぱり。あと、「**しらなみ**」は何度も何度も声を出して読んだなあ。

ここにあるのは荒れはてた細ながい磯だ
うねりははるかな沖なかに湧いて
よりあいながら寄せてくる

………

ああ　越後《えちご》のくに　親しらず市振《いちふり》の海岸

（『中野重治詩集』岩波文庫、一九七八年より）

中野重治には、本を主題にした詩もあるんや。

Impromptu I

………

してみれや本はやすいもの
世間のおやじよおふくろよ
または息子よ娘らよ
　たかい本なぞつい買つて
おまえの気分がふさいだら

………

（『中野重治詩集』岩波文庫、一九七八年より）

岡崎――中野重治は「プロレタリア詩人」なんて分類すると、見誤るな。政治もプロパガンダも生活も小説も、その**ベースに詩があった。**ほんとうの意味での詩人やったと思う。ぼくが好きな「雨の降る品川駅」ももちろんいいが、小品で「十月」という詩がある。

空のすみゆき
鳥のとび
山の柿の実
野の垂《た》り穂《ほ》

それにもまして
あさあさの
つめたき霧に
肌《はだ》ふれよ

ほほ　むね　せなか
わきまでも
（『中野重治詩集』岩波文庫、一九七八年より）

これは暗誦していた。大江健三郎もこの詩が好きで、暗誦しているって言ってたな。

詩は暗誦するもんや。

山本――それは、吉田健一も言ってたな。

岡崎――森光子主演のTVドラマで、大阪で下着を売ってる実在のおばちゃんをモデルにした『天国の父ちゃんこんにちは』（東芝日曜劇場、TBS、一九六六〜一九七四年）というのがあって、この家、亭主が早く死んでいないんやけど、この森光子のお母ちゃんが、子どもの二木てるみと松山省二（現・政路）の前で、毎回最後に詩を暗誦するんや。「お母ちゃん、あれ、やってえな」って子どもが催促して、

母親が詩を読む。

山本――どんな家や！

岡崎――言うとくけど、隣に住んでるのが、園佳也子に頭師佳孝やぞ。

山本――なんか、めちゃくちゃ濃いメンバーのドラマやな。それで、どんな詩

や。

岡崎――こうや、ええか。

　貧しいから
　あなたに差し上げられるものと言ったら
　五月の若葉とせいいっぱい愛する心だけです
　それでも　結婚してくれますね

山本――それ、森光子が読むんか？

岡崎――そや。

山本――二木てるみと松山省二がそれ、黙って聞いてるんか？

岡崎――そや。

山本――悪いけど、帰らしてもらうわ。

岡崎――いや、どこへ帰るねん。まあまあ、パンツ屋のおばちゃんでも、ひとつぐらい、詩を暗誦しているという話をしてるんや。詩のひとつも暗誦していない人生なんて、淋しいもんやで。言うとくけど、相田みつをは遠慮しといてくれ。

山本――いや、だれも言うてない。相田みつを、って。

岡崎――「転んでもいいじゃないか、オロナインを塗ったら」とか、暗誦されてもな。

山本――オロナインはたしか、出てこないと思うけどな。

岡崎――西脇さんはどうかな。西脇順三郎。高校の国語の教科書に出てきたん、覚えてるか？

山本――高校の国語の教科書というても、学校が違ったら、教科書も違うからな。

岡崎――おんなじ高校やないか、しかも一年のときは同じクラスやないか。

山本――冗談やろ、冗談。もちろん覚えてるよ。たしか**「天気」と、「雨」**か。

天気

（覆された宝石）のやうな朝
何人か戸口にて誰かとささやく
それは神の生誕の日。

雨

南風は柔い女神をもたらした。
青銅をぬらした、噴水をぬらした、
ツバメの羽と黄金の毛をぬらした、
湖をぬらし、砂をぬらし、魚をぬらした。
静かに寺院と風呂場と劇場をぬらした、
この静かな柔い女神の行列が
私の舌をぬらした。

（西脇順三郎「ギリシャ的抒情詩」『Ambarvalia』椎の木社、一九三三年／鍵谷幸信編著『西脇順三郎』社会思想社現代教養文庫、一九七〇年より）

岡崎——やっぱりええなあ。

山本——ええなあ。

岡崎——なんや、二人で、よだれくりの年寄りが日向の縁側で喋ってるみたいやな。なんか、ないんかい、感想は。

山本――ええとしか言いようのない詩ってあるな。説明するより余韻を感じたいんや。西脇さんの詩で言えば、この詩も好きや。

旅人

汝カンシヤクもちの旅人よ
汝の糞は流れて　ヒベルニヤの海
北海　アトランチス　地中海を汚した
汝は汝の村へ帰れ
郷里の崖を祝福せよ
その裸の土は汝の夜明だ
あけびの実は汝の霊魂の如く
夏中ぶらさがっている

（西脇順三郎「LE MONDE MODERNE」『Ambarvalia』椎の木社、一九三三年／鍵谷幸信編著『西脇順三郎』社会思想社現代教養文庫、一九七〇年より）

現代教養文庫に**鍵谷幸信の編著で『西脇順三郎』**（一九七〇年）というのが入ってた。代表作を引いて、その鑑賞と、解説も付いてた。あれ、便利やったな。それによると、この「旅人」は、アッシジの聖フランシスを描いた宗教画に触発されて書いた詩らしい。

岡崎――映画『ブラザー・サン シスター・ムーン』（イタリア、一九七二年）になった、鳥と話のできる聖人やな。それを「カンシャクもち」とか「糞」とか、**俗っぽい言葉を使って書く**ところがいかにも西脇らしい。

山本――「汝の村」「郷里」と言うのは、西脇にとっての日本とだぶってるみたいやけどな。いちいち意味を取っていったら、よく分からんところもあるけど、とにかく詩を感じる。講談社学術文庫にも「名詩鑑賞」というシリーズがあって、那珂太郎が萩原朔太郎、中村稔が中原中也、神保光太郎が立原道造、の詩を読み解いている（すべて一九七九年）。詩人論よりこちらのほうが、詩を読むうえで参考になるな。

岡崎――その現代教養文庫『西脇順三郎』のなかに、「元日」という詩が入ってた。正月の新聞に求められて書いた詩のようで、これがいい。いまでも元旦に配られる新聞に、詩が載ってることあるけど、風格がないんや。正月の詩はだれでも書

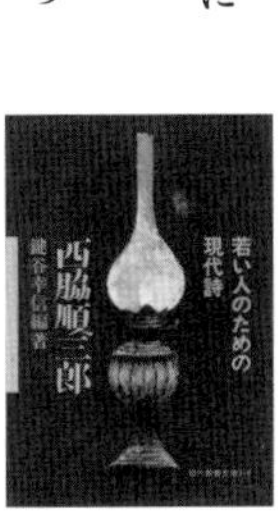

鍵谷幸信編著『西脇順三郎』（社会思想社現代教養文庫、一九七〇年）

那珂太郎編著『名詩鑑賞 萩原朔太郎』（講談社学術文庫一九七九年）

神保光太郎編著『名詩鑑賞 立原道造』（講談社学術文庫一九七九年）

けるというもんやない。おっとりとしていて品格があって、**ある種の帝王性**みたいなものが求められる。西脇さんのはその点、正月の詩にぴったり。たしか、このほかにも正月の詩はあったと思うけど、とにかくこんな詩。

元旦

ああなんと
春ランの香る
はてしなくめぐる
この野原にさすらう
人間のために
あかつきの土の杯《さかずき》に
霜の濁酒《にごりざけ》をそそいで
今朝の天空の光りを祝う
なんという栄華か
豆のかゆをすすつて

あつい生命のほとばしる
みなもとをひそかに祝う
ああ遠くつるのなく音に
旅人はふるえる
ふるさとへ永遠の回帰か

（西脇順三郎『鹿門』筑摩書房、一九七〇年／鍵谷幸信編著『西脇順三郎』社会思想社現代教養文庫、一九七〇年より）

山本——これ、岡崎、だいぶ前の年賀状に使ってたな。たしかに元旦の神聖な感じ、するな。西脇は現代教養文庫に収録されている「私の詩論」のなかで「私の脳髄は哀愁を欲求する。私自身その理由はわからない。なんだかわからないが脳髄を安らかにするのであろう。私の美感の真髄は『哀愁』であると思う」と書いてるけど、まさにこの詩も「哀愁」やな。

岡崎——日本の現代詩がどこから始まるか、これは議論のあるところやと思う。例えば萩原朔太郎とする、とかな。しかし、西脇の『馥郁タル火夫ヨ』（大岡山書店）が昭和二（一九二七）年。**西脇から現代詩が始まった**ような気が、ぼくはする。

山本――さて、おたがいの詩との出会いはこういう感じやった。そしたら、**詩人との出会い**を語ろうか。初めてこの人は詩人や、と思ったのは、岡崎もぼくもおそらく一緒の人や。どうや、思い出したやろ。強烈な個性。うぬぼれ。ノーベル賞級の経済理論を発見したとか叫んでいたが、いまどうしてるかなあ。いい詩を書いていたのは間違いない。

岡崎――森園さん、な。**森園清隆**。ぼくらが最初に見た、生きてる生身の、間違いなく詩人やった。一緒に同人誌をやってたんやな、ぼくらと。ただ、そのころ森園さんは、『ユリイカ』の投稿欄「解放区」に毎回のように選ばれていた。**選者は鈴木志郎康さん**で、志郎康さんは森園さんのこと、相当買ってた。これはのちに直接、志郎康さんから聞いた。

山本――『ユリイカ』一九七六年九月号「特集 ビートルズ」の「解放区」では、こんな詩を鈴木志郎康さんは選んでいた。

『ユリイカ』特集・ビートルズ（青土社、一九七六年九月号）

リリーフ

森園清隆

先にリリーフを
　出せば
打たれるという予感
があって
今度はなげない
　投げる
リリーフ
なれないことで
つらいけど
だがそんなときは
いつだって
逆だと
しんじている
打たれていない

予感

間接は在ったままだ
とべばどこかをふみしめる
ポケットもないので
手から肩が
リリーフする
もたないという点で
放りなげる

みられることで
きょうもリリーフ
だれもいなければ
空席になっても
すわりたくない
だから

ゆっくりと

（『ユリイカ』青土社、一九七六年九月号より）

これで半分ぐらいか。もっと引用したくなる詩や。

岡崎――森園さん自身は、とても野球ができそうに思えなかったけど、その野球を詩にもってきたところが面白かった。

「リリーフ」という言葉の響き

も、野球の文脈で語られるときには気づかないけど、耳もとでよく響く、きれいな言葉や。それに、窮地に立った前のピッチャーを助けるという役割を人生にあてはめて、しかも人生論的には書かない。とくに「間接は在ったままだ／とべばどこかをふみしめる／ポケットもないので／手から肩が／リリーフする」といったところ、言葉の使い方も巧いし、森園さん自身の、世の中の歯車とどうもうまく合わない感じも出ている。それは若い時期、だれでもありがちなことやと思うし、この「リリーフ」という詩には、そんなところが実感としてうまく出てるなあ、とぼくは思った。

山本――「みられることで／きょうもリリーフ」とか「すわりたくない／だから／ゆっくりと」なんてところも、なんでもないように見えて、いいよな。鈴木志郎康さんは『ユリイカ』の同じ号で、森園さんの「ハマエンドウ」という詩も選んでた。このときは**松浦寿輝さんの「儀式」「玄関」**という散文詩も取り上げられていた。森園さん二一歳、松浦さん二二歳や。

ハマエンドウ　　森園清隆

a

ハマエンドウはあるいて
ながされるように
私も同じ
未明のなかでは
ゆっくりとかたまる
そして刻まれる
もし好きだったら
そうでないふりを

しなければ
まずかった

接近はとおざける
ひと
だがそうでないひと
もあるのだ
………

C

エンドウそっくり

(『ユリイカ』青土社、一九七六年九月号より)

鈴木志郎康さんは、森園さんを、**物事の境界線の不確かさ**というところを微妙に感じとれる人、その不確かさを言葉でぐいぐい増幅していく方法を自覚している人、だと書いていた。

岡崎――さすがやな。志郎康さんは、森園さんの実物には会ってない。けど、詩から「物事の境界線の不確かさというところを微妙に感じとれる人」と見抜いている。まさに、そういう人やった。ぼくらは実物を知ってるからよく分かる。通俗的な**「詩人」のイメージ**はと言うと、生活感がまるでなく、どこか不器用で、世間的には失格者、と思ってたけど、実際はそんな人いない。でも、森園さんは、詩人のイメージ通りの人やった。下宿へ遊びに行ったことあるけどな、特製の雑炊をつねに鍋に大量につくっていて、ほとんどそれを食べて生活していたんや。「おいしいよ」って薦められたけど、よう食べんかった。コーヒーは、インスタントのを出してくれたけど、それもきたない湯のみやったと記憶する。

山本――大学も留年してたんだけど、就職すると言って、面接を受けるためにスーツ着てきたん、覚えてるか?

岡崎――覚えてる。スーツの裾に仕付け糸がまだ付いてて、タッグも付けたままやった。

山本――なんで取らないのかって聞いたら、せっかく付いてるからとか、よう分からん答えやった(笑)。

岡崎――でも、**笑いは分かった**よな。細い長い指を口元へもっていって、よくオヒョオヒョって声出して笑ってた。われわれの――って、ぼくと善行のことやけど――笑いに関しては評価してくれていたみたいやけど、文学的才能は全く評価されてなかった。

山本――たしかにユーモアはよく分かっていたし、まわりのこともよく見ていた。ぼくはそのことでも彼を認めていたんやが、向こうはよく笑っていたのに、こちらを全く認めてなかったな。どこかの同人誌に荒川洋治論を書いていたが、いまどうしているか分からない。

岡崎――そのあと、直接詩人を見たのが谷川俊太郎さんや。『コカコーラ・レッスン』（思潮社、一九八〇年）を出したとき、いまはなき京都・河原町の駸々堂京宝店で、サイン会があってな。並んで、サインをもらった。このときは感激した。谷川さんもサインするとき、この若者は、ってぼくの顔を……

山本――見たんかい。

岡崎――いや、見たような気がした（笑）。

山本――なんや。それで、宛名はけっこうです、って言うたんやろ。

岡崎――つい、古本屋に転売しようと……なんでやねん。谷川さんの詩集はけっ

谷川俊太郎『コカコーラ・レッスン』（思潮社、一九八〇年）

こう新刊で買ってるんや。一番好きなのが、『夜中に台所でぼくはきみに話しかけたかった』（青土社、一九七五年）。白いタテ長のA５変型サイズの詩集で、これは買ったときの気持ちまで覚えているなあ。もう、タイトルがそのまま一行の詩で、「夜中に台所でぼくはきみに」「話しかけた」んではなく、「話しかけたかった」と書くところが**谷川流**。『夜中に台所で』の詩集には、一四編の短い断章からなる同タイトルの詩が収録されていて、これが註によれば、「一九七二年五月某夜、なかば即興的に鉛筆書き……」ということは、一挙に書かれた詩のようや。

山本――この一四編は、たしかにそういうあるスピードをもってすらすら書いた、あるいは谷川さんのことやから、そういう**ストーリーをつくって書いた**ように見せた、そんなよさがあるな。たしかにこの詩集はよかったな。いまでも古本屋でもよく見るし、絶版にもならず流通しているはずや。なかの一編に岡崎は勝手に曲までつけて歌っていた。

岡崎――「1」の詩な。こんな詩。

男と女ふたりの中学生が
地下鉄のベンチに座っていてね

谷川俊太郎『夜中に台所でぼくはきみに話しかけたかった』（青土社、一九七五年）

チェシャイア猫の笑顔をはりつけ
桃色の歯ぐきで話しあってる

そこへゴワオワオワオと地下鉄がやってきて
ふたりは乗るかと思えば乗らないのさ
ゴワオワオワオと地下鉄は出ていって
それはこの時代のこの行の文脈さ

何故やっちまわないんだ早いとこ
ぼくは自分にかまけてて
きみらがぼくの年令になるまで
見守ってやるわけにはいかないんだよ
（谷川俊太郎『夜中に台所でぼくはきみに話しかけたかった』青土社、一九七五年より）

谷川さんの詩には小室等がたくさん曲を付けて歌っているけど、この詩にも、すでに**メロディーが内包されている**感じ。だから自然に曲が付いたんや。谷川さんは三好達治の序文を得た『二十億光年の孤独』（創元社、一九五二年／集英社文庫、二〇〇八年版は英訳・自筆ノートを収録）で、わずか二十歳か二一歳かでデビューして、いきなりピークを迎える。これですぐ亡くなっても、この一冊の詩集と、夭折詩人ということで名前は残ったと思う。

山本――殺すなよ、二十歳で。

岡崎――すごいのは、その後も「本当の事を言おうか／詩人のふりはしてるが／私は詩人ではない」という衝撃的詩句のある連作「鳥羽」を収めた『旅』（求龍堂、一九六八年・新装版、一九九五年／思潮社、一九九五年）や『六十二のソネット』（創元社、一九五三年）、あるいは時事詩『落首九十九』（朝日新聞社、一九六四年）を書いたり、『夜中に台所』と同じ年にまったく違う『定義』（思潮社、一九七五年）を発表したり、何度も

自分でピークをつくることや。

山本――谷川さんは、川崎洋、茨木のり子らが始めた『櫂』（櫂の会、第一期・一九五三〜一九五七年）という詩の同人誌に参加する。このグループにはその後、大岡信、吉野弘、水尾比呂志らが加わるわけだけど、彼らの詩は教科書によく採択されるので、教科書詩人なんて悪口も叩かれる。けど、こういう詩に教科書で出会うのは幸せなことやな。それはそうと『荒地』の詩人のことも言っとかないと。

谷川俊太郎『二十億光年の孤独』（集英社文庫、二〇〇八年）英訳・自筆ノートを収録

谷川俊太郎、香月泰男画『旅』（求龍堂、新装版一九九五年）

谷川俊太郎『定義』（思潮社、一九七五年）

岡崎――そう、『荒地』な。さっき現代詩の始まりは西脇順三郎って言ったけど、ほんとうのところ、ぼくらがこれぞ**現代詩と思ったのは、『荒地』**のメンバーの作品かな。ちょっと小説の世界での第一次戦後派と重なる。

山本――鮎川信夫さんが、いつの生まれ？

岡崎――大正九（一九二〇）年か。

山本――中村真一郎が大正七（一九一八）年。そうか、世代的にも重なるな。たしか『文學51』（日本社、一九五一年）という戦後文学者たちによる雑誌が戦後創刊されて、そのなかに、鮎川も中村も入っていた。堀田善衞とかな。『荒地』は、もとは早稲田の学生たちが中心になって昭和一四（一九三九）年につくられた同人誌（「荒地」発行所）の名前だけど、ぼくらがいま言ってる『荒地』は、戦後に再結成された第二次（東京書店・岩谷書店、一九四七〜一九四八年）のほうで、ここに参加しているのが、鮎川信夫、北村太郎、木原孝一、黒田三郎、田村隆一、中桐雅夫、三好豊一郎。すでに**すごいメンバー**や。ちょっと文芸評論の『近代文学』（近代文学社、一九四六〜一九六四年）みたい。

岡崎――『荒地』は当然、T・S・エリオットやな。戦後に出た第二次のほうが、タイトルにぴったりしている。第一次の『荒地』の編集発行人が上村隆一で、これは鮎川信夫の本名。

山本――田村隆一とまぎらわしいな。それでペンネームをつくったのかな。

岡崎――歌人の林あまりが、本名、林真理子みたいなもんでな。

山本――おれの本名も、ほんとは村上春樹。

岡崎――なんで、そんなバレバレの嘘、つくんや。

山本――いや、ちょっと話が硬くなってきたから、このへんでいっぷく。『荒地』の母胎はむしろ、第一次『荒地』より、中桐雅夫がつくった詩誌『LUNA』（ルナ社、一九三七〜一九三八年）、『LE BAL』（LUNAクラブ、一九三八〜一九四〇年）のほうで、ここに戦後の『荒地』の主要メンバーが結集している。中桐は神戸やな。

神戸に現代詩の拠点があったこと、ちょっと言っておかなあかん。

岡崎――『荒地』のメンバーで特徴的なことは、みんな詩と一緒に散文や評論も書いたことと、**翻訳の名手**だったこと。とくにミステリの翻訳では、鮎川、北村、田村、中桐といずれも重要な位置を占めていた。

山本――宮田昇の『戦後「翻訳」風雲録』（本の雑誌社、二〇〇〇年／『新編戦後翻訳風雲録』として、みすず書房「大人の本棚」、二〇〇七年版もある）のなかで、田村隆一の奇人ぶりが描かれてたな。ぼくは、詩を読んでもすぐに散文のほうへいってしまうん

田村隆一『詩と批評B』（思潮社、一九七〇年）

や。そういう意味で、鮎川信夫にしても田村隆一にしても、いいエッセイも書いた詩人やと言える。田村隆一の『詩と批評』シリーズ（A～E、思潮社、一九六九～一九七八年）なんか、揃えるのが楽しかった。吉岡実の装幀もよかったし。

岡崎——翻訳は食うための仕事だったんだろうけど、言葉の選びかたはやはり詩人特有のものがあったな。

山本——北村太郎訳のボーモン夫人『美女と野獣』（王国社、一九九二年）なんてのもよかったな。北村さんは、『ふしぎの国のアリス』（王国社、一九八七・一九九六年／集英社文庫、一九九二年）や、グレアム・グリーン（「スタンブール特急」、『グレアム・グリーン選集』第二巻所収、早川書房、一九五三年）、オスカー・ワイルド（『わがままな大男』、冨山房、一九八七年）の翻訳もある。本名、松村文雄の名でも、ミステリをたくさん訳している（エリック・アンブラー『あるスパイの墓碑銘』、早川書房、一九六〇年ほか）。詩人の翻訳書を探して読むのも面白い。

岡崎——鮎川信夫の翻訳も多いな。コナン・ドイル（『シャーロック・ホームズの冒険』、講談社文庫、一九七三年ほか）やアガサ・クリスティー（『ABC殺人事件』、早川書房、一九五七年ほか）、ウィリアム・バロウズの『裸のランチ』（河出書房「人間の文学」19、一九六五年）まで訳してる。創元推理文庫で言えば、五〇年代半ばから六〇年にかけて、エラリー・クイーンの、例の『Xの悲劇』（一九六〇年）、『Yの悲劇』（一九五九年）、『Zの悲劇』（「世界推理小説全集」第38巻、一九五六年）、『レーン最後の事件』（一九五九年）を集中して翻訳して出している。やっぱり戦後、お金がなかったのかなあ。ちなみに田村隆一も一九六一年から六五年にかけて、角川文庫からクイーンの**全く同じシリーズを翻訳**して出してるんや。訳文を比較してみると面白いかもな。ところで、鮎川の詩を読むと、やっぱり海外ミステリに親しんできた経験が投影されている。例えば「ある男の風景」なんて詩。最初のところ。

きみの運河は
舗道のカーヴにそってながれる
きみの孤独をうつす鏡は
天の一角にせばめられた都会の空である

きみにとっては過去はからっぽの空罐だし
未来は蒸されぬ腸詰にすぎない

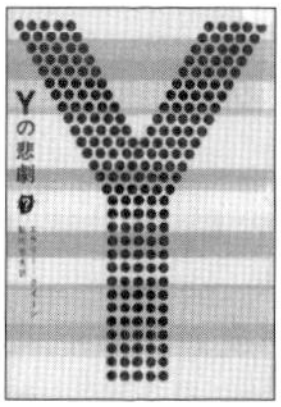

鮎川信夫訳、エラリー・クイーン『Yの悲劇』（創元推理文庫、一九五九年）装画＝日下弘

田村隆一訳、エラリー・クイーン『Yの悲劇』（角川文庫、一九六一年版）装画＝東君平

田村隆一訳、エラリー・クイーン『Yの悲劇』（角川文庫、一九七五年版）装画＝日下弘

きみの血を現場へ駆り立てるものは
消えやすいアリバイ探しの興味である
………
（現代詩文庫『鮎川信夫詩集』思潮社、一九六八年／『1937―1970 鮎川信夫自撰詩集』立風書房、一九七一年より）

単に「現場」「アリバイ探し」なんて言葉が出てくるというだけでなく、**都市風景の切り取り方**が、ミステリっぽい。戦後の一九四八年に書かれた「風景」（現代詩文庫『続・鮎川信夫詩集』思潮社、一九九四年所収）という詩の「ひとりぽっちで橋にもたれ／夕暮のなかで煙草をすっている男がいる／そして彼の背中のように淋しい風景がそこにある」とかな。

山本――「都市の孤独」というのが探偵小説の大きなテーマで、そこから事件が起こり、さまざまなドラマが生まれるんやが、『荒地』の詩人たちもある意味、詩の言葉で都市の孤独を謳ってきたというふうにも言える。**詩とミステリ**がそこで幸福な結びつきを見せたという気もするな。孤独ということでは、鮎川信夫に名品「帰心」がある。

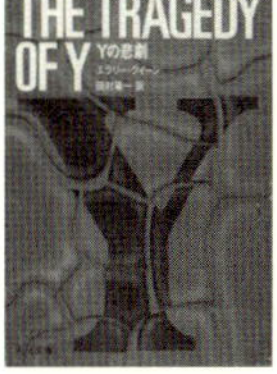

田村隆一訳、エラリー・クイーン『Yの悲劇』（角川文庫、一九八三年版）装画＝石岡怜子

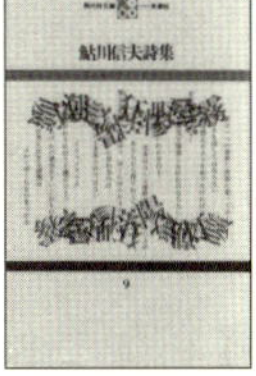

『鮎川信夫詩集』（思潮社現代詩文庫、一九六八年）

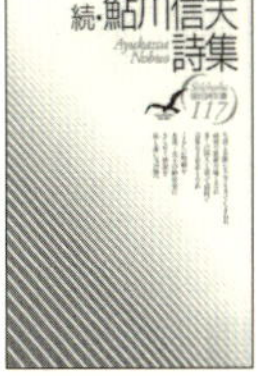

『続・鮎川信夫詩集』（思潮社現代詩文庫、一九九四年）

木を伐り倒す男らしく
空をいくらか明るくした
　それからは人に会わない
背をこごめて街中で生き
手と膝をついて歩くこともあった
　いまでは腰がいたむ
空はいつもくもっていて
男はしきりに木に還りたがった
（『1937―1970　鮎川信夫自撰詩集』立風書房、一九七一年／現代詩文庫『続・鮎川信夫詩集』思潮社、一九九四年より）

これは本当にみごとな詩で、若い時より、五十になったいま、読んだほうが身に沁みるな。実際、「いまでは腰がいたむ」からな。

岡崎――なんや、うっとり聞いてたら、肉体的な老いの話かい。ぼくも「**帰心**」は一時、暗誦するぐらい好きやった。短いしな。そのほかにも「しずかな朝であった／あらゆる鎖がひとりでにきれ／あらゆる船が港から出てゆきそうな

『1937-1970　鮎川信夫自撰詩集』（立風書房、一九六八年）装幀＝杉浦康平

／美しい朝であった」で始まる「出港」とか、ぼく自身の体験を重ねてしまう「**父の死**」とか、いい詩が多い。

山本――「父の死」はちょっと、紹介しといたら。

岡崎――ええか？

山本――だれに承諾求めてんや。ええに決まってる。

岡崎――そしたら後半部分だけ、引用しておきます。

………

こんなふうに父が死ねば
誰だって僕のように淋しい夜道を走るだろう
崖下の道で息がきれた
明るい無人の電車が
ゴーゴーゴーとぼくの頭上を通過していった
……苦しみぬいて生きた父よ
死にはデリケートな思いやりがあった
ぼくは少しずつ忘れてゆくだろう

スムースなスムースなあなたの死顔を。
（『1937―1970　鮎川信夫自撰詩集』立風書房、一九七一年／現代詩文庫『続・鮎川信夫詩集』思潮社、一九九四年より）

「スムース」と言えば、ぼくらが参加してる同人誌が『sumus』といって……

山本――どんな展開や（笑）。

岡崎――いや実は、『sumus』の同人の扉野良人くんがまた詩が好きでくわしくて。ぼくが『古本極楽ガイド』（ちくま文庫、二〇〇三年）のなかに収録したコラム（「父の死と庄野潤三」）で、自分の父親の死んだときのことを書いたけど、そのなかに、この「父の死」の「こんなふうに父が死ねば／誰だって」以下の部分を無断で滑りこませたんや。そしたら扉野くんが、岡崎さんのあそこの部分がよかった、って手紙に書いてきた。**引用を見破った**というわけではないけど、その詩的な感性がさすがやな、と思って。

山本――詩集を読んで、これは新しい、われわれの言葉で語られている、と共感できたのは、なんといっても荒川洋治の『あたらしいぞわたしは』（気争社、一九七九年）や『醜仮盧《しきかりいお》』（てらむら、一九八〇年）やったな。岡崎が値段関係なしに探してた

『古本極楽ガイド』（ちくま文庫、二〇〇三年）

荒川洋治『あたらしいぞわたしは』（気争社、一九七九年）

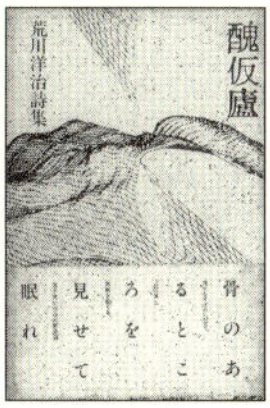

荒川洋治『醜仮廬（しきかりいお）』（てらむら、一九八〇年）

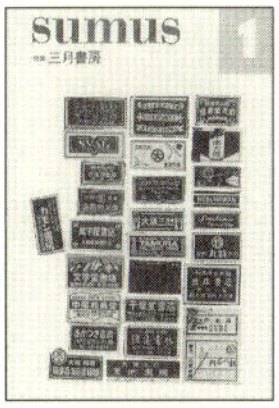

『ｓｕｍｕｓ』特集・三月書房（ｓｕｍｕｓ、第一号、一九九九年九月発行）

唯一の本と違うか。ぼくも声を出して読んだ。

岡崎――荒川さんの詩との出会いは、やっぱりぼくにとってショックやった。いま「ショック」という下品な言葉を使ったけど、ほかに言いようがない。感動した、というのとも違うんやな。何か、**全く新しいものと出会った**という印象やった。

山本――それが『あたらしいぞわたしは』やな。京都の三月書房で出会ったんやったっけ。『ｓｕｍｕｓ』の三月書房特集（第一号、一九九九年九月発行）でも書いてたな。

岡崎――そう、あの寺町にある、古本屋のようなたたずまいの（笑）、三月書房の詩の棚で、ワインレッドの背に黄色の文字で「あたらしいぞわたしは」と書かれているのを見たとき、これは何か、と驚いたんや。

山本――そのとき、すでに荒川さんのことは知ってた？

岡崎――大判やったころの『すばる』（集英社）に、たしか『あたらしいぞわたしは』にも収録されている「梅を支える」ほか数編が載ってて、それを読んだのが初めか、詩集を買ったほうが先かがちょっと記憶にない。とにかく、三月書房、『あたらしいぞわたしは』、荒川洋治という感じやった。

山本――「あたらしいぞわたしは」という詩はしかし、収録されてないんやな。「梅を支える」という冒頭の詩に、そのフレーズが出てきて、これが新鮮やった。それをまた、詩集のタイトルにもってくるというのが、実に**荒川さんらしいセンス**やな。

きょうは梅が見られると思ったのに
碍子をぬらしてあいにくの雨だ
梅をささえに外へ出る
そんな物見があったかどうか過去に
あたらしいぞわたしは

(荒川洋治『あたらしいぞわたしは』気争社、一九七九年より)

岡崎――この詩集のタイトルをもじって、坪内祐三さんが晶文社から『**古くさいぞ私は**』(二〇〇〇年)という本を出す。タイトルを聞いたときは、やられたなあと思った。悪く取られると困るけど、荒川さんにはコピーライターの才能もあると思う。ところで、何をいまごろって感じやけど、いま杉山平一『**戦**

杉山平一『戦後関西詩壇回想』(思潮社、二〇〇三年)

後関西詩壇回想』（思潮社、二〇〇三年）を読み始めてる。世評の高かった本やったが、やっぱり面白い。杉山さんがこうして書かなかったら、残らなかったような関西で活躍した詩人のポルトレが見事に描かれている。デッサン、という感じでな。これを読んで、戦後関西文化における井上靖、小野十三郎、竹中郁といった存在の大きさをあらためて感じる。

山本——杉山さんには『わが敗走』（編集工房ノア、一九八九年）という町工場を苦心惨憺して経営する自らの姿を描いた小説があるな。あれも、すごかった。

岡崎——実人生では辛い塩をなめつくしながら詩を書き続け、しかもこの本を読むと、周囲の詩人に対する視線が温かい。また、いろんな詩人の作品がところどころ引用されているが、どれもいい。ちょっと引いてみる。百田宗治の「わすれもの」という詩はこうや。

塀越《へいご》しに掌《てのひら》ほどの日のひかりが落ちる、
太陽だつて気がつかないにちがひない
この遺物《わすれもの》を私は珍重してゐる。
（百田宗治『偶成詩集』椎の木社、一九二七年より）

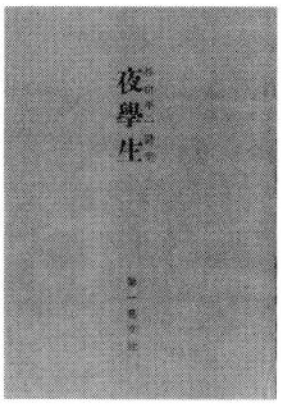

杉山平一『夜學生』（第一藝文社、一九四三年）

というかたちを取った随筆——おれは随筆と呼んでええと思うけど——の場合にこそ、そんなささいな風景が残されるんや。これこそ**随筆の功徳やろ**。足立巻一の話もええやろ。「足立さんの顔を見かけると、急に心がなごんで、近づいてゆく。そこにはいつも、ふあーとした風が吹いている感じだった。別に話もしないでよかった。ヒューマニズムというのは、ああいうものだと思った」って書いてる。ええ文章や。詩の言葉で鍛えた人の言葉は、どこか違うんやな。

岡崎——関西にも詩の党派はあったみたいやけど、なんといっても狭い世界やから、村みたいなもんで、そういう狭さ、みんな顔なじみであるよさがこういう何気ない描写にも出てる。杉山平一さんは、ぼくが小津安二郎論を同人誌に書いたとき、それを新聞の時評で取り上げて大いに褒めてくださった。ぼくの名が公で活字になった最初ちゃうかな。

山本——なんや、それを言いたくて長々と引っ張ったんか。それやったら、言わしてもらうわ。ぼくが杉山さんに注目したのは、京都にあった第一藝文社のことを調べてたときやった。杉山平一さんの**第一詩集『夜學生』**が第一藝文社（一九四三年）発行だったんや。出版社のことを調べていると、あまり関心のない著者の本でも買って集めてしまうということがよくあるんやが、この『夜學生』は違った。出版社に関係なく読んでみたいと思ったんや。でもやはりそういう本は値段が高い。何度か目録ではずれたが、やっと手にすることができた。

岡崎——書くのに必要な本は、少々高くても買ってしまうな。悔しいけど。

山本——何で悔しいんや。またプライドが許さんとか言うんやろ。ちょっとまだ話が続いてんねんけど。このあと、杉山さん、同人誌『ｓｕｍｕｓ』（第一二号、二〇〇四年五月発行）に載ったぼくの文章読んで、復刻本を送ってくださった。知らんかった。銀河書房から一九九〇年に復刻が出てたんや（竹林館、二〇〇七年文庫版もある）。うれしかったなあ。本もうれしかったが、なんと手紙までくださった。この手紙を山本家の家宝とすることを、この場を借りて宣言しておくわ。ぼくみたいな若造にもていねいに対応してもらって感激した。

岡崎——どこが若造や。白髪いっぱいのおっさんやないか。

山本——うるさいうるさい。この白髪は、司馬遼太郎さんを意識してのもんや、ほっといてくれ。そんなことどうでもええ。**第一藝文社**のことが大事なんや。第一藝文社を通して天野忠とも出会えた。『重たい手』（一九五四年）、『昨日の眺め』（一九六九年）が第一藝文社から出た詩集なんや。天野忠の本は、京都の文童社、大阪の編集工房ノアが多く出してる。そんなことがあって、東京より関西のほうが本が集めやすいのか、ぼくのところにも天野忠の本、自然に集まってきた感じや。

岡崎——それはあるやろ、地の利ということが。

山本——「新・随筆入門」の回でも挙げた天野忠の『我が感傷的アンソロジイ』(文童社、一九六八年／増補版、書肆山田、一九八八年)は、これまでに何回も書いたり話したりしてきたが、それほどぼくは**この本の影響を受けた**んや。それまでは名のよく通った詩人ばかり読んでいたのが、この本に出会って、あまり世間に知られずに詩を書き続けた詩人にも興味をもつようになった。例えば、安藤真澄。無名と言っても、百田宗治の第一次『椎の木』(椎の木社、一九二六〜一九二七年)同人で、『大道芸人』という詩集を昭和二(一九二七)年、椎の木社から出している。安藤はその一〇〇部限定の処女詩集を自ら焼いてしまったという。**椎の木社の詩集**は手づくりの趣きがあってどれもいいいな。椎の木社というだけで欲しくなる、そんな出版社やな。『椎の木』という詩誌には、左川ちか、江間章子、高祖保、伊藤整などが書いていている。ぼくは『我が感傷的アンソロジイ』を読んで、安藤真澄の詩集を探すようになるんやが、すぐに、均一台で文童社の『豚』(署名入り、一九六三年)を見つけたときは正直持つ手が震えた。

安藤真澄『豚』(文童社、一九六三年)

岡崎――手が震えるようになったら危ない。ええ医者、紹介しよか？

山本――なんでやねん。その詩集はこういうふうに始まる。

恋のうた

僕らは恋をしたことがあるだろうか
短い生涯のうちで一度でも恋というやつをしたことがあるだろうか
破産したとしらずにはたらいている使用人のような
ぬけぬけとだまされていたまぬけた恋というものを
十代の恋、二十代の恋、三十代の恋
四十代五十代の恋、老いらくの恋というやつを。

恋というものはやつかいなものだと
いや、恋などというものを一度も味つたことがないような気もする
そして今は忘れている

………

（安藤真澄『豚』文童社、一九六三年より）

岡崎――**文童社**ときたら、双林プリントの話もせんとな。

山本――どちらも経営者は山前実治《やまさきさねはる》。文童社が詩集専門の出版社で、その印刷担当が双林プリントということか。詩人の大野新も働いていた。京都の詩人たちはみなお世話になったんや。正津勉は『彷書月刊』のインタビュー（特集・印刷記、彷徨舎、二〇〇四年八月発行）で、同志社での学生時代を振り返って、双林プリントと詩人たちのことを語っていた。双林プリントで大野新は、正規の仕事のあと、夜中に普通の人より肺活量の少ない身体で輪転機を回していたという。病み上がりの暗い感じから、**「京都のカフカ」**とも呼ばれていたらしい。文童社からはたくさん詩集が出ているが、自費出版らしい詩集にも、大野新の推薦文、解説文がよく見られるんや。京都では、この人の存在は大きかった。こういう人が町の印刷屋で働きながら、せっせと若い詩人たちの面倒を見、自身も詩を書き続けていたというのは、いい話や。

岡崎――大野新が切り開いた**京都の詩の水脈**というものがある。彼は一九七八年に詩集『家』（永井出版企画、一九七七年）でH氏賞を受けた。エッセイ集『沙漠

大野新『沙漠の椅子』（編集工房ノア、一九七七年）

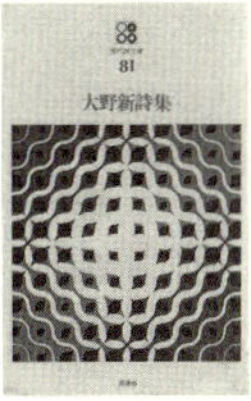

『大野新詩集』（思潮社現代詩文庫、一九八四年）

の椅子』（編集工房ノア、一九七七年）では、天野忠や石原吉郎の詩について書いてたな。

山本——『大野新詩集』は、思潮社の現代詩文庫（一九八四年）に入っているので、大野新の全体を見るのに便利や。そのなかにこんな詩がある。

写真

西陽がさすなかで
高速輪転機が
まわっている
印刷されてくる紙が
うしろの堆積を
まえの堆積におきかえている
防音室の外からみればしずかな変化だろう
印刷工は
噂ぎらいのガンマンのように

表情乏しく
猫背で
無聊な手をたれている

この写真の男をある日のわたしだと
いえばいえようが
そのとき
わたしが窓からみていた
遠い鳥は
うつっていない

（大野新「未完詩篇〈続・家〉」『大野新詩集』思潮社現代詩文庫、一九八四年より）

山本――仕事場風景が**経験という言葉**で書かれているな。

岡崎――清水哲男が京都大学在学中に出した第一詩集『喝采』（一九六三年）が文童社から。大野新は『喝采』について、「それは、私の想像のなかでは嫉妬を呼ぶほどの確実な事件で、さえざえと掌中にたもつとき、必ずとおくで喝采はおこるのであった」と書いている。清水は在学中に、大野と**『ノッポとチビ』**（ノッポとチビの会、一九六二〜一九九二年）という詩誌を一緒に始めたんやな。

山本――『ノッポとチビ』は大野が双林プリントに勤めながら、仕事が終わってから、一人残ってタイプ打ちから印刷、製本と全部やってたんやな。

岡崎――そう。清水哲男は初期の抒情的な世界もいいけど、ぼくとしては『スピーチ・バルーン』（思潮社、一九七五年）という、マンガの主人公たちを題材にした詩集が忘れ難い。**表紙は和田誠**やった。「チャーリー・ブラウン」の初めと最後を引いておく。

清水哲男『スピーチ・バルーン』（思潮社、一九七五年）

後退する。
センター・フライを追って、
少年チャーリー・ブラウンが。
ステンゲル時代の選手と同じかたちで。

これは見なれた光景である。

後退する。
背広姿の僕をみとめて、
九十歳の老婆・羽月野かめが。
七十歳のときと同じかたちで。
これも見なれた光景である。

………

生きようとする影が、草の高さを越えた以上、
チャーリーは言うだろう。
羽月野かめは言うだろう。
ちょっと、そこをどいてくれないか。
われわれの後退に、
折れ曲った茱をはさみ込まれるのは、
迷惑だから、と。
（清水哲男『スピーチ・バルーン』思潮社、一九七五年より）

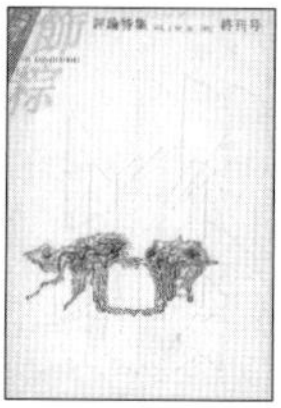

『飾粽（かざりちまき）』終刊号（通巻三六号、飾粽の会、一九九二年）

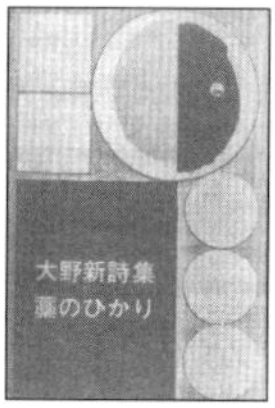

大野新『藻のひかり』（文童社、一九六五年）

京都の詩の流れは、その後、同志社大学の詩のグループ、清水昶、正津勉、佐々木幹郎と続いていく。昶さんは哲男さんの弟。ぼくは上京してから、『飾粽《かざりちまき》』（飾粽の会、一九八九〜一九九二年）という詩誌に参加させてもらって、この哲男・昶兄弟の実物を間近で見たけど、まるで似てない兄弟やった。

山本――京都で学生時代を送ったというだけでも親近感があるな。どこの古本屋をまわったんやろう、とか考えるのも楽しい。古本ということでは、文童社にしても第一藝文社にしても甲鳥書林にしても、京都にあった出版社なので、やっぱり東京では見つけにくいわな。大野新の第二詩集『藁のひかり』（文童社、一九六五年）署名入りを見つけたときはうれしかったなあ。

岡崎――そう言えば、京都の古本屋では、どこも**詩集を大事に置いてた**なあ。けっこうな値が付いていて、ちょっと無理して詩集を買ってジャズ喫茶で開く。これが何よりのぜいたくやった。

黒瀬勝巳『ラムネの日から』（編集工房ノア、一九七八年）

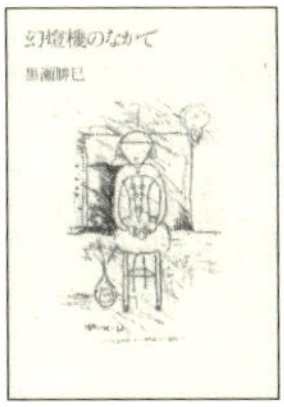

黒瀬勝巳『幻燈機のなかで』（編集工房ノア、一九八一年）

山本――あと、ＢＯＯＫＯＦＦの一〇〇円コーナーで見つけた詩集としては、黒瀬勝巳の『ラムネの日から』（編集工房ノア、一九七八年）と『幻燈機のなかで』（編集工房ノア、一九八一年）。どちらも版を重ねているので、詩集としてはよく売れたんじゃないか。黒瀬勝巳は、教学社併設の世界思想社の編集者。**文庫王にぴっ**

たりのこんな詩を書いている。

文庫本としてのおふくろ

おれはおふくろをめくり
おれはおふくろをくりかえし読む
いまではおふくろは文庫本くらいに小さくなり
おれの尻ポケットにも楽にはいる

おふくろをポケットにいれて
旅をしよう　冒険の旅に出よう
大きな半島を一周
できれば二周　弁当もちで
………

（黒瀬勝巳『ラムネの日から』編集工房ノア、一九七八年より）

『黒瀬勝巳遺稿詩集「白の記憶」』（エディション・カイエ、一九八六年）

黒瀬勝巳には、『白の記憶』（エディション・カイエ、一九八六年）という詩集がある。これがなかなか見つからないんで、いま話題沸騰や。

岡崎――そんな話題、聞いたことないぞ。朝の番組で、みのもんたも言ってない。一人で騒いでるだけやろ。でも、関西の詩人はもっと評価されていいと思うな。

山本――詩集は部数も少ないし、関西の出版社で出た場合、なかなか広がっていかないな。関西だったら、BOOKOFFでも、ときどき見つけることができるんやが。でもさすがに、竹中郁や福原清の古い詩集はBOOKOFFでは無理やな。

竹中郁も好きな詩人や。

竹中郁の詩集に『枝の祝日』（海港詩人倶楽部、一九二八年）っていうのがある。竹中郁の詩は雑誌などで読んだことはあったが、まとめて読んだのはこの『枝の祝日』や。小磯良平の挿絵が入った素朴な味わいがあるんや。竹中と小磯は同窓。この『枝の祝日』は二人で渡欧する前に編んだ詩集で、三〇〇部発行している。これは三千円もした。

岡崎――足立巻一さんの『評伝竹中郁』（理論社、一九八六年）はよかったなあ。足立さんの最後の大きな仕事やったな。そのなかで『竹中郁全詩集』（角川書店、一九八三年）の編集の話も出てくるが、竹中郁は自作詩については、『動物磁気』（尾崎書

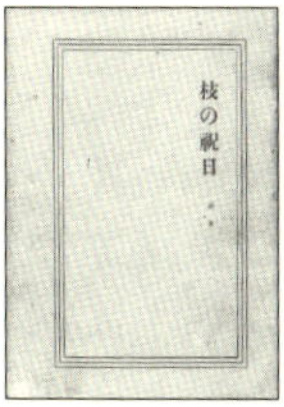

竹中郁『枝の祝日』（海港詩人倶楽部、一九二八年）

足立巻一『評伝竹中郁』（理論社、一九八六年）

房、一九四八年）と『ポルカ マズルカ』（潮流社、一九七九年）があればいい、全詩集はいらない、と言ってたらしい。

山本――足立巻一の遺作が未完に終わったのは残念やけど、一冊の本として目の前にあることがうれしい。足立巻一さんの本もたくさん出たが、ほとんどが品切れ絶版と違うか。

岡崎――『親友記』（新潮社、一九八四年）も面白かった。『立川文庫の英雄たち』（文和書房、一九八〇年／中公文庫、一九八七年）や『虹滅記』（朝日新聞社、一九八二年／朝日文芸文庫、一九九一年）は文庫になって多くの人に読まれたが、残念ながら品切れか。もっと読まれていい作家やな。関西の詩人ということでは、金沢の「亀鳴屋《かめなくや》」という個人による出版社から、いい詩集が出たな。

山本――『藤澤清造貧困小説集』（二〇〇一年）、出したところやな。

岡崎――『伊藤茂次詩集 ないしょ』というんや。文庫ぐらいの大きさで装幀も魅力ある。川本三郎さんが送ってくださって、ぼくは伊藤の名は初めてやったけど、パラパラ読んだら、これがヒット。つげ義春、木山捷平、山之口貘、高田渡なんかと同じテイストのいい作品やった。すぐブログに書いて、新潮社の『ｙｏｍｙｏｍ』（三号、二〇〇七年七月号）にも紹介文を書いた。

足立巻一『親友記』（新潮社、一九八四年）

足立巻一『立川文庫の英雄たち』（文和書房、一九八〇年）

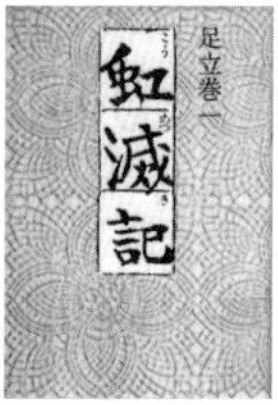

足立巻一『虹滅記』（朝日新聞社、一九八二年）

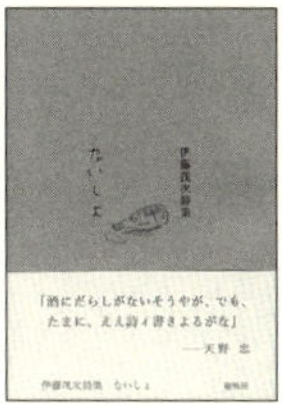

『伊藤茂次詩集 ないしょ』(亀鳴屋、二〇〇七年)

山本――ぼくも、これはすぐ注文した。**詩人・伊藤茂次**の名前は、天野忠の『我が感傷的アンソロジイ』を読んで知っていた。でもまさか詩集が出るとは思わなかった。三三三部限定で一六〇〇円。これは**買わないとバチ**があたる。巻末の解説も充実してる。川本三郎の「跋」、天野忠「ないしょの人」、大野新「一篇の傑作をのこしたアル中詩人――伊藤茂次さん」、外村彰「伊藤茂次伝」。それに、小幡英典「裏辻の影」という写真ページまで。

岡崎――いたれりつくせりの編集で、表紙が滝田ゆう。ちょっと伊藤茂次について、かいつまんで紹介してくれる?

山本――伊藤茂次については、謎が多くて、生年も出身地もはっきりしない。おそらく大正一四(一九二五)年ぐらいの生まれではないか、と外村彰さんも書いている。二十代に、札幌で市電の車掌をしていたが、札幌にやってきた旅役者たちと一緒に北海道を去ったという。旅から旅の生活が続いたらしいが、詳しいことは分からない。分かっているのは、京都に流れ着いていたということ。京都では、「大部屋さん」、松竹の大部屋俳優をやっていた。そのあとに、双林プリントに入った。そこには、社長の山前実治や詩人の大野新がいたということか。詩の雑誌などもたくさん印刷してたから、詩人も顔を出すし集まってくる。これは刺激を受けたやろう。

岡崎――京都の現代詩が、双林プリントという印刷所から泉のように沸き出しているところが、この伊藤茂次の一件からもよく分かる。何か表現したいという衝動が、すぐ詩に向かうんやな。酒の上で過ちを繰り返し、下宿のアパートの大家にわび状まで書いてる。もし彼の生活のなかに詩がなかったら、ただの迷惑なおっちゃん。

山本――自分でも、詩というもん、ちょっと書いてみよか、そんな感じが今度の詩集でも感じられる。**生活しかない**、そんな声が聞こえてきた。

岡崎――だから技巧というものはないよな。むしろ、吐き捨てた言葉、ため息のような言葉、という感じ。しかし日本語ではそれが詩になる。ちょっと山頭火や尾崎放哉を思わすような。

山本――いくつかいい詩があったけど、まず、「ないしょ」は挙げとかんとな。

女房には僕といっしょになる前に男がいたのであるが
僕といっしょになってから
その男をないしょにした

僕にないしょで
ないしょの男とときどき逢っていた
ないしょの手紙なども来てないしょの所へもいっていた
僕はそのないしょにいらいらしたり
女房をなぐったりした
女房は病気で入院したら
医者は女房にないしょでガンだといった
僕はないしょで泣き
ないしょで覚悟を決めて
うろうろした

………

（外村彰編『伊藤茂次詩集 ないしょ』龜鳴屋、二〇〇七年より）

岡崎――これなんか、**高田渡が知ってたら**、曲を付けて歌いそうや。

山本――そうやな、山之口貘の詩に曲付けたりしたしな。伊藤茂次のことは分からないことが多いけど、彼の生活は、この**詩集『ないしょ』**にいっぱいつまってる。例えば、こんな詩もある。

辻潤再来

三つ児の魂百までも
そのせいかも知れない
僕の昔時代劇のどさ廻りや
エキストラの体験があるんだ
寒い日の感じで
あわせの着流しで遊人風
ヤソを組んで
酒屋の暖簾にひょいと首を
つっ込み一杯くんな
と云う仕種が一番好きだった
それで今ではアルコール依存症
なんべんも病院生活のみ助の冷飯ぞおり

辻潤と僕の顔は良く似ている
脳味噌も似ているのだろう
辻潤は谷崎潤一郎に随分世話になった
僕も大野新さんに迷惑を掛けたり
世話になった
先月も日用品でも買ってくれと
五千円が速達で病院に送ってくれた
またたのみます
昔故山前実治氏経営していた
双林プリントに入社したがさっぱり駄目な使用人
だった
そこで山前社長や大野新さんに
門前の小僧習わぬおきょうを読む
で詩を少し覚えだしたのである
今やその個性的な味と天分に

恵まれてのんべえの詩人と云えば
恐れられている僕なのだ
………
（外村彰編『伊藤茂次詩集 ないしょ』龜鳴屋、二〇〇七年より）

ぼくは、この詩の「寒い日の感じで」というところが好きや。

岡崎——詩を読む楽しさを教えてくれる作品やな。これから詩を読む人に、いいアドバイスをと思うが、**思潮社の「現代詩文庫」**が本当にありがたくて、これがあるとなしでは、現代詩を読む環境が北極と南極ぐらいの違いがある。ここから自分の好きな詩人を見つけて、読んでいくというのがいいんだけど、それでも現代詩文庫自体がたくさんあるからな。

山本——ええこと言うなあ。ぼくも、「現代詩文庫」好きや。安くて軽装、エッセイなども入れて、巻末の作品論、詩人論も参考になる。ぼくはこのシリーズにこそ現代日本語の最高のものが入っていると思っている。新刊書店で一二二三円、古本屋さんだったらもっと安く手に入るから、知らない詩人のものでも読んでもらいたいなあ。

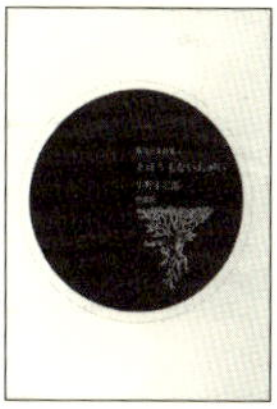

小野十三郎『とほうもないねがい』（現代日本詩集1、思潮社、一九六二年）

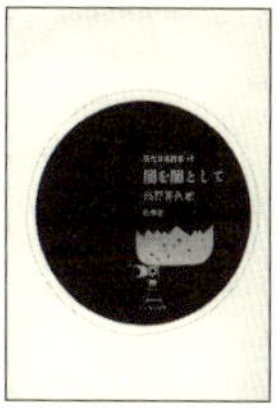

高野喜久雄『闇を闇として』（現代日本詩集18、思潮社、一九六四年）

岡崎――ビニールカバーがはずれて、手擦れのした古い「現代詩文庫」を二〇〇円、三〇〇円で古本屋で見つけると、つい手に取ってしまう。詩を好きな先輩たちが、一生懸命読んだんやろな、と思って。それから、シリーズ、叢書で読んでいくという手もある。こっちのほうが打率が高い。思潮社が一九六〇年代に出した、**フランス装の「現代日本詩集」**は、小野十三郎『とほうもないねがい』（1、一九六二年）に始まって、西脇順三郎『豊穣の女神』（3、一九六二年）、谷川俊太郎『21』（5、一九六二年）、大岡信『わが詩と真実』（8、一九六二年）、山本太郎『西部劇』（17、一九六三年）、安東次男『からんどりえ』（14、一九六三年）など、記念碑的な詩集をたくさん送りだしてる。A5判で、たっぷり余白を取った、ぜいたくな感じの詩集や。

山本――「現代日本詩集」は、**真鍋博の装幀**が素敵やな。ただちょっと古書価が高いか。三千円くらい付いてるものが多い。パラフィンが破れてたり、難のあるのは千円以下で見つかる。薄いから、本棚に他の本のあいだに挟まってると、なかなか見つけにくいけどな。

岡崎――「現代日本詩集」18の高野喜久雄『闇を闇として』（一九六四年）なんかよかった。「あなたに」の最初はこんな感じ。

何も無い
ただ　砂だけじゃないの
と　あなたはおっしゃる
考える心の　極北に
しかし　わたしはいつでも
砂だけがあればよかった
あくまで　それを啄《ついば》む鳥であればよかった
（高野喜久雄『闇を闇として』「現代日本詩集」18、思潮社、一九六四年より）

あと、一九七〇年代は河出書房新社から出た「叢書・同時代の詩」。吉増剛造『王國』（1、一九七三年）、清水昶『野の舟』（3、一九七四年）、飯島耕一『［next］』（6、一九七七年）、鈴木志郎康『日々涙滴』（5、一九七七年）、岡田隆彦『巨大な林檎のなかで』（9、一九七八年）など、忘れ難い詩集が多い。

山本――これも装幀がよかったなあ。函入りで判型は同じやけど、写真や版画やイラストをうまく使って、見たらすぐ分かる個性的なシリーズやった。これは古書価がばらつきあるかなあ。

飯島耕一『［next］』（河出書房新社、一九七七年）

岡崎――集めるのが楽しみなシリーズやったな。鈴木志郎康『日々涙滴』は、日常の一コマを**スナップショットで撮影するような詩**が新しかった。

山本――志郎康さんは、当時、ＮＨＫでカメラマンをやってたんやな。

岡崎――そう、だから、カメラマンの目が働いている。例えば「ゼンマイの猫を放す」。これは全行を引く。

ガツン
とやられて、朝、目をさました
草多《そうた》が
ゼンマイの玉じゃれ猫を持って笑っている
幼い姿が目に入るのだ
眠いのにといって怒るわけにも行かない
猫のゼンマイを巻いて
板の間に放してやる
草多が追って行く
その仕草を夢の中に引き入れ切れないまま

鈴木志郎康『日々涙滴』(河出書房新社、一九七七年)

成長するものの手に
再びガツン
とやられて、床の上に起きてしまう
またゼンマイを巻いて
板の間に放してやる

（鈴木志郎康『日々涙滴』河出書房新社、一九七七年より）

山本――これのどこが詩や、と言われそうやけど、やっぱりいいなあ。

岡崎――志郎康さんはこのころ、しきりにこういう書き方を試みていて、ぼくは**読んでてハッとさせられる**ことが多かった。この詩では「再びガツン」がポイントやな。深夜の電車のなかで、新聞紙が乗客に蹴られてあちこち転がる詩「終電車の風景」なんか、いま同じような光景を目にすると、必ず志郎康さんの詩を思い出す。

山本――山藤章二が志郎康さんの似顔絵をイラストで描いた『やわらかい闇の夢』（青土社、一九七四年）に入ってた。これはよほど売れたんやろ。七〇年代、京都の古本屋でよく見た。

鈴木志郎康『やわらかい闇の夢』（青土社、一九七四年）

『稲川方人詩集』（新鋭詩人シリーズ、思潮社、一九七九年）

岡崎――そう、よく見たな、福田屋の棚にあったのをはっきり覚えてる。だから、現代詩のピークは七〇年代にあったと言えるかもしれん。七〇年代後半から八〇年代にかけては思潮社の「新鋭詩人シリーズ」。ここで荒川洋治さん始め、平出隆、稲川方人、山口哲夫、正津勉、伊藤比呂美といった新しい才能が一気に出てくる。

山本――『平出隆詩集』（一九七七年）のカバーは、鈴木翁二の絵がよかった。菊地信義の装幀やった。ぼくは、東京創元社の「ポエム・ライブラリイ」も気に入っている。新書判というのもいい。**詩集は文庫本より余白の多い新書**のほうが合っていると思う。この「ポエム・ライブラリイ」は、長谷川四郎編集解説の『谷川俊太郎詩集』（一九五八年）や田宮虎彦編集解説の『丸山薫詩集』（一九五八年）などがあって、何を選んで収めているかも興味深い。続刊として、『北園克衛詩集』が挙げられているが、これは本当に出たのだろうか。ぼくは見たことない。

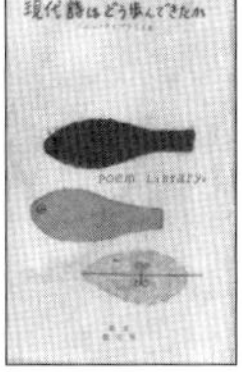
『現代詩はどう歩んできたか』（東京創元社ポエム・ライブラリイ、一九五五年）

『丸山薫詩集』（東京創元社ポエム・ライブラリイ、一九五八年）

岡崎――あと、BOOKOFFでは詩集はたいてい一〇〇円やから、ここで、名前を知らない人の詩集を、**勘で買う**というのも面白い。中森美方《よしのり》『魂の日』（思潮社、一九九七年）なんて詩集は、ぼくはそうして買った。これはいい詩集やっ

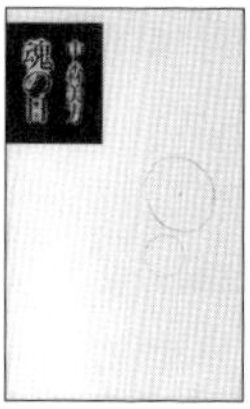

中森美方『魂の日』（思潮社、一九九七年）

た。まずフランス装風の装幀とタイトルに引かれて、最初の二、三編をぱらぱらと読んでみた。すると引っかかってくるもんがあるんやな。そこで、少し顔を近づけて丁寧に読んでみる。すると、いいんや。「小春日和」という詩をこれは全編を紹介しておこう。

一本の草になって風に揺られていたい
私はそうやって始まり　終わってゆく
こおろぎの声のようにしか
そのような私でしか生きられず
惨たらしいことや　ひどいこと　醜いことは
すべて　朝の光とともに芽ぶき
歓びの声も朝のうちに用意された

それらすべてを受け取って
ちぎっては河に流したり
ポケットに大事につめこんだり

水音がすれば振りかえってもみた
一本の草になって揺られていると
捨ててきたものも私の根元にあって
一緒に育ってきたのがわかる

あの河にも私はつながっている　空にも
独りでいると合唱することができる

氷よりも張りつめた空の雲間から祈りの光が射す
冬が奪うものなど何もない
山河は豊かに残され枝々から雫がこぼれ
弱いものが失われた方がいい時もある

一本一本の道は必ずどこかにつながり
かと思うと崖に行きついたり
凍てついた古い沼に行きつく時もある

どう転んでも結末はたったひとつかふたつ
選ばれた音楽にも価しない結末だ

私は見ることができる
あの豊かな河口を
今は埋めつくされてあとかたもないのだが
（中森美方『魂の日』思潮社、一九九七年より）

こういう**苦い認識や省察**は、若いころより、四十、五十になって身に沁みてくる。詩は青春期の甘い食べものではなくて、むしろ中高年から老年期になって分かってくる、というのがぼくの持論や。

山本——それはそうやなあ。詩をじっくり読んで味わえる、おたがい、そんな歳になってきたんや。評判などに惑わされずに、「言葉」そのものに反応するようになってきた。新刊書店や古本屋さんでは、よく知られた詩人でないと、棚に並ばないということがある。量も少ない。その点で言うと、ＢＯＯＫＯＦＦは、分け隔てなく並べてあるので、それも一〇〇円の棚にも数多く並ぶので、ぼくも重宝している。全部見ていくのは大変だが、タイトルや名前、カバーの色や紙の質、そんなところで何かピンときたら、取り出して読んでみる。買うかどうかはまたその次の問題になるが、**BOOKOFFでのそんな楽しみ方**もたしかにあるな。一〇〇円で繰り返し繰り返し読める詩集に出会えるかも。こんな話してると、いまからBOOKOFFに行きたくなってきた。

中入 出会えて感激した詩集二〇冊［順不同］

◉飯島耕一『ゴヤのファーストネームは』（青土社、一九七四年）

口語自由詩の歴史の上で格闘し続けてきた現代詩人たちに、ひとつの解答をつきつけたのがこの詩集。自由と言いながら不自由な現代詩。内在するリズムと表白の奇跡的達成と言っていい。

◉「山之口貘全集」第一巻『全詩集』（思潮社、一九七五年）

詩を書くためだけに生きた。詩こそ生の証しだった。だから、精魂傾けて原稿用紙を埋めた。それなのになんと軽々としたユーモアと人懐っこさ。詩はこれでいいんだ、と教えてくれる。

岡崎武志――［選］

◉荒川洋治『あたらしいぞわたしは』（気争社、一九七九年）

問答無用のあたらしさ。七〇年代における小説、戯曲、評論、ノンフィクション、すべての言語表現の地平に屹立する。とんでもない詩集が現われた、と震えた。

◉谷川俊太郎『夜中に台所でぼくはきみに話しかけたかった』（青土社、一九七五年）

詩集のロングセラー。何をどう書いても詩になってしまう、というスタイルに、苦い省察と技術を折り込んで、谷川さんはやっぱりすごい詩人だ。

◉阿部恭久『生きるよろこび』（風媒社、一九七九年）

「生きるよろこび」というタイトルの現代詩集は、漢字表記のものもあるが、田村隆一（『生きる歓び』集英社、一九八八年）、岡田隆彦（『生きる歓び』青土社、一九七七年）など何冊かある。そのなかで、一番あっけらかんと涼しげなのがこの詩集。私は大好き。

◉川田絢音『悲鳴』（紫陽社、一九八二年）

この詩集のすごさ、すばらしさを伝える言葉を私はもたない。海外在住経験を、もうひとつの肌のように身にまとって作品化できたという点で、須賀敦子と双璧。

◉長谷川龍生『泉《ファンタン》という駅』（サンリオ出版、一九七五年）

これも知られざるいい詩集。手が染まりそうな真っ赤な本体。小ぶりの造本に、柔らかな精神による言葉が、リズミカルに配列されている。装幀は司修。

◉清水哲男『スピーチ・バルーン』（思潮社、一九七五年）

マンガのキャラクターの姿かたちを借りて、安易におぶさらず、詩に仕立ててしまう。そんなことができるのは、清水哲男だけだろう。なんともポップで、詩心の実質を備えた傑作。

◉高梨豊（写真）／岡田隆彦（文）『都市は夢みず』（書肆山田、一九七九年）

現代詩は難解だと言われ、私もよくそう思う。人間関係に摩耗して、胃を悪くし、汗しながら働く都市生活者に詩は有効なのか。『都市は夢見ず』が示す都市生活の苛立ちは、まさしくわれわれのものだ。詩の言葉はやっぱり必要なんだ。

◉鈴木志郎康『やわらかい闇の夢』（青土社、一九七四年）

好きな詩集、と言えば、どうしても大学時代（二十代）に読んだ詩集になってしまう。志郎康さんの詩は全く不思議で、詩的情景とは思えない日常をスナップショットして、詩的世界としか思えない世界をつくりあげてしまう。後進に大きな影響を与えた。

山本善行——〔選〕

◉『中野重治詩集』（岩波文庫、一九五六・一九七八年）
声をだして読んでみると気持ちよい。この詩集一冊持って、福井から日本海を北上して新潟のほうに行きたいというのがぼくの夢。親しらず市振《いちふり》の海岸　ひるがえる白浪のひまに　旅の心は……。

◉『中江俊夫詩集』（1、山梨シルクセンター出版部、一九七三年）
「魚のなかの時間」を読みたくて読みたくて買った。中江は後記で、なにもかも清算したい、あやまちのそもそものはじまり具合、初期の悲哀の塊、などと書いている。私にとって大切な一冊だ。

◉天野忠『クラスト氏のいんきな唄』（文童社、一九六一年）
天野忠は、この詩集をこのあと『動物園の珍しい動物』とタイトルを変更して、同じ文童社（一九六六年）から、そして編集工房ノア（三五〇部限定、一九八九年）から、と都合三回出している。天野忠のものを見る目が強く印象に残る詩集だ。

◉永瀬清子『大いなる樹木』（櫻井書店、一九四七年）
永瀬清子はエッセイもいいが、詩集はもっといい。『諸国の天女』（河出書房、一九四〇年）を最もよく読んだが、この櫻井書店版の『大いなる樹木』も好きな詩集だ。三岸節子の木版装もすてき。時代をうつして力強い詩だ。

◉黒瀬勝巳『ラムネの日から』（編集工房ノア、一九七八年）
こういうマイナーポエットを読み出したのは、対話のなかでも触れたように、天野忠の『我が感傷的アンソロジイ』（文童社、一九六八年／増補版、書肆山田、一九八八年）の影響だ。黒瀬勝巳の詩は鴨川の土手に寝っ転がって風のなかで読むのがいい。

◉南江二郎『南枝の花』（新潮社、一九二七年）。
岸田劉生の装幀本。最初装幀ばかり見ていてなかなか読み出せなかった。ここ数年いつも身近に置いている詩集です。巻末の外山卯三郎による「跋・散文詩の研究」もいいし、南江の「南枝の花に添へて」もいい。

◉荒川洋治『醜仮廬《しきかりいお》』(てらむら、一九八〇年)。
やっぱり、荒川洋治は外せない。荒川洋治全著作を集めたいと思うが、どのくらいあるのだろう。十一歳のときの詩「夜の道」など、未収録詩を集めた『チューリップ時代』(てらむら、一九八一年)も好きな詩集だ。

◉木下杢太郎『食後の唄』(ほるぷ出版・日本近代文学館名著復刻詩歌文学館、一九八一年)
元版は、小絲源太郎装幀、アララギ発行所刊、一九一九年発行。どうやら私は散文にも力を発揮するような、そんな詩人が好きらしい。この詩集を読むと大正時代の匂いを味わうことができる。

◉田中克己『悲歌』(果樹園発行所、一九五六年)
文庫サイズのかわいい詩集だ。田中克己は大阪出身の詩人翻訳家で、天野忠や井上多喜三郎との交流もあった。田中はこの詩集刊行のとき四五歳で、翌年には東京に出る。

◉杉山平一『夜學生』(竹林館、二〇〇七年)
最初の『夜學生』は、一九四三年に第一藝文社から。復刻が出たのは、一九九〇年、銀河書房から。今回二度目の復刻は大阪の竹林館という出版社から。この文庫サイズになった詩集を持ち歩く。

●京都・ガケ書房内の「古書善行堂」の棚

文學漫談・その六

新・文學全集を立ちあげる

［新規収録▼2007――2008年］

大喜利

架空企画！ 岡崎武志・山本善行＝責任監修
「気まぐれ日本文學全集」全六〇巻構想

架空企画！ 「気まぐれ日本文學全集」第20巻『上林暁』
目次案（山本善行＝編）

岡崎――文学全集について初めに予備知識を。『丸谷才一と17人のちかごろジャーナリズム大批判』（青土社、一九九四年）をもとにちょっと演説します。この本のなかに、丸谷才一が谷沢永一、三浦雅士と日本の文学全集について語った章がある。だれが発言したかとか抜きにして、ぼくの意見も含めてざっと概要を追ってみるな。まず、この手のアンソロジーによる巻立てで、文学史を見わたすような全集は日本独自のもので、外国には見当たらないらしい。最初にこのスタイルをつくったのは、ごぞんじ、改造社の「現代日本文學全集」（一九二七～一九三一年）で、**いわゆる「円本」**やな。その前に菊半截判（152×109mm）で新潮社が「代表的名作選集」を大正三年から一五年（一九一四～一九二六年）にわたって出しているが、同時代と後代への影響からすると、圧倒的にこの「円本」の力が大きい。これがバカ当たりして、各社いっせいにいろんなかたちの文学全集を出す。

山本――たしかに、いろんな全集が出たなあ。ただし、全集といっても、日本文学全集といった企画は、その作家の作品全部が入っているわけじゃないから、ほんとは全集というより叢書やな。しかし、コンパクトにその作家の代表作を読めるというのはありがたいし、ここでは積極的な意味で「全集」という呼び方を使うことにしよう。もちろん、「夏目漱石全集」などの個人全集はここに含めない。

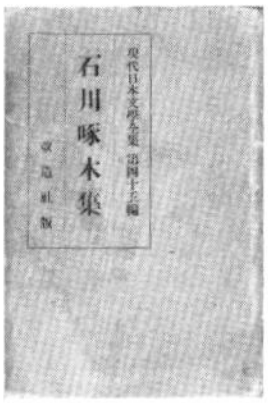

「現代日本文學全集」第45編『石川啄木集』（改造社、一九二八年）装幀＝杉浦非水

岡崎——そうやな。これだけ日本で全集がつくられ、文学全集の発刊が出版社にとって社を挙げての一大事業であるのは、**莫大な利益**をもたらすから。

山本——それは作家にとっても大きかった。それまで貧乏だった小説家や翻訳家、翻訳をしている学者などが、莫大な印税を得て、家を建てたり、洋行するようになる。軽井沢に別荘つくった人も多いんとちゃうかな。うらやましいな。

岡崎——うらやましい、って言っても、その全集に収録されないとお金は入ってこない。まあ、版元に入ってくるお金がすごかった。ベストセラーリストに全集は含まれていないけど、昭和四〇年代ぐらいまで、もしリストに入ってたら、けっこう全集が顔を出していたはずや。例えば、改造社は関東大震災後、筑摩書房は太平洋戦争の戦災後に各々文学全集を出して、それで**屋台骨を建て直した**という経緯がある。この流れは、だいたい昭和四〇年代あたりまで続く。各社が複数の文学全集をつくって、その総タイトルがどれだけになるかは把握していない。ただ、地方公共図書館の職員の人たちの手による、箱田文学研究会編『明治・大正・昭和文学作品総覧』(教育出版センター、一九七七年)という便利な本があって、これは、発刊時点で「最近七年間に刊行された近代日本文学全集一二種に収められた八一九作家、六六〇〇作品」を五十音リストにした本で、どの作品が、どの文学全集に入っているか一目で分かる。そのなかで、対象とした一二種は「大阪府立図書館の業績（「近代日本文学合集索引」）に比較すると、叢書の点数で1／10」と書いているから、ざっと**一〇〇種以上の文学全集**が出ていたと考えられる。

「昭和文学全集」第9巻『上林暁・外村繁』（角川書店、一九六二年）装幀＝原弘・永井一正

山本――文学全集を買うというのは、全巻買う人がいるということで、自分の名が入れば単行本の読者以上の冊数が売れるということになる。正宗白鳥も改造社の社長、山本実彦に円本の印税の半分を前渡ししてもらい外遊したと言われている。後藤亮さんは『正宗白鳥――文学と生涯』（思潮社、一九六六年）で、白鳥はその前に貯えがあったので必ずしも印税で外遊したのではないと書かれていたが、やはり円本の印税の半分の力は大きかったやろう。

岡崎――戦後でも文学全集の印税は、作家にとって大きなボーナスになったはずや。一九五二年から全六〇巻が出た角川書店の「昭和文学全集」（一九五二～一九五五年）は、一巻あたり一〇万部が売れたという。

山本――**文学全集で一〇万部**、というのはすごいな。

岡崎――新潮社の「現代世界文学全集」全四六巻（一九五二～一九五六年）が平均八万部。著名な作家は複数の文学全集で収録されるから、これで相当潤ったはずや。

映画の黄金時代には、純文学作家の作品でもけっこう映画化されて原作料が入ってる。いま作家にはその余禄が少ないんと違うかなあ。

山本――いまなら講演とかテレビ出演か。村上龍のようにテレビ司会を務めるとか。

岡崎――なかには「作家」を詐称して、テレビに出まくってる奴もいる。

山本――それ、だれのことや？

岡崎――まあまあ（笑）。文学全集の話に戻すと、ここで大事なのは谷沢永一が言ってるけど、要するにこれらの文学全集が「純文学のカテゴリー」を決めたこと。そして当時、教養とは文学のことで、文学全集は大学で言えば教養課程に匹敵し、ここに一度入ってから、それぞれ専門へ向かうという機能をもっていた。

山本――たしかにそういう側面があったのやろう。その当時の文学界を代表するメンバーに入れるかどうかは大きいな。

岡崎――もちろん、買っても読まない、**家具としての文学全集**という側面も否定できない。いまだに均一で、文学全集の端本を買って函から本体を出したら、新刊当時の匂いがパッケージされてて、おまけにページをめくったら、バリッと音がするなんてことがある。まったく読んでないんや。スリップ（書店管理用短冊）がそのまま挟みこんであることも。

山本――読んでないと感じとれるのは、ほるぷ出版の「名著復刻全集」（一九六八～一九八〇年）もやな。函から一度も出してないのとちゃうか。一度も触ってもないとか、ちらっとも見たことないとか……。

岡崎――ほるぷの復刻シリーズは特にそうやな。飾りというか……。**文学全集のスタンダード**を確立したのは、筑摩書房の「現代日本文學全集」全九七巻（一九五三～一九五九年）、縮めて「現日」で、ほとんどの図書館が持っていたし、筑摩書房のイメージをつくった全集でもある。柳田国男と折口信夫でそれぞれ、各一冊ずつ巻を立てたのが妙味で、これは編集者の臼井吉見の力。臼井文学全集とも言える。紀田順一郎『内容見本にみる出版昭和史』（本の雑誌社、一九九二年）によれば、さっき言った角川書店の「昭和文学全集」の成功に倣って企画されたらしい。第1巻『横光利一集』（一九五二年）はベストセラーになって、本屋に山積みされたと書いている。

山本――これらの月報がのちに上下巻で、角川文庫に収録されたな（『昭和文學史』、一九五六年）。全集月報が文庫になるというのが珍しい。全巻購入の特典として、月報をまとめて一巻で出すのは個人全集にもあるが、これはいいことやな。

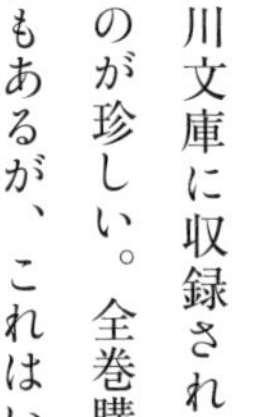

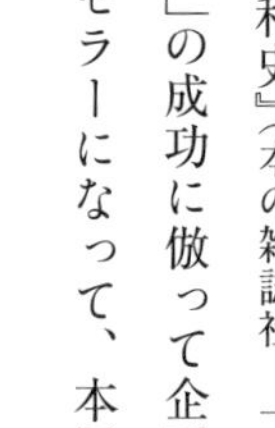

荒正人・久保田正文・佐々木基一・平野謙・本多秋五・山室静編著『昭和文學史』（上下、角川文庫、一九五六年）

月報は解説と違って、気軽な読み物風のエッセイが多いから、その作家のまた別な面がうかがえてええもんや。

岡崎――角川の「昭和文学全集」には、「昭和文学アルバム」という作家ごとのモノクロ写真によるアルバムが付いててな、これもたぶん、全巻予約者の特典用やと思うけど、帙入りの函にセットで入ったのを古本屋で買った。東京へ出てきたばかりのころ、高田馬場「ビッグボックス」の古本市で、「飯島書店」の棚から一八〇〇円で買ってる。

山本――**月報や挟み込みの小冊子**は、全集のおまけみたいなものだけど、「グリコ」のおまけで、このおまけが楽しいという面がある。われわれが全集をつくるなら、何か考えたいな。おまけを。

岡崎――挟み込みの小冊子はぜひ付けたいな。全集の話に戻すと、角川の「昭和文学全集」が完結した翌年、無謀と言われながら筑摩書房が「現日」を出す。最初は全五六巻の予定が、どんどん巻数が増えた。「最終的には九十七巻、別巻三という史上最大規模にまで成長、多くの追随企画を生んだ」と紀田さんは書いている。五九年の完結時には、内容見本に「総部数千二百万冊、つみ重ねると富士山の約九十五倍、四トン積トラックで二千四百台分、縦に並べると鹿児島から稚内

『昭和文学アルバム』〈ルビー・セット〉（角川書店）

までになる」と書かれたという。
山本――なんか、筑摩のイメージ、崩れるなあ。**富士山が九五個**か。その雪解け水がいま、みんな古本屋の均一に流れこんでる。「現日」は、恩地孝四郎装幀がよかったなあ。全集の編集もたしかにすばらしい。黄色の「現日」と、昭和三〇年代に出たモスグリーンの「新選」が頭につくのがある（「新選現代日本文學全集」全三八巻、一九五八〜一九六〇年）。これは戦後作家だけを集めたもの。ぼくは「新選」の第8巻『上林暁集』（一九五九年）の収録作品を見たときに、大げさに言えば、上林という作家を知りたければ**これ一冊読めばいい**とまで思った。三段組なのでよっぽど関心がなければ読み通しにくいが、必要なところは拡大コピーを取って読む手もある。
岡崎――マメやなあ（笑）。
山本――「新選」には、筑摩書房が舞台となる「嶺光書房」や、口語歌人・鳴海要吉とのことを描いた「和日庵」も入っているのがうれしかったんや。
岡崎――「新選」のほうは『上林暁集』で言えば、戦後からこの全集が出た時点までに書かれた七十余編のうち、なんと四四編が収録されている、と「解説」（市原豊太）にある。戦後からわずか十数年に書かれた全作品の三分の二が入っていると

「新選現代日本文学全集」第8巻『上林暁集』（筑摩書房、一九五九年）の函カバー

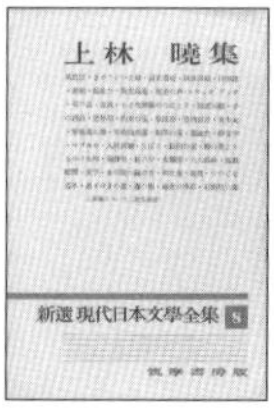

同集の函

いうのがすごい。お得感があるなあ。

山本――月報には、河盛好蔵、なかの　しげはる（ママ）、外村繁、宇野重吉、瀬沼茂樹が書いている。

「現代日本の文学」第50巻『曾野綾子・倉橋由美子・河野多恵子集』（学研、一九七一年）

岡崎――文学全集を学問的にしてしまったのが講談社版「日本現代文学全集」（全一〇八巻、一九六〇～一九六九年）で、解説、入門、アルバム、参考文献と付録をたくさん付けて、これを「うるさい」と谷沢は言う。ぼくは「得したなあ」と思うけど。

山本――学研の昭和五〇年代初めに出た「現代日本の文学」（第一期・全五〇巻、一九六九～一九七一年／第二期・全一〇巻、一九七六年）なんか、巻頭と巻末に別刷りアート紙のグラビアページをつくって、文学紀行と文学アルバム（評伝的解説）を付けてる。第19巻『中野重治集』（一九七〇年）も生家の写真などもあってよかった。自分の好きな作家の場合、**各文学全集を揃えたくなる**もんや。

岡崎――カラーの表紙を帯みたいにして巻いてな、装幀のセンスは最悪やけどな。第50巻『曾野綾子・倉橋由美子・河野多恵子集』（一九七一年）は、なぜか表紙の写真で映っているのは、湖畔で椅子に坐る曾野綾子だけ。河野と倉橋の写真はなし。

山本――なんでやろ？　って、その答えをおれに言わせる気か（笑）。ほとんどの表紙は風景写真やけど、第48巻『石原慎太郎・開高健集』（一九七〇年）は二人の写真が使われている。第40巻『堀田善衞・深沢七郎集』（一九七一年）のように、深沢七郎がギターを弾いて、そばで犬が寝そべっているという珍品もあったな。

岡崎――この学研版は、さっきも言ったけどグラビアページの「文学紀行」が楽しい。『曾野綾子ほか』の巻の文学紀行は、若き日の金井美恵子が書いてる。なんか、いやいややってるという感じがなかなかいい。また、これら文学全集に単独で入るか、何人組で入るか、またたれと一緒に入るかは、下世話になるが、作家たちを悩ませた。それが「**文学界の格付け**」になった。「相撲の番付」と似てるという。そうかもしれない。

山本――それは作家にしたら気になるところや。なんであいつが二巻で、わしは一巻やねん、ということやろ。

岡崎――この手の面白い話はいっぱいあって、例えば舟橋聖一は、ある文学全集の企画が立ち上がって、自分が別の作家と二人で一巻と聞かされ、どうしても自分一人で一巻とダダをこねて、結局、降りてしまった。井伏鱒二でさえ、組み合わせに難色を示して、親しい編集者を脅して脂汗を流させたという話がある。

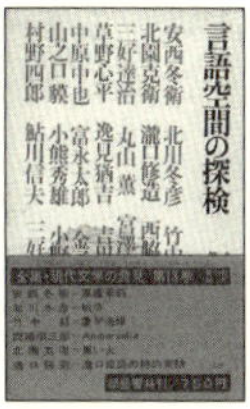

「全集・現代文学の発見」第13巻『言語空間の探検』(學藝書林、一九六九年)

中央公論社の「日本の文学」(全八〇巻、一九六四～一九七一年／アイボリーバックス版、一九七二～一九七四年)には、松本清張が入る予定で、社としても売り上げから言えば入れたかったが、編集委員が難色を示して、というか冷たく拒絶して、松本清張が深く傷ついたとか。まあ、たくさんあるんや。「近代文学の流れというものが、極端にいうと巻数と背文字だけでだいたいわかる」と、『丸谷才一と……』のなかで三浦雅士は言う。

山本――いつも入る作家と、**なかなか入らない作家**がどうしても出てくる。人気投票みたいなところがあって、逆に新しい全集が出ても、だいたい同じ顔ぶれということが出てくる。

岡崎――丸岡明なんか、入らない組のほうで、講談社の「日本現代文学全集」に入ったとき(第91巻『神西清・丸岡明・由起しげ子集』、一九六六年)、「おれはもう死んでもいいよ!」と言った、と山本健吉が書いてる。

山本――内閣の組閣みたいやな。けど、気持ちは分かる。作家は孤独やからなあ。そういう意味で画期的やったのが、學藝書林の「全集・現代文学の発見」(全一七巻、一九六七～一九六九年)か。粟津潔の装幀の。

岡崎――あれは作家別ではなく、「方法の実験」「黒いユーモア」「青春の屈折」など、テーマ別に一巻一巻組んだアンソロジー的なところが面白かったな。これはいまでも、装幀を明るく、新装版にして出されている（新装版、二〇〇二〜二〇〇五年）。ところで、いま各種文学全集は古本屋でめちゃ安い。全五〇巻とかが、一冊五〇円ぐらいで売られていることもある。場所さえあれば一揃い欲しいけど、へたしたら送料のほうが高くつく。あれば便利やけどな。一番好きなのは、**中央公論社版「日本の文学」**。組み合わせの妙、それにハンディで読みやすい。挿絵が入っている。解説月報が対談、鼎談、座談会というのも楽しい。それだけが独立して本にもなっている。『対談日本の文学』（中央公論社、一九七一年）。これも何度も読み返す。

山本——文学全集の端本は均一台の常連さんや。いや、こっちが常連か。一〇〇円で買えるし、代表作が入ってるのやから、文学入門にはもってこいや。自分の好きな作家を見つけて、それぞれの支流に分け入る、そんな感じか。古本としての価値がないので——読み終えて売ろうと思ってもなかなか買い取ってもらえない——見向きもしない人が多いけど、読むという点では、これほどいいものはない。そうか、長い付き合いやけど、岡崎が中公の「日本の文学」が一番好きやというのは知らなかったなあ。ちょっと恥ずかしいが、実はぼくも……。まず中林洋

「日本の文学」第78巻『名作集2』（中央公論社、一九七〇年）

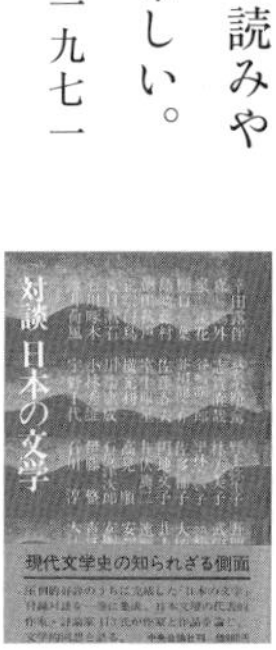

『対談日本の文学』（中央公論社、一九七一年）

子の装幀がシンプルですばらしい。ぼくはビニールを巻いた本は嫌いやけど、この全集は例外や。堅牢な造本も言うことなし。**組み合わせの妙**の例を挙げれば、三島由起夫・解説の第34巻『内田百閒・牧野信一・稲垣足穂』(一九七〇年/アイボリーバックス版、一九七四年)と第52巻『尾崎一雄・外村繁・上林暁』(一九六九年/アイボリーバックス版、一九七四年)、山本健吉・解説の第33巻『宇野浩二・葛西善蔵・嘉村礒多』(一九七〇年/アイボリーバックス版、一九七四年)。それぞれ三島、山本の解説もいい。

岡崎――いま山本が挙げたなかで言うたら、三島由紀夫が担当した『百閒・牧野・足穂』という組み合わせがいいな。いま、もちろん三人とも人気のある作家やけど、この当時、このトリオは一部文学愛好家にしか知られてなかったと思う。それをやな、三人組ませるセンス。また作品の選定にも三島が当たったみたい。挿絵も、足穂は加納光於、百閒は川上澄生、牧野は、村上豊。

山本――そう、**挿絵がまたいいんや**なあ。挿絵だけで言えば、中村真一郎の小説には香月泰男(第72巻『中村真一郎・福永武彦・遠藤周作』、一九六九年/アイボリーバックス版、一九七三年所収)、堀辰雄には深沢紅子、岡鹿之助、恩地孝四郎(第42巻『堀辰雄』、一九六四年/アイボリーバックス版、一九七二年)。宮沢賢治「銀河鉄道の夜」の挿絵は、串田孫一（第78巻『名作集2』、一九七〇年／アイボリーバックス版、一九七四年所収）。他にもいい挿絵がたくさんあるな。集英社の「日本文学全集」（全八八巻、一九六六〜一九七〇年）にも挿絵があったけど、ぼくは中公のほうが好きやった。月報の対談・鼎談もおっしゃるとおりのすばらしさ。いま古本屋で、全八〇巻揃いで一万円から一万五千円ぐらいで売ってるけど、考えてみればお買得やなあ。**欠点があるとすれば重い**ということぐらいか。半分ぐらいの重量なら全巻欲しいな。まあ軽装のアイボリーバックス版もあるけどな。

岡崎——そっちは全く魅力ないんや。悪いけど……。

山本——緑色の、これも小さいＢ６判の全集と言えば、河出書房新社の「〈グリーン版〉日本文学全集」（全五二巻、一九六七〜一九七一年）やが、これもなかなかのもんやった。第50巻『大江健三郎』集（一九七一年）の解説を伊丹十三が書いていたな。

「日本文学全集」第52巻『上林暁・木山捷平集』（集英社、一九六九年）

「〈グリーン版〉日本文学全集」第50巻『大江健三郎』集（河出書房新社、一九七一年）

岡崎——河出のグリーン版って、千林の修行時代から、よく古本屋の店頭に均一で転がってたけど、何か色も「侘び寂び」色でな。

山本——なんや、その「侘び寂び」色って。

岡崎——いや、あのお茶みたいな色。あんまりないやろ。緑の本って。おじいちゃんの本棚、という感じで魅力を感じじんかった。ところが、二〇〇四年に雑誌

『Pen』特集・美しいブック・デザイン（阪急コミュニケーションズ、二〇〇四年一二月一日号）

の『Pen』（阪急コミュニケーションズ、一二月一日号）が「美しいブック・デザイン」という特集をやったときに、この「〈グリーン版〉世界文学全集」（全五五巻、一九五九〜一九六二年）の一冊が、原弘《はらひろむ》デザインということで、一ページ大のカラーで写真がバーンと載ったんや。これ、感動してな。

山本――あの号はおれも買った。ふだんは買わんけどな、『Pen』。本を読むだけじゃなしに、装幀やデザインなど、ヴィジュアルから見るというのがちょっとしたブームになった。

岡崎――そう。それで、なんか、かっこええなあ、グリーン版と思って、あわてて古本屋に買いに行った覚えがある。もう、作品はなんでもいいから、とりあえず一冊、グリーン版を手に持ちたい。

山本――いや、その気持ちは分かるなあ。「新・古本入門」の対話のときにも挙げたけど、中央公論社の全集も、「日本の文学」はじめ、「日本の歴史」「世界の歴史」「チェーホフ全集」「日本の詩歌」も中林洋子のデザインと知って、見直すようになったところがある。「チェーホフ全集」なんか、真っ黒の函でな、取り出すと背が赤で、本体も見返しもまた真っ黒。そこに赤字でチェーホフのサインが入っててな。よく、千林の「山口書店」の店頭に何冊か積んであるのを眺めてたもんや。

岡崎――そこまで言うて、眺めるだけかい！

山本――いや、もちろん何冊か、買った。

岡崎――最近の文学全集では、**「ちくま日本文学全集」**（全六〇巻、一九九一～一九九三年）がよかったな。ここから三〇巻を絞り込んで、装本を普通の文庫と同じにした「ちくま日本文学」も二〇〇七年から刊行が始まった。

山本――「ちくま日本文学全集」がいいのは、安野光雅による全巻異なる装幀、

収録作家のユニークさ、

邪魔にならないルビと註、小ささ及び軽量感、ななどが挙げられる。一作家一巻というのもよかった。「木山捷平」「尾崎翠」「宮本常一」「中野好夫」「渡辺一夫」「長谷川四郎」「江戸川乱歩」、思いきった人選に拍手したもんや。欠点は、上林暁が入ってないことぐらいか。だれを外せというのじゃないが……

岡崎――いま、口が「カ」と言いかけたぞ。海音寺潮五郎をはずせ、と山本は言いたいわけやな。

山本――いや、蚊が飛んだんや。それで「カ」と言いかけた。まあ、心中を察してくれ。上林を外す残念無念が、「カ」と言わせた。

岡崎――そんなこと言い出したら、「シ」もいらんやろ。あんな長大な長篇を抄録

「ちくま日本文学全集」『中野好夫』（筑摩書房、一九九三年）

しても、あんまり意味がない。

山本――白井喬二か、『富士に立つ影』な。たしかに、な。そう来るなら、いまさら「モ」もいらんやろ。

丸谷才一・鹿島茂・三浦雅士『文学全集を立ちあげる』（文藝春秋、二〇〇六年）

岡崎――もう、ええかげんにせえよ。ちゃんと喋れよ（笑）。とにかく、ぼくらの新しい日本文学全集をつくろう。「ちくま日本文学全集」に匹敵するような**文庫サイズの全集**をな。上林暁は山本の編集で、一巻入れることをまず決めておこう。

山本――そうか入れてくれるか、ありがとう。丸谷才一・鹿島茂・三浦雅士の『文学全集を立ちあげる』（文藝春秋、二〇〇六年）での、**上林暁評価**が低かったので、がっかりしてたんや。私小説をどうするかで、司会者の湯川豊が、滝井孝作、網野菊、藤枝静男、葛西善蔵、嘉村礒多、川崎長太郎の名前を挙げると、丸谷才一は、「そのへんみんなやめようよ」。そのすぐあと、鹿島茂は、「上林暁とか川崎長太郎とか、彼らはほんとに文章下手ですね」とまで発言している。これはあんまりや。

岡崎――だから、むしろはずしてもらってありがとう。それはこっちでもらいます、でええんと違うか。三人それぞれ魅力的な書き手やし、一人でもメンバーが

各全集の私小説作家の巻

「日本文学全集」第31巻『尾崎一雄・上林暁・永井龍男』（河出書房新社、一九六九年）

「筑摩現代文学大系」第60巻『田畑修一郎・木山捷平・小沼丹』（筑摩書房、一九八一年）

「筑摩現代文学大系」第47巻『尾崎一雄集』（筑摩書房、一九七七年）

違えば、また違ったものになったかもしれん。

山本――なんや、ええかっこするやないか。おれだけ本当のこと言うて悪者みたいや。

岡崎――この世界で生きていくための処世術や。

山本――岡崎、ひょっとして、『水戸黄門』の「うっかり八兵衛」のポジションを狙ってんのと違うか。

岡崎――いや、つい、うっかりして……あほなこと言うな。

山本――編集を任されたのはうれしいが、問題は上林暁の作品の何を選ぶかや。単行本未収録を中心にしたいとも思うし、代表作を集めたいとも思う、エッセイも入れたいし、これはなかなかにむずかしい。熱いセレクトになり過ぎるかもな。

岡崎――しかし、まあ妥協はせずにやろう。五千部の部数で、定価を一五〇〇円に抑えるぐらいのところで考えていこう。ぼくらの後の世代の古本好きを刺激するようなものにしたいな。のちに**古書価の付く文学全集**にしたい。

山本――大正期の作家、加能作次郎や中戸川吉二も入れたいな。

岡崎――そんないきなり超マイナーに行くか。とにかくどんどん挙げていって、

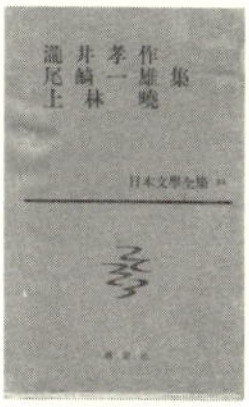

「日本文学全集」第33巻『瀧井孝作・尾崎一雄・上林暁』（新潮社、一九六三年）

最後、二人の意見が重なる二〇人を決めて、あとはそれぞれが一〇人ずつ、これだけはどうしてもという四〇人のラインナップを決めよか。

山本――うーん、一〇人は厳しいな。やっぱり三〇人ずつぐらいにしないと、加能作次郎と中戸川吉二が入らへん。六〇人にしてくれるか。

岡崎――ええよ、そうしよか。じゃあ六〇人にして……

山本――うーん、やっぱり四〇人ぐらい選びたいな。詩人の永瀬清子も入れたいし。やっぱり八〇人にして。

岡崎――どこまで行くんや。まあ、全六〇巻としておこう。**「ちくま日本文学全集」を見習う点**はいくつかあると思うけど、どうかな。

山本――さっきも言ったけど、一人一巻にしたこと。これは大きかったな。河出書房新社の「〈豪華版〉日本文学全集」（第一集全二九巻・第二集全二五巻、一九六五〜一九六九年）や、新潮社が創立八〇周年につくった「新潮現代文学」（全八〇巻、一九七八〜一九八一年）など、**一人一巻**の全集に先例がないわけではないけど、普通は、漱石、鷗外、荷風、谷崎など大物作家以外は、二人、三人で一巻とする全集が多かった。

岡崎――筑摩の「現代日本文學大系」（全九七巻、一九六八〜一九七三年）なんか、六人一緒の巻もある。第49巻は『葛西善蔵・相馬泰三・宮地嘉六・嘉村礒多・川崎長太郎・木山捷平集』（一九七三年）。

山本――詰め込み過ぎや、山小屋やないんやから。しかもそのメンバー、私小説というだけで、作風はぜんぜん違うもんな。

岡崎――まあ、そのおかげで、宮地嘉六という作家を発見できた。

山本――そうや、岡崎と二人で宮地はええなあ、と言ってたもんな。宮地嘉六、ええぞ。今度の全集でも一巻つくろうか。となれば川崎長太郎も一巻に独立させてやりたくなるな。

岡崎――まあまあ、落ちついて。ちょっと調べてみたんやけど、複数人数を一巻に収められたのも、昔の文学全集は**キャパが大きかった**んや。例えば、先に挙げた筑摩の「現代日本文學全集」、「現日」は、一ページがタテ二一字、ヨコ二九行の三段組で、一巻四〇〇ページ以上あった。いま第3巻『幸田露伴集』（一九五四年）が手元にあるから、これで言えば、四二九ページある。この総字数を出して、四〇〇字詰め原稿用紙に換算すると、一巻でだいたい二千枚近く入る。

山本――そんなに入るか。

岡崎――驚き、やろ。単行本にして四、五冊分の量や。これはたしかにお得感が

「現代日本文學大系」第49巻『葛西善蔵・相馬泰三・宮地嘉六・嘉村礒多・川崎長太郎・木山捷平集』（筑摩書房、一九七三年）

あったと思う。

山本──その分、当然、字は小さくなるな。いま見ると、こんな小さい字で三段組で、よく幸田露伴を読んでたなあ、と感心するな。

強い知的欲求

岡崎──が、小さい字を拡大して見せたんやろな。それに比べて、「ちくま日本文学全集」のほうは、サイズも文庫判ということもあるけど、字面の大きさは「現日」の半分で、一ページがタテ三六字、ヨコ一五字の一段組。平均五〇〇ページ。

山本──この一段組、というのが、老眼になったいまはありがたいなあ。

岡崎──さっきと同じく、四七六ページある第1巻『芥川龍之介』(一九九一年)で字数を数えて、四〇〇字換算すると約六百数十枚。「現日」の三分の一しかない。単行本で言えば、一・五冊から二冊ぐらい。

山本──当然、長篇は収録しにくくなるな。

岡崎──そう、長篇を入れる場合は、一編、ないしは一冊丸ごと長篇ということになる。

山本──どっちがええか、という話やが、高度成長期につくられた文学全集は、とにかく詰め込め、詰め込めでよかったんや。それは、読者のほうにエネルギーがあった。まだ、一般の人にも読書の習慣がかろうじて残っていたし。しかし、それでは現代の読者はついていけない。その点を、「ちくま日本文学全集」は、**詰め込まないことを売り**にした。

岡崎――詰め込み教育から、ゆとり教育にシフトされたのもこのころや。

山本――ちょっと、適当なこと言うなよ。

岡崎――悪りぃ。

山本――なんや、謝るところ見たら、ほんまに適当なこと、言うてたんか。「ちくま日本文学全集」はさっきも言ったけど、装幀もよかったな。表紙の紙もハードとソフトの中間っていうかな。軽くてハンディな感じ。カバンに入れて持ち運べる文学全集、ってとこかな。

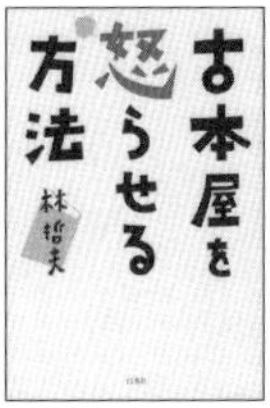

林哲夫『古本屋を怒らせる方法』（白水社、二〇〇七年）

岡崎――「ちくま日本文学全集」が出て以降、これはいまなら入るやろ、という穏当なラインをつくっていこうか。例えば、小沼丹、後藤明生、小島信夫、山口瞳、種村季弘、武田百合子、須賀敦子、洲之内徹、竹中労なんてところは、**古本屋での人気**も含めて、当然入ってくるやろ。営業のことも考えて、このへんの名前は欲しい。あ、まだ御存命やけど、庄野潤三を入れよう。庄野さんはぼくが編集をやらしてもらう。洲之内徹は『ｓｕｍｕｓ』同人で画家の林哲夫さん

松本八郎『加能作次郎　三冊の遺著』（sumus文庫08、二〇〇五年）

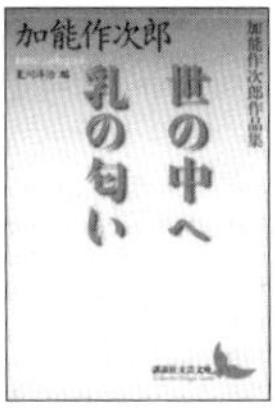

加能作次郎『世の中へ・乳の匂い』（講談社文芸文庫、二〇〇七年）

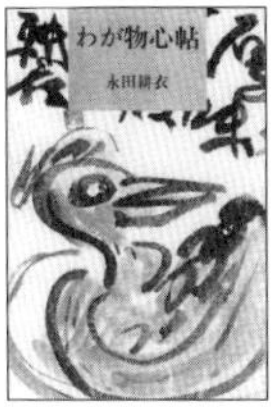

永田耕衣『わが物心帖』（文化出版局、一九八〇年）

に頼もう。あ、同じく同人のライター荻原魚雷くんには古山高麗雄を、編集者の南陀楼綾繁くんには花森安治をやってもらおう。

山本——ぼくらがやってる「sumus文庫」みたいやな。『加能作次郎三冊の遺著』（sumus文庫08、二〇〇五年）を出した松本八郎さんには、加能作次郎か。

岡崎——しかし加能作次郎は、講談社文芸文庫の『世の中へ・乳の匂い』（二〇〇七年）があるやろ。それではあかんか？

山本——いや、違う作品にもいいのがあるんや。「小夜子」とか「これから」とかを収録したい。それとぼくは、小沼丹が欲しい。営業のことも考えて、博識の英文学者、由良君美もいいかも。文学を中心としたエッセイを集めよう。小説だけでないものにしたい。詩集も入れたい。『平井功詩集』『村山槐多詩集』。句集も入れたい。『永田耕衣句集』。永田耕衣はエッセイも入れよう。『わが物心帖』（文化出版局、一九八〇年）を入れたい。山田稔、天野忠、足立巻一、竹中郁といった**関西の書き手**もこの際、登場してもらおうか。

岡崎——なんや、営業考えてないやないか。ちょっと先走りしすぎ。『平井功詩集』なんて考えてたら、二〇〇巻ぐらい巻数を組まなあかんぞ。ただし『永田耕衣集』をつくって、**句とエッセイを入れる**のは賛成。それはそれで目玉になると思う。それでも詩人の吉岡実とペアで一冊かな。詩人や俳人で一人、一巻は相当きついぞ。天野忠なら一人一巻でも立つかな。

山本——一人一巻というのは崩したくないな。大正期の夭折の天才詩人、平井功はあかんか、寄席随筆の正岡容《いるる》の弟でもあかんか。

岡崎——その正岡容が通じへん。あかんな。それは三〇〇部ぐらいの企画やろ。

安藤鶴夫『歳月』（講談社文芸文庫、二〇〇二年）

山本——正岡容で思いついたけど、作家で落語・歌舞伎評論の安藤鶴夫はどうや。講談社文芸文庫の随筆集『歳月』（二〇〇二年）もあるけど、ちくま文庫の『巷談本牧亭』（一九九二年）もほとんど品切れやろ。古本エッセイも収録された『ごぶ・ゆるね』（一九八〇年）など、かつては旺文社文庫にたくさん入っていた。

岡崎——安藤鶴夫はいけるかもな。エッセイストの坂崎重盛さんに選んでもらおう。うんうん、これはいい。でもまあ、もうちょっと我慢して、穏当なラインから固めていかへんか。五千部は売れないと成り立たんことを忘れんといて。それとも営業を度外視して、売れなくてもいいから入れたいという枠をつくるか。ぼくとしては、へたしたら、この二人の企画がどこかの**出版社で通るようなラインナップ**にしたいんや。ここんところは、この後も大事なポイントになるから、山本の意見を聞かせてくれ。

安藤鶴夫『巷談 本牧亭』（ちくま文庫、一九九二年）

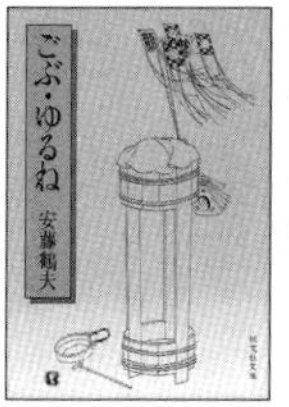

安藤鶴夫『ごぶ・ゆるね』（旺文社文庫、一九八〇年）

山本――もちろん「売れなくてもいい」、というわけにはいかんやろ。採算が取れんとあかんけど、**五千部**か、ちょっとしんどいな。でも、その線でいこうか。最低五千部は売れそうな、という条件を付けよう。

上林暁著、坪内祐三編『禁酒宣言――上林暁・酒場小説集』（ちくま文庫、一九九九年）

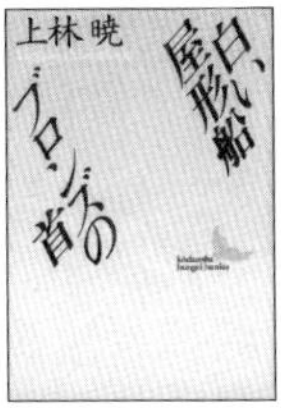

上林暁『白い屋形船・ブロンズの首』（講談社文芸文庫、一九九〇年）

岡崎――無難なものにしよう、というつもりはないんや。ただ、「ちくま日本文学全集」に匹敵するようなものを、と考えると、あんまり超マイナーなものはどうかなと思う。でも各々五人ぐらいは、そういうものも入れよか。久世光彦《てるひこ》はどうや。亡くなってから、あっという間に文庫も姿を消していってるし、エッセイを含め、一冊で見わたせる作品集が欲しい。小谷夏《こたになつ》名義で書いた「涙から明日へ」（歌・堺正章、作曲・山下毅雄）とか、市川睦月《いちかわむつき》名義で書いた「無言坂」（歌・香西かおり、作曲・玉置浩二）など、歌謡曲の作詞もたくさんある。それも入れたい。それからドラマから一本。林紫乃《はやししの》名義で、『寺内貫太郎一家2』最終回に書き下ろした脚本を掲載したい。山本は上林暁の話からどうや。それでも上林には、すでに品切れとは言え、坪内祐三さんが編んだちくま文庫『禁酒宣言――上林暁・酒場小説集』（一九九九年）があるし、講談社文芸文庫『白い屋形船・ブロンズの首』（一九九〇年）もあるわな。どう新味を出す？

山本――久世光彦の脚本は賛成や。上林は、まず、**本にまつわるエッセイ**を

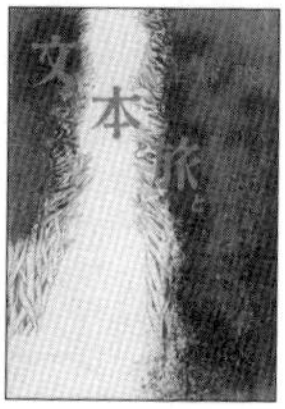

上林暁『文と本と旅と』（五月書房、一九五九年）

上林暁『武蔵野』（社会思想社現代教養文庫、一九六二年）

入れたいと思っている。古本のことも書いてるし。「古本漁り」「本道楽」などは絶対に入れる（『文と本と旅と』五月書房、一九五九年／増補決定版「上林暁全集」15、筑摩書房、二〇〇一年所収）。上林が均一台で自分の『田園通信』（作品社、一九三八年）の特装本と『悲歌』（桃蹊書房、一九四一年）を見つけた話を読んだときは、うらやましかったなあ。それに、編集者時代の思い出話も面白い。例えば、「文学の二十年」（増補決定版「上林暁全集」14、筑摩書房、二〇〇一年所収）。改造社の編集者をしながら、小説を書き出したころのことが思い出されている。これも外すわけにはいかんなあ。それと他で読めないというのも大事やが、その一冊で上林という作家の魅力が分かるというのも大切や。そこのバランスがむずかしい。どうしても「病妻もの」から数編、『武蔵野』からも少し、『文と本と旅と』から、みたいなことになるかな。でもこれはやってみないと分からないなあ。

岡崎——それはいい線。この全集の全体に、読書エッセイみたいなものを極力入れていく、というのは特色になるやろ。

山本——**本を読む愉しさ、本を探す愉しさ**、そんなエッセイを収めることで読書人口の増加にもつながるのとちゃうか。

岡崎——それと上林の『武蔵野』（社会思想社現代教養文庫、一九六二年）はいいなあ。

徳廣睦子『兄の左手』（筑摩書房、一九八二年）

現代教養文庫の名作や。写真は大竹新助か、あの写真も少し使わせてもらおう。改造社の編集者時代の話もいいな。うん、ちょっと見えてきた。

山本――なんや、いままで見えてなかったんか。

岡崎――いや、見えてなかったんや。いまの山本の話で方向が見えてきた。これは参考意見として、個人的には「天草土産」（増補決定版「上林暁全集1」、筑摩書房、二〇〇〇年所収）を入れてほしいな。「病妻もの」と対照的で、明るくてかわいらしくて、いわば上林の「伊豆の踊子」やから。妹の徳廣睦子さんの『兄の左手』（筑摩書房、一九八二年）からも一編くらい入れても面白い。上林暁とか小沼丹なんかは、山本がちゃんとどの作品を選ぶか、目次案を出してもええな。ぜんぶそれをやると死んでしまうけど。

山本――**上林暁の目次案**は出すつもりや（P.436〜437参照）。ぼくは全部やるつもりやったけど、そうやな、死んでしまうかもな。「天草土産」はぼくも好きな作品。入れるとは思うけど、ここで確約はでけへん。でも「天草土産」が「かわいらしい」というのは初めて聞いたな。これはぴったりな言葉やな。

岡崎――「かわいらしい」というのは便利な言葉でな、これは女性読者を意識したんや。古本女子が買ってくれるかどうかが、営業の要。

山本――「営業」が好きやなあ（笑）。小沼丹は、初期の短編を考えてる。河出新書の『白孔雀のいるホテル』（一九五五年）、これを中心にしたい。もちろん、日常を題材にした「大寺さんもの」（『黒と白の猫』未知谷、二〇〇五年所収）も。エッセイは「井伏さんもの」（『清水町先生』筑摩書房、一九九二年／ちくま文庫、一九九七年／新編、「小沼丹全集」第4巻、未知谷、二〇〇四年所収）か。

岡崎――なんや、その「もの」「もの」の連発は。でもたしかに河出新書の、**あの小沼丹**はよかったなあ。小沼丹の在り方と、ぴったりきた。久世光彦さんも、小沼丹との出逢いは、あの新書ではなかったかな。あ、書いてる、書いてる。『昭和幻燈館』（晶文社、一九八七年／中公文庫、一九九二年）に、「大切に大切に持っていたつもりなのに、いつの間にか『村のエトランジェ』を失くしてしまった。確か新書判の小さな本であった」と、ちゃんと書いてある。久世さんは書名を勘違い（『村のエトランジェ』はみすず書房、一九五四年刊行）されているようやけど、小沼丹との出会いは、やっぱり河出新書や。

山本――これは岡崎の分野やけど、昔の新書には、小説がたくさん入っていたな。このサイズ、この大きさで小説を読む気分ってあるんや。いっそ、**新書で文学全集**、つくるか。

小沼丹『白孔雀のいるホテル』（河出新書、一九五五年）

岡崎――これまでの話が終わってしまうやないか。しかし、文庫本文学全集のかたちで、背文字に「小沼丹」と来たら、これは売れるやろ。庄野潤三さんとやった、井伏鱒二についての対談があるんやが（『尊魚堂主人――井伏さんを偲ぶ』筑摩書房、二〇〇〇年所収）、あれも入れといて。

山本――入れといて、って、洗濯機に下着入れるみたいに簡単に言うなよ。入れて欲しかったら、何かそれなりのものを持ってこんとな。

『淀川長治自伝』（上下、中公文庫、一九八八年）

淀川長治・蓮實重彦・山田宏一『映画千夜一夜』（中央公論社、一九八八年）

吉行淳之介『恐怖対談』（新潮社、一九七七年）

岡崎――おまえは悪代官か！　淀川長治も入れたいんや。自伝（『淀川長治自伝』上下、中央公論社、一九八五年／中公文庫、一九八八年）の抄録、映画評、『日曜洋画劇場』の「サヨナラ、サヨナラ、サヨナラ」が入った語りの放送原稿、それに蓮實重彦と山田宏一との鼎談（『映画千夜一夜』中央公論社、一九八八年／上下、中公文庫、二〇〇〇年）、吉行淳之介との「恐怖対談」（「こわいでしたねサヨナラ篇」『恐怖対談』新潮社、一九七七年／新潮文庫、一九八〇年所収）と、**文章以外のもの**も収録したい。これはぼくが選んで、解説は和田誠。あと、荻昌弘の食と映画のエッセイ集とかもいいな。斎藤龍鳳の映画論集というのはどうや。

山本――まあ淀川長治は入れよう。たくさんの著作がある人やけど、これからどんどん知らん人が増えてくる。いまなら値段が安く手に入るので、集めるなら

『小津安二郎　東京物語』(リブロポート、一九八四年)

いまのうちや。**映画関係**からもう一人ぐらいどうや。小津安二郎のシナリオ(『小津安二郎全集』上下、新書館、二〇〇三年所収)か日記(『全日記小津安二郎』フィルムアート社、一九九三年所収)か。この前、『晩春』『麦秋』『お茶漬けの味』を読んだけど、なかなかよかった。野田高梧との共作やけど。山本嘉次郎のエッセイ(『日本三大洋食考』旺文社、一九七三年ほか)も面白いし。山中貞雄のシナリオ(『山中貞雄作品集』実業之日本社、一九九八年所収)、伊丹万作(『伊丹万作全集』第三版1〜3、筑摩書房、一九八二年)も……、これは本当に切りがないな、どうしよう岡崎。

岡崎――小津は入れたい。やっぱりシナリオ。『東京物語』ははずせんやろ。あとは『淑女は何を忘れたか』か、いや、『麦秋』かな。もちろん日記も。あと随筆と対談や座談会をなるべく拾いたいな。いまや手に入りにくくなった、リブロポートがつくった、『東京物語』の全カット集があるけど……

山本――『小津安二郎　東京物語』(リブロポート、一九八四年)やな。いいとこ突くなあ。この全カット集はよくできた本や。厚田雄春、笠智衆、斎藤高順、のインタビュー、『東京物語』新聞雑誌時評、小津が使った台本まで収録されてる。当時、四八〇〇円でも高いとは思わんかった。ぼくは古本屋さんで見つけたけどな。たしか、一〇年ぐらい後で再版した。いっそ、この**リブロポート版『東京物**

語』をこの全集で復刊したらどうや。

岡崎――ええこと言うなあ。そやな。それしかないな。よし、そうしよ。これで全集の方向性が見えてきた。

山本――なんや、まだ見えてなかったんか。

岡崎――伊丹万作は伊丹十三と一巻で組み合わせるというのはどうや。一人一巻が原則やけど、面白い組み合わせなら、二人一巻でもいいとしよか。何冊かはアンソロジーでいくという手もある。山本嘉次郎は一巻立てるのはきついけど、何人かで「食」というくくりで収録するとか。それも一編だけじゃなく、一人数編ずつ入れる。「**古本**」**のアンソロジー**も欲しいけど、どうや。もちろん、最初の方針通り、一人一巻、アンソロジーはなしというなら、それでもかまわない。解説とか年譜とか鑑賞の手引きなど、巻末に入れる付録にも何か新味が欲しいけど、何かアイデアある?

山本――うーん、伊丹万作と十三親子のペアは魅力あるけど、やっぱり一人一巻というくくりは崩さないでおこう。まだまだ入れたい作家いるからな。あと付録やけど、巻末に全集の内容見本にあるような推薦文があれば面白い。

岡崎――ええこと言うなあ。ぜひ、入れよう。ちょっと考えたんやけど、今回ぼくらが選ぶなかには、あまり知られていない作家も入ってくる。**平井功**、なんて知らんやろ? だから、ちょっとキャッチフレーズを背のどこかに入れたい。若い、あんまり本になじみがない読者にも届かせるために。まあ例えば「小沼丹」なら、「地味な暖かさを教えてくれる」とか。いや、これはいま無理やりつけただけで、本番ではもう少し考えるけど。いやらしいかな?

山本――いや、やっぱり背はすっきりいきたい。むしろ、挟み込みの栞に、全集収録作家の一覧を載せて、そこでフォローしたらどうや。平井功を入れるなら、日夏耿之介をして「**日本のランボー**」といわしめた唯一の詩集『孟夏飛霜』(近代文明社、一九二三年)か、幻の未刊詩集『驕子綺唱』。五〇〇部ぐらいやったら売れると思うけど。一〇〇人ぐらいは、五千円でも買う、そんな詩集になるな。ほかに詩集はどうしよう。エッセイも面白く、詩とエッセイで組めるという詩人がいいか。サトウハチローとか。

岡崎――わかった。平井功だけは一冊五千円にして五〇〇部出そう。それを全部、山本が買って売り歩くということにしようか。

山本――なんで、そこまでせなあかんねん。どういう企画や、これ。

岡崎――詩人は天野忠ぐらいかな、見込みあるのは。山田稔=選で『天野忠随筆

同人誌『某』の別冊として、限定二〇〇部で刊行された垂野創一郎編『平井功譯詩集』(エディション・プヒプヒ、二〇〇六年)

「現代ユーモア小説全集」3『サトウ・ハチロー』（アトリエ社、一九三五年）

選』（編集工房ノア、二〇〇六年）があるけど、ぼくらの全集では詩も入れたいな。サトウハチローは、「おかあさん」というベタ甘の詩が有名やけど、童謡や校歌にいいものがある。うちの娘が行ってた幼稚園の園歌がサトウハチロー・中田喜直のコンビでな、入園式のとき、その歌が壁に貼ってあったのを見て、思わず「でかした！　娘よ」と叫んだもんな。

山本――どんな親や。

岡崎――『サトウハチロー集』には、ユーモア小説を一本、「やきもち讀本」（「現代ユーモア小説全集」3『サトウ・ハチロー』アトリエ社、一九三五年所収）かな。サラリーマンの若夫婦を描いた、**大人向けユーモア小説**や。それに『僕の東京地図』（有恒社、一九三六年／春陽堂文庫、一九四〇年／労働文化社、一九四六年）からも入れたい。徳川夢声もなんとかしたいな、この際。

山本――徳川夢声か。厳しいんちゃうか。どや、一冊五千円にして、五〇〇〇部出して、岡崎がみんな買って売ってまわったら。

岡崎――同じように言うなよ。

山本――ユーモア小説は、獅子文六と源氏鶏太どまりと違うかな。サトウハチローや徳川夢声まで入れてしまったら、ちょっと路線が変わる気もする。ちょっと時間を久世光彦まで戻そう。女性作家の名前が挙がってないけど、武田百合子は要るやろ。けっこう未収録のエッセイとかあるし。それは遺言か何かで、出さないようにしてるらしいけど。この際、再考してもらって、これまでの**単行本未収録の文章**を入れたい。

岡崎——それは二万五千部は出るなあ。よしよし。

岡崎——映画で小津と淀川さんを入れたやろ。音楽評論でも一人入れたいんや。生きている人まで含めたら吉田秀和となるやろうけど、ここはジャズで鍵谷幸信を入れたい。クラシックや美術、現代詩についての文章もある。普通に考えたら植草甚一さんやろうけど。宮脇俊三も考えたんやが、どうかな、このあたり。美術は洲之内徹一人でいいと思う。だから、さっき山本が山田稔を挙げたけど、いちおう、**亡くなった人に絞ろう**か。防波堤というか、ボーダーをつくっていかないとな。あ、だから庄野潤三も却下。池田満寿夫はどうかな。

山本——鍵谷幸信か。音楽エッセイならええかもな。集英社の三部作、『人はだれも音をきかない日はない』（集英社、一九七七年）、『音は立ったままやって来る』（集英社、一九七七年）、『すれ違う音は泳ぐ光にとまどい』（集英社、一九七八年）は好きな本や。池田満寿夫も**自伝的エッセイ**なら賛成や。

鍵谷幸信『人はだれも音をきかない日はない』（集英社、一九七七年）

鍵谷幸信『音は立ったままやって来る』（集英社、一九七七年）

岡崎――池田満寿夫は、『私の調書』（美術出版社、一九六八年／角川文庫、一九七七年／新風舎文庫、二〇〇五年）の第一部。芸大受験に三回も失敗して、似顔絵描きなんかしてた貧乏時代、ビエンナーレのグランプリ、富岡多恵子とのいざこざ、リランとの別れを書いたあたりまでの自伝は丸ごと取ろう。それにプラス、『豆本因縁噺』（田奈部豆本第一九集、吉田弥左衛門、一九八五年）。これは真珠社での豆本制作話が面白い。

山本――江戸川乱歩の『屋根裏の散歩者』に挿画をつける話やった。豆本のことは、富岡多恵子も小説にしたな、『壷中庵異聞』（文藝春秋、一九七四年／集英社文庫、一九七八年）。池田満寿夫の角川文庫『思考する魚』（1・2、一九七八〜一九七九年／親本は番町書房、一九七四年）に入っているエッセイはどれもいいな。

岡崎――そう。『思考する魚』の第一章「魅せられた人々」という交遊録を取りたい。ヘンリー・ミラーから瀧口修造、西脇順三郎、澁澤龍彥、田村隆一、吉岡実などなど、どれも短いけど池田らしい率直さと茶目っ気が出てる。小説も入れときたいんや。そのかわり芥川賞受賞作の『エーゲ海に捧ぐ』は取らない。むしろもっと初期の『楼閣に向って』（角川書店、一九七八年／角川文庫、一九八〇年）所収の少年時代を描いた「楼閣に向って」、それに「ガリヴァーの遺物」、「スウィフトの恩

鍵谷幸信『すれ違う音は泳ぐ光にとまどい』（集英社、一九七八年）

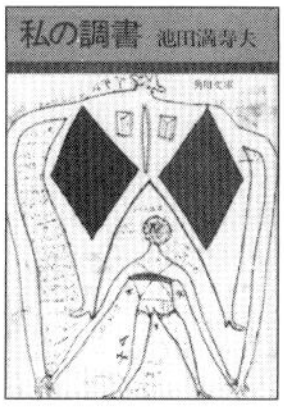

池田満寿夫『私の調書』（角川文庫、一九七七年）

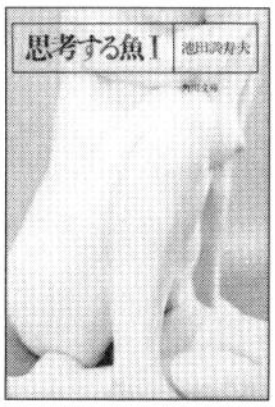

池田満寿夫『思考する魚』（1・2、角川文庫、一九七八〜一九七九年）

寵」を取る。

山本──ぼくは、**池田満寿夫の小説がダメ**だと言うてるんやなくて、エッセイにいいものが多いし、やっぱり絵も入れたい。絵のたくさん入ったのは、旺文社文庫『ハーフプライバシー』(一九八三年)や保育社カラーブックス『池田満寿夫』(川合昭三著、一九七八年)。澁澤龍彦訳のヴェルレーヌの詩に挿画を付けた『女と男』(角川文庫、一九九〇年/親本は『おんな・おとこ』出版21世紀、一九八一年の限定本)も池田ならではの味わいがあるな。

池田満寿夫『ハーフプライバシー』(旺文社文庫、一九八三年)

川合昭三『池田満寿夫』(保育社カラーブックス、一九七八年)

岡崎──あ、音楽の分野で大物を忘れてた。武満徹。

山本──武満徹はぼくも絶対入れたいな。『遠い呼び声の彼方へ』(新潮社、一九九二年/『武満徹著作集』3、二〇〇〇年にも収録)に収録されたビートルズについてのエッセイ「『サージェント・ペパーズ・ロンリー・ハーツ・クラブ・バンド』を聴く」なんかよかった。音楽だけでなく、映画、美術、文学などについても示唆に富んだ文章が多いから、カテゴリーごとに絞り込んで一巻にしたい。創作というカテゴリーで小説や詩も入れてな。『芸術新潮』で、「はじめての武満徹」という特集が組まれたことがあって(二〇〇六年五月号)、これはガイドブックとしてよくできていた。武満徹は新聞に発表した文章が**開かれた書き方**になっていてい

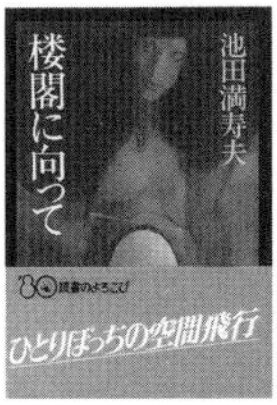

池田満寿夫『楼閣に向って』(角川文庫、一九八〇年)

池田満寿夫『女と男』（角川文庫、一九九〇年）

武満徹『遠い呼び声の彼方へ』（新潮社、一九九二年）

い。ぼくは、武満の曲を聴くといつも寝てしまうけど。

岡崎――「ノーヴェンバー・ステップス」はときどき聞きたくなるな。たしかに眠たいような、いい気持ちになってくる。小室等が、武満がつくった歌ばかり集めて、自分で歌ったCDがあるけど（『武満徹ソングブック』フォーライフミュージックエンタテイメント、一九九七年）、これがいいんや。武満徹が新聞に発表した文章は、『武満徹著作集』5（新潮社、二〇〇〇年）に集められてる。対談も入れたいけど、ちくま学芸文庫で『武満徹対談選』（小沼純一＝編、二〇〇八年）としてまとめられたしな。武満に限らず、とにかくこの全集には、**なるべく対談を入れたい**。対談というと書いた文章じゃないから、これまでの全集では軽んじられることが多かった。でも、その人がどういう人物かの早分かりになるし、肉声が聞ける。

山本――野呂邦暢は岡崎も賛成してくれるやろ。

岡崎――賛成どころか……。

山本――反対か？

岡崎――反対の賛成なのだ……余計なこと言わせるなよ。賛成に決まってる。野呂邦暢が入れられないようなら、この全集をつくる意味がない。

山本――よし、よう言うた。そうこないとあかん。みすず書房の「大人の本棚」シリーズに、古本屋を主人公にした青春小説『愛についてのデッサン』（二〇〇六年／親本は角川書店、一九七九年）が入ったが、ほとんどの作品が読めない状況や。エッセイ集『王国そして地図』（集英社、一九七七年）、『古い革張椅子』（集英社、一九七九年）、『小さな町にて』（文藝春秋、一九八二年）から、書物エッセイだけでも一巻になるやろ。「古本の話その他」というエッセイもあった（『私の本の読み方・探し方』ダイヤモンド社、一九八〇年所収）。ぼくは遺作となった『丘の火』（文藝春秋、一九八〇年）という長編小説も好きや。

岡崎――大森にあった行きつけの古書店・山王書房について書いたエッセイ、「S書房主人」（『古い革張椅子』所収）と「山王書房店主」（『小さな町にて』所収）はぜったい入れよな。小説も入れよう。少女の視点で幕末の日々を描いた『諫早菖蒲日記』（文藝春秋、一九七七年／文春文庫、一九八五年）から、一章分でも選んで、ぜひこれは多くの人に読んで欲しい。命を削って磨き上げたような名文や。川本三郎さんが『言葉のなかに風景が立ち上がる』（新潮社、二〇〇六年）で、みごとな野呂邦暢論（「干潟のある地峡の町――野呂邦暢『鳥たちの河口』」）を書いていて、そこで「野呂邦暢は、明らかに、人間関係のドラマではなく、人と風景の関係こそに惹かれている」と指摘している。そうや、**野呂は風景を描いた作家**なんや、と

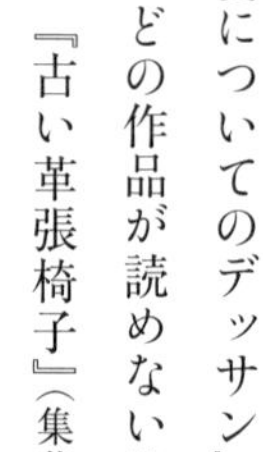

野呂邦暢『愛についてのデッサン』（大人の本棚、みすず書房、二〇〇六年）

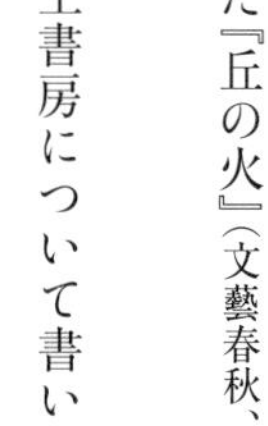

野呂邦暢『王国そして地図』（集英社、一九七七年）

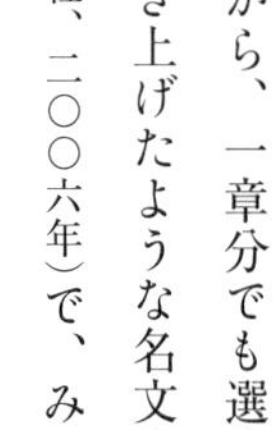

野呂邦暢『古い革張椅子』（集英社、一九七九年）

思った。野呂の文章の美質について、山本くん演説してください。

山本――静かに語りかけてくるような文章や。大勢の前で語るのじゃなく、自分にだけぽつりぽつりと話しかけてくれる。静謐な世界を簡潔な強い言葉で構築している。諫早という土地の魅力も味方につけてる。そんな感じか。

岡崎――一時、東京に住んでいたけど、結局故郷の長崎県諫早市に戻って、若冠四二歳で作家人生を終える。この諫早という土地が、野呂に風景を見つめる目を育てさせたんやと思う。だから、野呂の作品を読むと、諫早へ行きたくなるなあ。諫早には、諫早高校で野呂の先輩やった西村房子さんという方がいて、ずっと季刊『諫早通信』（野呂邦暢顕彰委員会、二〇〇四年〜）という、野呂の業績を伝える通信を出し続けている。**野呂のことを忘れさせるまい**、という気持ちのこもった素敵な刊行物や。ぼくも二度、書評の転載で関わらせてもらっている。

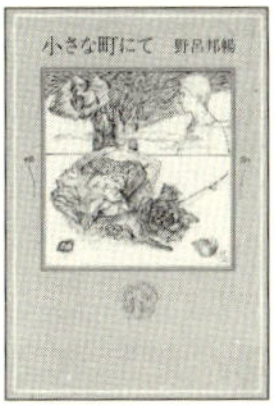

野呂邦暢『小さな町にて』（文藝春秋、一九八二年）

『私の本の読み方・探し方』（ダイヤモンド社、一九八〇年）

山本――それはええ話や。野呂と言えば、さっき山王書房の名前がでたが、店主・関口良雄さんのエッセイ集『昔日の客』（三茶書房、一九七八年）は名著やな。表題作は野呂の思い出を語ったエッセイやった。

岡崎――ぼくは持ってないんや。

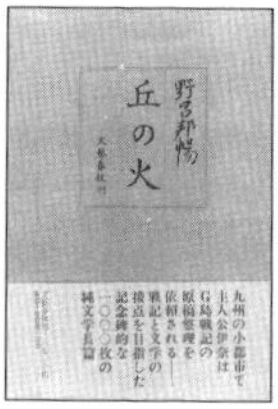

野呂邦暢『丘の火』（文藝春秋、一九八〇年）

野呂邦暢『諫早菖蒲日記』（文春文庫、一九八五年）

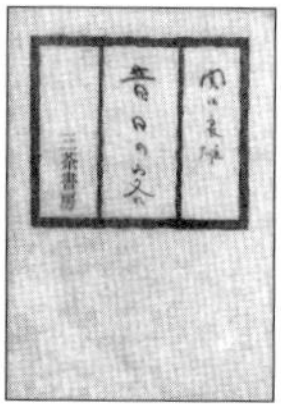

関口良雄『昔日の客』（三茶書房、一九七八年）

山本——えっ！　持ってないんか。それはあかんやろ。古本ライターとか名乗りながら。

岡崎——えらそうに。山本も最近、手に入れたばっかりやないか。

山本——手に入れたもんが勝ちや。なんやったら、『昔日の客』もこの全集に入れようか。岡崎用に。一部限定で、一冊五〇万ぐらいになると思うけど。

岡崎——それやったら、元の本を買うわ。でも欲しいな、この全集に古本屋さんが書いた文章で一巻。もしくは**古本小説集**な。

山本——古本屋さんが書いた文章を集めるのはいいな。高知のタンポポ書店のおばあちゃん、片岡千歳さんのエッセイも入れたい。ぼくはずっと前、**タンポポおばあちゃん**に「いい本買うねえ」と褒めてもらったことがあるんや。うれしかったなあ。そのとき買った本は忘れもしない、鈴木信太郎の『文學外道』（東京出版、一九四八年）やった。面白い本だった。ここで恩返しがしたい。片岡千歳おばあちゃんの回想記『古本屋タンポポのあけくれ』（ふたば工房、二〇〇五年）があるんやが、残念ながらまだ持ってない。なんとか手に入れたいなあ。残念ながら片岡さんは二〇〇八年一月に亡くなられた。

岡崎——片岡さんとは東京でお目にかかったことがある。ちょうど用事で五反田

鈴木信太郎『文學外道』（東京出版、一九四八年）

片岡千歳『古本屋タンポポのあけくれ』（ふたば工房、二〇〇五年）

の南部古書会館にみえてたんや。即売会があった日やったんで、ぼくも行ってて、月の輪書林（高橋徹さん）やないろ文庫ふしぎ堂さん（田村治芳さん）なんかと一緒に食事をした。そこで、ぼくと月の輪が、片岡さんに説教された。

山本——何をしたんや？　安い本ばっかりしか買わないのを咎められたんか。

岡崎——いや、そんなことやない。ちょうどぼくは『ＡＲＥ』という同人誌をやってるころで、それを片岡さんが読んでらした。月の輪のほうはあの『月の輪書林古書目録』を出していた。片岡さんの目から見ると、どっちもまだまだということらしい。それで、悪ガキが職員室に呼ばれて、先生に怒られてるみたいな格好になった。でも、それは悪い気がしなかった。片岡さんはぼくらのことを思って言ってくれてるんだし、何より迫力のある人やなあ、と。そこに感心させられた。

山本——またちょっと寄り道してしまったが、この寄り道がまた楽しいな。翻訳家、外国文学研究者もまだまだ入れたい人がいる。岡崎は最近、井上究一郎をせっせと読み、本を探してるみたいやが、ぼくも**井上究一郎はいい**と思う。何冊か持ってるよ、随筆集。『幾夜寝覚』（新潮社、一九九〇年）とか『忘れられたページ』（筑摩書房、一九七一年）とか。

『月の輪書林古書目録十三　特集「李奉昌不敬事件」予審訊問調書』（月の輪書林、二〇〇四年）

岡崎――ええやろ、井上究一郎。ええんや。これはちくま文庫『ガリマールの家』（筑摩書房、一九八〇年／ちくま文庫、二〇〇三年）のおかげ。よく入ったと思うよ、文庫に、このプルースト学者のエッセイが。普通ならちくま学芸文庫のほうに入るような本や。

山本――そうやな。でも、もう品切れやろ、『ガリマールの家』。なかなかないでこの文庫は。ぜひ探して欲しい文庫や。文芸雑誌『海』に連載されたのを、筑摩が単行本化した。ちくま文庫には、フランシスコ・カルコの詩「モルトフォンテーヌ（ネルヴァル組曲）」の翻訳も入って、**特別な一冊**になっている。

岡崎――そうなんや。ぼくは長い間、『失われた時を求めて』（1〜10、ちくま文庫、一九九二〜一九九三年）の完訳者、あるいはグルニエ『孤島』（竹内書店AL選書、一九六八年／改訳新版、筑摩叢書、一九九一年）の翻訳者としてのみ、井上の名前は認知していて、それ以上の関心が及ばなかった。ところが、この『ガリマールの家』、若き日のフランス滞在記やけど、これに**アッパーカットを食らった**という感じやった。

山本――たしかにいい文章や。フランスのガリマール書店の創設者、ガストン・ガリマールの死をきっかけに自らのフランス滞在期の思い出を折り込みながら、

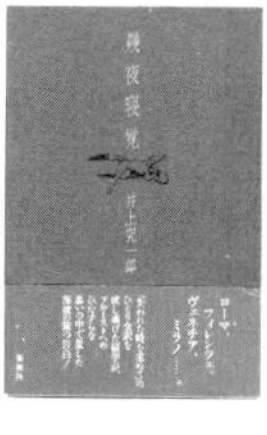

井上究一郎『幾夜寝覚』（新潮社、一九九〇年）

井上究一郎『忘れられたページ』（筑摩書房、一九七一年）

井上究一郎『ガリマールの家』（ちくま文庫、二〇〇三年）

「ガストン・ガリマールを求めて」みたいな文章になってる。『幾夜寝覚』は、井上究一郎が一般の海外旅行のツアーでフランスに行くといったもので、これもまた文庫にしていろんな人に読んでもらいたい作品。

岡崎――大阪の矢野書房で、この『ガリマールの家』の単行本を買ったとき、矢野さんが、「井上究一郎、いいでしょう。でも、あんまり言われてないんですよね」と言ってた。**分かってる人は分かってる**、という感じ。

神西清『灰色の眼の女』（中公文庫、一九七六年）

山本――神西清も好きな翻訳家や。『神西清集』を編集するとすれば、チェーホフ（『チェーホフ戯曲集』『チェーホフ小説集』中央公論社、一九五八年所収）、ツルゲーネフ（『トゥルゲーネフ散文詩』斎藤書店、一九四八年所収）の翻訳、『散文の運命』（講談社、一九五七年）から堀辰雄についてのエッセイなどか。小説『灰色の眼の女』（中央公論社、一九五七年／中公文庫、一九七六年）もいいな。福原麟太郎もぜひ。

岡崎――井上究一郎と中村光夫、あるいは河盛好蔵と組ませるという手もある。

山本――仏文の名翻訳で言えば、「随筆入門」の回でも一押ししといた生島遼一は外せないやろ。森有正も捨てがたいな。しかし、こうなってくるといよいよ一人一巻はむずかしくなってきたな。どうやろ、仏文、独文、露文、英文、一巻ずつというのは。独文では、大山定一と板倉鞆音。板倉鞆音については、これまた

「随筆入門」の回でも触れたけど、この機会にエッセイもまとめて入れたい。英文は、岡倉由三郎と福原麟太郎との師弟巻か。福原麟太郎には若いころに書いた小説が三編（いずれも潮會発行の雑誌『ＳＮＡＫＥ』に掲載。「フラスコものがたり」一九二〇年一月発行号、「従兄弟の結婚」一九二〇年六月発行号、「太陽を呼び返すもの」一九一八年一月発行号所収）あって、それも入れたいと思う。

岡崎――ううん、だんだん洞穴の奥に入っていったな。どう考えても五〇〇部の世界になってる。それじゃあ、こうしよ。仏、独、英、米でそれぞれ一巻ずつ、**翻訳者エッセイのアンソロジー**をつくることにしよか。

山本――古本小説集、古本エッセイ集も含めて、アンソロジーを入れ始めると、あれもこれもとなるから、もうちょっと挙げてから考えさせてくれ。お笑いの方面で、落語、漫才も各一巻ぐらいは欲しいなあ。落語はたくさん出てるので、漫才作家・秋田實の**漫才台本集**なんかがいいかも。以前、『秋田實名作漫才選集』（1〜2、日本実業出版社、一九七三年）が出ていて、最近では『昭和の漫才台本』（第1・2巻戦前編、第3巻戦中編、文研出版、二〇〇八年）が出たりしたけど、生涯に七千本の漫才を書いた人や、まだまだあるだろう。同じく漫才作家の香川登枝緒も未収録エッセイがたくさんある。新聞の連載とかな。

『秋田實名作漫才選集』（1・2、日本実業出版社、一九七三年）

岡崎――あった、あった。『漫才・マンザイ・MANZAI』（講談社、一九八一年）という本があってな。これが、「花王名人劇場」という漫才ブームをつくった笑芸番組の、「激突！　漫才新幹線」という東西漫才対決の回を、そのまま活字化した本。やすし・きよし、紳助・竜介、セント・ルイス、いくよ・くるよ、のりお・よしおなんかの漫才を収録してある。これをベースに、Wヤングとか、ツー・ビートとか、傑作漫才を集めたらどうかと思ってるんや。ただし、「おさむちゃんでーす、コン！　もう一回、コン！」「失礼なこと言うな！　だれが橋幸夫や」「そーなんですよ、川崎さん」なんて、いまの若者には、さっぱり分からんやろな。

山本――ザ・ぼんちやな。八〇年代の漫才ブームのネタは、活字化したとき、面白さが伝わらんのが難点。

岡崎――まあ、それでも紳助・竜介なんか、いま読んでもけっこういけるよ。

『昭和の漫才台本』（第1巻戦前編、文研出版、二〇〇八年）

『漫才・マンザイ・MANZAI』（講談社、一九八一年）

山本――じゃあそういうことにしておいて、一人一冊だけ、別冊として自由に、わがままをしていい巻をつくることにしよう。それなら、「大阪の夢二」、宇崎純一《すみかず》の絵画集を入れたい。これこそ五〇〇部五千円にしてもええ。

岡崎――ええ、って、それだれが買うねん。画家の林哲夫さんが思い浮かぶけ

北尾鐐之助『近代大阪』（創元社、一九三二年）

ど。ほかにだれが買うねん。

山本——上方文化研究家の肥田皓三さんも買って下さると思うし、大阪・天神橋の古書店ハナ書房さんも。

岡崎——大阪と京都で三人か。ちょっと弱いんと違うか。

山本——岡崎はどうや、このさいや、わがまま本、何かないか。

岡崎——ぼくか？　北尾鐐之助の『近代大阪』（創元社、一九三二年）も入れたいような。あと、藤澤桓夫の『大阪小説集』とか。まあでも、ぼくなら山本健吉の『文庫解説集』にしよか。**文庫解説の名手**、山本健吉の文庫解説だけを集めて読みたい。これができると、日本近現代文学史、作家論、文学鑑賞術としても読めると思う。

山本——そらええな。ぼくも読みたい。ぼくとしては**装幀集**もつくりたい。石岡瑛子、中林洋子、横尾忠則、真鍋博などはどうか。初山滋もいい。装幀本をずらりと並べて資料も載せる。装幀についてのエッセイも組み入れる。それと「内容見本案内」みたいな巻はどうや。個人全集の内容見本の、巻立てと作家の推薦文を収録する。

岡崎——ぼくはもう耳おさえてるわ。勝手に喋ってくれ。面白いけど、文学全集からどんどん外れていってるんと違うか。

山本――面白かったらええやろ。いままでそうやった。

岡崎――面白すぎるやろ。基本的には、おたがいの選択を尊重しながら、現実的な選択かどうか、全体のバランスなどを考えてちょっと話し合おうか。まず、両方とも女性が少ないな。女性を増やそう。

山本――賛成やな。ぼくは、矢川澄子を入れたい。

岡崎――それから、ちくま文庫と講談社文芸文庫で相当数読める人もはずそうか。五千部という部数を意識して、数人はそれと関係なく、わがままに入れるという基本を確認しておこう。だから、ぼくのほうで言えば、武田百合子は未発表のエッセイが入れられるなら、という条件つきやな。そうでないなら、ちくまと中公の両文庫で読めるから。

山本――こうして考えていくと、**リストづくりがいかに大変**で大切かが分かるな。そしたら、小説家・美術評論家の加藤一雄は、小説作品『無名の南画家』（日本美術出版、一九四七年／三彩社、一九七〇年）、『蘆刈《あしかり》』（人文書院、一九七六年）が用美社から出るということなので、省こうか。小型本で読みたいというのがあってな、残念無念やけど。それと、やっぱり無理か、宇崎純一。とても五千部、自

加藤一雄『無名の南画家』（日本美術出版、一九四七年）

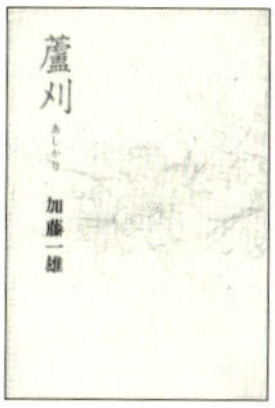

加藤一雄『蘆刈』（人文書院、一九七六年）

信ないなあ。これも残念無念、外そう。

岡崎――宇崎純一は、気持ちだけありがたくもらっとくわ。

山本――なんや、その気持ちだけ、って。

岡崎――「ちくま日本文学全集」も全六〇巻のうち、女性は樋口一葉、岡本かの子、尾崎翠、林芙美子、幸田文、とたった五人。少ないなあ。これをなんとかしよう。しかし、「ちくま」は尾崎翠を入れたのがなんと言っても手柄やった。学藝書林の「全集・現代文学の発見」第6巻『黒いユーモア』（一九六九年／新装版、二〇〇三年）に、尾崎翠の「第七官界彷徨」が収録されたのが、再評価の最初かな。しかし、全集で単独で入ったのは、この「ちくま」が最初やろ。尾崎翠級の女性作家はそうは見当たらないけど、どうかな。

山本――ぼくも尾崎翠には驚いた。これが入って、「ちくま日本文学全集」の値打ちがあがったな。でも**尾崎翠級**はむずかしいな。須賀敦子は河出文庫の全集（「須賀敦子全集」全八巻、二〇〇六～二〇〇八年）がすばらしいので、それでええのとちゃうか。久坂葉子、森茉莉、中林洋子、鴨居羊子といったところも候補に挙がると思うけど。

岡崎――亡くなってまもないけど、杉浦日向子も候補の一人やな。ミニコミ誌

『For Ladies by Ladies――女性のエッセイ・アンソロジー』（ちくま文庫、二〇〇三年）

『modern juice』を主宰する近代《こだい》ナリコさんが選んだ『For Ladies by Ladies――女性のエッセイ・アンソロジー』（ちくま文庫、二〇〇三年）を参考にすると、大庭みな子が亡くなっているから候補枠に入るのと、鈴木いづみ、安井かずみと大物が残ってる。安井かずみはいいと思う。歌詞も入れてな。作品の選択は近代さんにまかせよう。あと、営業を考えて茨木のり子の詩とエッセイで一巻をつくるというのもある。

山本――そろそろリストを絞り込もうか。ぼくの選もちょっと入れ替えたけど、これでどうやろう。売り上げに問題が生じたら、それこそ、**二人で全国売りまわろう**。学生時代に、二人でスーパーの店頭でライオンの歯磨き売ったみたいにな。だから、そこまでできるという思い入れのある人選でなかったらあかん。この作家のためなら、そこまでやる、といったようなな。

岡崎――悪いけど、ぼくはもうスーパーの店頭で声出すのはつらい。それにホワイト&ホワイトが二二五円で、エチケットライオンが二七〇円か。歯磨きは安いが、本は高い。

山本――いや、それぐらいの気持ちが必要ということ。そしたら、とにかく**第一次五〇巻**のリストを挙げてみる。

◉山本善行＝選　第一次（五十音順）

足立巻一　天野忠　生島遼一　板倉鞆音（翻訳詩集）　小沼丹　加能作次郎　鴨居羊子　河盛好蔵　上林暁　小出楢重　耕治人　小山清　武満徹　戸井田道三　殿山泰司　永井龍男　永田耕衣　中谷宇吉郎　野呂邦暢　福原麟太郎　松崎天民　矢川澄子　山名文夫（装幀集）　由良君美　吉田健一

◉岡崎武志＝選　第一次（五十音順）

鮎川信夫　安藤鶴夫　池田満寿夫　石田五郎　伊丹万作・十三　井上究一郎　小津安二郎（『東京物語』全カット、シナリオ収録）　久世光彦　串田孫一　小島信夫　後藤明生　獅子文六　杉浦日向子　洲之内徹　武田百合子　種村季弘　田村隆一　花森安治　古山高麗雄　宮脇俊三　山口瞳　山本健吉（文庫解説集）　吉岡実　淀川長治　現代名作漫才集

岡崎――やっぱり、武田百合子はほかでも読めるからここに安井かずみを入れよう。それから新機軸で久保田二郎を入れたいんや。あと、向井敏で一巻つくるのもいいいな。書評集のほかに、開高健や谷沢永一らとの交友録を入れて。うーん、

あとはちょっと落としにくいな。うーん、困ったな。うーん。

山本――えらい困ってるな。そしたら、ぼくが代わりに落としたろか。

岡崎――なんでやねん、ちょっと待ってくれ。そうや、山本のところから**加能作次郎を落として**……

山本――アホなこと言うな。

岡崎――よし、小島信夫を落とすわ。『別れる理由』（1～3、講談社、一九八二年）を入れたら、それだけで五、六巻いく。ここに久保田を入れる。そうか、まだ景山民夫がいるぞ。コラム、エッセイ、対談は入れといたほうがいいかも。すでに知らんやろ。いまの若い奴、景山民夫。

山本――知ってるのは小川知子ぐらいか。

岡崎――小川知子の胸のふくらみは谷村新司も知ってる。……いや、ここはそういう話やないんや。お、そうそう遠藤周作を忘れてたなあ。小説じゃなくて、全対談を入れたいんや。これは壮観やぞ。

山本――やっぱり**当初のように全六〇巻**にしよう。ほんまは『すぎ去ればすべてなつかしい日々』（福武書店、一九九〇年）の詩人、永瀬清子も入れたいんや。

永瀬清子『すぎ去ればすべてなつかしい日々』（福武書店、一九九〇年）

岡崎――おっ、ええなあ、永瀬清子。そうするか。そしたらバンドを締め直して……。

山本――バンドなんか、最初から締めてないやないか。そうなるとあと何人や。なんか、得した気分やな。そしたらやっぱり宇崎純一を……。

岡崎――宇崎はさっき、気持ちだけもらっておいたけど。

山本――気持ちだけやったらあかんのや。全六〇巻なら、悪いけど宇崎は入れさせてもらう。そうなると、**加藤一雄も黙ってない**やろ。仕方ない、これも入れとかんとな。

戸板康二『ちょっといい話』（正・新・新々、文藝春秋、一九七八・一九八〇・一九八四年）

岡崎――ぼくは戸板康二の『ちょっといい話』（正・新・新々、文藝春秋、一九七八・一九八〇・一九八四年）のファンで、文春文庫に四冊入ってたかな（正・新・新々・最後、文春文庫、一九八二・一九八四・一九八七・一九九四年）、これが品切れだから、**一巻本でセレクト**して読みたい。江藤淳の文芸時評を一冊で、という手もあるな。江藤には本のエッセイもあるしな。

山本――戸板康二は、ミステリーもいいな。創元推理文庫から『中村雅楽探偵全集』（1〜5、二〇〇七年）として出てる。戸板はぼくも賛成や。江藤淳の『なつかしい本の話』（新潮社、一九七八年）か。また、ええ本出してきたな。**あれはええ**

なあ。自分の読んできた本について、愛情たっぷりな語り口やった。そういう江藤の本への思いは、ヘレーン・ハンフ『チャリング・クロス街84番地』（日本リーダーズダイジェスト社、一九七二年／講談社、一九八〇年／中公文庫、一九八四年）の翻訳でも感じたな。これも名著間違いなしやな。

岡崎――しかしまあ、江藤はやめとこう。それに『チャンリング・クロス』は、江藤淳名義になっているけど、実際に訳したのは別の人らしい。これはちょっと証拠があってな。

山本――なんや、江藤淳、やめるんかい。人に喋らしといて。

岡崎――おあとがよろしいようで。

山本――**ごまかすなよ。**

江藤淳『なつかしい本の話』（新潮社、一九七八年）

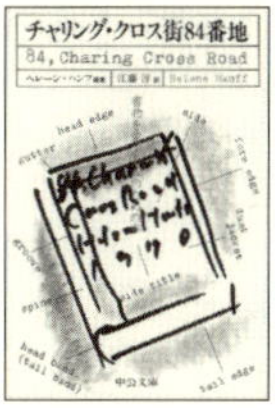

ヘレーン・ハンフ『チャリング・クロス街84番地』（中公文庫、一九八四年）

気まぐれ日本文學全集
59
淀川長治
気まぐれ日本文學全集
28
小山清
山本善行【編】
平井功
扉野良人【編】

現代名作漫才集

気まぐれ日本文学全集 32
洲之内徹
林哲夫【編】
気まぐれ日本文学全集 32
洲之内徹
林哲夫【編】
32
K
1200
気まぐれ日本文学全集 23
久世光彦
樹木希林【編】
23
K
1200
24
小山清

蜜蜂の生活
M.メーテルリンク
気まぐれ日本文學全集 04 安藤鶴夫 坂崎重盛【編】
気まぐれ日本文學全集 05 生島遼一 杉本秀太郎【編】
気まぐれ日本文學全集 10 井上究一郎 堀江敏幸【編】
17 加能作次郎 松本八郎【編】
気まぐれ日本文學全集 20 上林暁 山本善行【編】
気まぐれ日本文學全集 23 久世光彦 樹木希林【編】
24 久保田二郎 寺島靖国【編】
気まぐれ日本文學全集 28 小山清 山本善行【編】
気まぐれ日本文學全集 37 戸板康二 永六輔【編】
気まぐれ日本文學全集 44 花森安治 南陀楼綾繁【編】
気まぐれ日本文學全集 45 平井功 扉野良人【編】
気まぐれ日本文學全集 46 藤枝静男 川上弘美【編】
気まぐれ日本文學全集 49 堀内誠一 石川次郎【編】
50 松崎天民 坪内祐三【編】
気まぐれ日本文學全集 53 安井かずみ 近代ナリコ【編】

◉撮影＝望月研
本写真は架空企画「気まぐれ日本文學全集」全60巻構想に沿って、
工作舎で制作したダミーを撮影したものです。

大喜利

架空企画！「気まぐれ日本文學全集」――全六〇巻構想

岡崎武志・山本善行＝責任監修

本全集はあくまで架空の企画です。各巻の内容、選者については了解を得ているわけではありませんので、あらかじめご了承願います。

01 足立巻一［中尾務＝編］

02 天野忠［山田稔＝編］

03 鮎川信夫［吉本隆明＝編］

04 安藤鶴夫［坂崎重盛＝編］

05 生島遼一［杉本秀太郎＝編］

06 池田満寿夫［佐藤陽子＝編、自伝エッセイ・美術エッセイ収録］

07
石田五郎
［『天文台日記』未収録の天文エッセイ収録］

08
板倉鞆音
［津田京一郎＝編、翻訳詩集・エッセイ収録］

09
伊丹万作・十三
［二人の代表的映画作品シナリオ一編ずつと、エッセイ収録］

10
井上究一郎
［堀江敏幸＝編、フランス訳詩集も収録］

11
宇崎純一
［画集・挿絵集］

12
尾崎一雄
［花田紀凱＝編］

13
小津安二郎
［『東京物語』全カット、シナリオ収録］

14
小沼丹
［長谷川郁夫＝編］

15
景山民夫
［小黒一三＝編、エッセイ・コラム選、対談収録］

16
加藤一雄
［戸田勝久＝挿絵］

17
加能作次郎
［松本八郎＝編］

18
鴨居羊子
［市川慎子＝編、絵入りエッセイ集］

19 河盛好蔵
[青柳いづみこ＝編、パリ回想集]

20 上林暁
[山本善行＝編]

21 久坂葉子
[早川茉莉＝編、小説選集]

22 串田孫一
[石田千＝編]

23 久世光彦
[樹木希林＝編]

24 久保田二郎
[寺島靖国＝編]

25 小出楢重
[生田誠＝編、岩波文庫『小出楢重随筆集』未収録随筆収録]

26 耕治人
[北村知之＝編]

27 後藤明生
[古井由吉＝編、短編小説集]

28 小山清
[山本善行＝編]

29 獅子文六
[福田和也＝編]

30 篠田一士
[丸谷才一＝編、書評・書物エッセイ収録]

31 杉浦日向子
［松田哲夫＝編］

32 洲之内徹
［林哲夫＝編］

33 武満徹
［大江健三郎＝編］

34 種村季弘
［堀切直人＝編］

35 田村隆一
［荒川洋治＝編］

36 戸井田道三
［自伝エッセイ収録］

37 戸板康二
［永六輔＝編「ちょっといい話」］

38 殿山泰司
［竹中直人＝編、日記集成］

39 永井龍男
［角田光代＝編、初期短編集］

40 永瀬清子
［『すぎ去ればすべてなつかしい日々』全収録］

41 永田耕衣
［俳句、エッセイ収録］

42 中谷宇吉郎
［文学エッセイ収録］

43
野呂邦暢
［山本善行＝編］

44
花森安治
［南陀楼綾繁＝編］

45
平井功
［扉野良人＝編］

46
藤枝静男
［川上弘美＝編］

47
福原麟太郎
［『英語の感覚』全収録］

48
古山高麗雄
［荻原魚雷＝編］

49
堀内誠一
［石川次郎＝編］

50
松崎天民
［坪内祐三＝編］

51
宮脇俊三
［酒井順子＝編］

52
矢川澄子
［知久寿焼＝編、書物エッセイ収録］

53
安井かずみ
［近代ナリコ＝編］

54
山名文夫
［和田誠＝編、装幀集］

55 山本健吉
［岡崎武志＝編、文庫解説集］

56 由良君美
［文学エッセイ集］

57 吉岡実
［平出隆＝編］

58 吉田健一
［武藤康史＝編、書物・旅・食のエッセイ収録］

59 淀川長治
［黒柳徹子＝編］

60 現代名作漫才集
［岡崎武志＝編］

架空企画！「気まぐれ日本文學全集」第20巻『上林暁』

目次案（山本善行＝編）

エッセイ

小説

天草土産……115
花の精（以上『野』河出書房、一九四〇年より）……143
病める魂（『流寓記』博文館、一九四二年より）……183
晩春日記……203
きやうだい夫婦……231
嶺光書房（以上『晩春日記』桜井書店、一九四六年より）……270
過ぎゆきの歌（『過ぎゆきの歌』大日本雄弁会講談社、一九五七年より）……304
和日庵（『春の坂』筑摩書房、一九五八年より）……329
ジョン・クレアの詩集（『ジョン・クレアの詩集』筑摩書房、一九七〇年より）……355

特別附録

各創作集の「あとがき」……385

あとがき漫談

山本――しかしまあ、こうして読み返してみると、よくこれだけ喋ってきたなあ。いま読むと恥ずかしいところもたくさんあるな。言い直したいところとか。

岡崎――まあ、それは仕方がないやろ。

山本――対談の内容の善し悪しは読者のみなさんに判断してもらうしかないけど、岡崎もぼくも本当に本が好きで古本屋さんが好きで、ここまで生きてきた、そういうところが対談で出てたら、うれしいな。

岡崎――それにしても二人の対談が、本になるとはな。東京、京都と離れて住んでいて、いまでも週に一回ぐらいは電話であれこれ話してるわけやから、これからはそれを録音しといて、どんどん**対談本**出していこか。

山本――それは賛成やけど、電話での話、そのまま活字にしたら、岡崎、困るのと違うか。

岡崎――なんや人が聞いたらおれのほうが問題発言が多いように思うやないか。

山本――そういうことや。ところで、いろんな本を紹介できたのもよかったな。この対談本は、品切れになっているいい文学本を探してもらおうという趣旨だから、この本を手に、各自古本屋めぐりを楽しんでもらいたいと思う。

岡崎――われわれも、そうやって品切れ本を古本屋で探すことで、いろんな発見をしてきた。

山本――いろんな発見もあったが、若い時間とお金と黒い髪も同時に失った。

岡崎――そう言ってしまうと、なんか、われわれには青春がなかったみたいやけど(笑)。

山本――**青春は文学でじゅうぶん味わった**、ということにしておこ。

岡崎――なんか、そう言うとかっこええなあ。しかし、実際、われわれは古本屋の棚から文学とは何かを学んだような気はするな。既成の文学史とはまたちょっと違った、古本独特の文学世界を、古本を買うことで探っていった。

山本――二人とも**私小説が好き**、っていうのも、そういうことやな。古本屋さんは、なぜか私小説作家を偏重する。そう売れるとも思えないけど、千林商店街界隈の古本屋でも、井伏鱒二や尾崎一雄、それに「第三の新人」などの本は、いつも大事に並んでいたな。**古本屋でしか見つからない作家**というのがあったような気がする。それはいまでもそうやけど。

岡崎――ダイエーで特売の卵を買ったおばちゃんが、帰りに古本屋に寄って、木山捷平や上林暁を読むとかな(笑)。

山本――大阪の子どもが学校から帰ってきたら、家のなかで、お母ちゃんが木山捷平を読んでたり(笑)。

岡崎――たこ焼きつつきながら、「木山は、やっぱり中期の短編が、味があるなあ」って、歯に青のり付けて(笑)。そんな、アホな。いま、山本は文童社、文童社って、子どもがお菓子を欲しがるみたいに、なんか、いっつも言ってるけど、それも地元、京都の詩の出版社ってことが大きい。地域性が出るんや、古本屋には。

山本――対話のなかでさんざん語ったけど、京都には、文童社のほかにも第一藝文社や甲鳥書林といった、いい本を出してた出版社があった。そのことも古本屋で学んだんや。一冊一冊と集まってくるのも楽しいこと。文童社の詩集は一五〇部とか三〇〇部とか発行部数が少ないので、いまのうちに買っておかないとな。

岡崎――それと、あれやろ、今回の二人の対談では、思う存分「文学」について語ろうってことで始まったけど、**小説以外の随筆や詩**について触れられたのもよかった。普通、「文学」イコール「小説」という文脈で語られることが多いからな。

山本——そうやな。もちろんいい小説を読んだあとの感動は特別なものとしてあるが、それぱっかりでは物足りんな。随筆もたくさん読んで、それでまた興味が広がってゆく。吉田精一の『随筆入門』（河出書房新社、一九六一年／新潮文庫、一九六五年）をぼくら二人が影響受けた本として紹介できたのもうれしい。まだ読んでない人は、まずこの本を探しに古本屋に行ってほしい。

岡崎——小説を表通りとしたら、随筆は路地の楽しさというか、用もなく、ぶらついてそこで学ぶことがある。それは表通りにまた還元されていくんや。

山本——**随筆は路地**か。そう言えばそうやな。詩は何やろ。

岡崎——詩はちょっと宙に浮いてるかな。

山本——そう、地上から、足が離れる感じが詩の魅力かもしれん。

岡崎——それにしても、いっつも思うのは、一九五六、七、八年生まれに、古本好きが集まってるってことな。不思議やなあ。ぼくが五七年。『ｓｕｍｕｓ』の同人、生田誠さんも同じ。山本が高校で一回落第してダブってるから五六年。

山本——アホなこと言うな。ただ、岡崎が三月生まれで早生まれってことやないか。はっきり言わせてもらうけど、まだまだ青いよ、岡崎は。岡崎が生まれたころ、ぼくはもう首も座り寝返りもできてハイハイしてたからな。

岡崎――威張るほどの差か、半年ぐらいやないか。

山本――**すごいのは五八年**やろ。

岡崎――坪内祐三を筆頭に、黒岩比佐子、武藤康史、唐沢俊一、喜国雅彦、松沢呉一、吉田豪と、なんらかのかたちで古本をネタにしてものを書いている執筆者がことごとく五八年。あ、「目録王」の月の輪書林、高橋徹も五八年。

山本――五八年だけ、飛び抜けてるな。

岡崎――それまでの古本の世界とは別の、新しい古本の面白さを発見したのがこの世代。

山本――スタイルとして、植草甚一の影響は大きいやろな。

岡崎――たしかに。

山本――今回の本で残念なのは、外国文学、翻訳文学にほとんど触れられなかったことかな。岡崎もぼくもけっこう翻訳小説好きで読んでるのに。

岡崎――そうやな、光文社の新訳文庫の成功や、河出書房新社の池澤夏樹単独編集の「世界文学全集」(全二四巻)なんかで、ちょっとした**世界文学ブーム**になっているから、それは気になった。あと、武藤康史の『文学鶴亀』(国書刊行会、二〇〇八年)があんまりすばらしいんで、ぼくらの「気まぐれ日本文學全集」に、武藤康史に思いっきり好きな編集をしてもらって、単独一巻の『里見弴』を入れたかった。ちょっと間に合わなかった。

山本——里見弴、いいな。武藤さんのおかげで、ぼくの持っている里見弴本の値打ちが上がったみたい。それと、外国文学のことやけど、新訳もいいけど思いっきり古い翻訳も面白い。里見弴や翻訳書を探しに古本屋めぐりしたくなってきた。

岡崎——まあ、まあ、**海外文学はまた次回**に、ということにしとこうや。それよりも、そろそろ古本屋に行こか……

二〇〇八年四月七日

［ら］

［わ］

［ま］

［や］

［な］

［は］

［た］

［さ］

［か］

本文人名索引

＊P.144～168の「古本屋で探したい文庫リスト」の人名は含まれていません。

［あ］

●著者紹介

岡崎武志●おかざき・たけし

一九五七年、大阪府枚方市生まれ。書評家、ライター。書評を中心に執筆活動を続ける。「均一小僧」のニックネームをもつ。書物ミニコミ誌『ｓｕｍｕｓ』同人。著書に『気まぐれ古書店紀行』（工作舎）、『女子の古本屋』（筑摩書房）、『ベストセラーだって面白い』（中央公論新社）、『読書の腕前』（光文社新書）、『古本でお散歩』『古本極楽読本』『古本生活読本』『古本病のかかり方』（以上ちくま文庫）、角田光代との共著『古本道場』（ポプラ文庫）などがある。ブログ「ｏｋａｔａｋｅの日記」http://d.hatena.ne.jp/okatake/をほぼ毎日更新中。

山本善行●やまもと・よしゆき

一九五六年、大阪市生まれ。書物エッセイスト。関西の情報誌を中心に執筆活動を続ける。「古本ソムリエ」のニックネームをもつ。書物ミニコミ誌『ｓｕｍｕｓ』同人。著書に『関西赤貧古本道』（新潮新書）、『古本泣き笑い日記』（青弓社）、共著に『少々自慢この一冊』（ＥＤＩ）などがある。ブログ「古本ソムリエの日記」http://d.hatena.ne.jp/zenkoh/をほぼ毎日更新中。

古本屋めぐりが楽しくなる　新・文學入門

発行日……二〇〇八年六月二〇日
著者……岡崎武志　山本善行
編集……石原剛一郎＋李榮恵（協力：千原宗也）
エディトリアルデザイン……宮城安総＋小沼宏之
カバー装画・レタリング……石丸澄子
カバー八コマ漫画……岡崎武志
「気まぐれ日本文學全集」撮影……望月研
印刷・製本……三美印刷株式会社
発行者……十川治江
発行……工作舎　editorial corporation for human becoming
〒104-0052 東京都中央区月島 1-14-7-4F
phone：03-3533-7051　fax：03-3533-7054
URL：http://www.kousakusha.co.jp
e-mail：saturn@kousakusha.co.jp
ISBN978-4-87502-410-1

JASRAC 出 0804664-801